广视角 · 全方位 · 多品种

权威 · 前沿 · 原创

皮书系列为
“十二五”国家重点图书出版规划项目

汽车安全蓝皮书
BLUE BOOK OF
AUTOMOBILE SAFETY

中国汽车安全发展报告（2014）

ANNUAL REPORT ON AUTOMOBILE SAFETY
IN CHINA (2014)

中国汽车技术研究中心 / 编著

社会科学文献出版社
SOCIAL SCIENCES ACADEMIC PRESS (CHINA)

图书在版编目（CIP）数据

中国汽车安全发展报告. 2014/中国汽车技术研究中心编著.
—北京：社会科学文献出版社，2014.4
（汽车安全蓝皮书）
ISBN 978-7-5097-5678-2

Ⅰ.①中… Ⅱ.①中… Ⅲ.①汽车工业-工业安全-经济发展-研究报告-中国-2014 Ⅳ.①F426.471

中国版本图书馆CIP数据核字（2014）第035196号

汽车安全蓝皮书
中国汽车安全发展报告（2014）

编　　著／中国汽车技术研究中心

出 版 人／谢寿光
出 版 者／社会科学文献出版社
地　　址／北京市西城区北三环中路甲29号院3号楼华龙大厦
邮政编码／100029

责任部门／皮书出版分社（010）59367127　　责任编辑／吴　敏
电子信箱／pishubu@ssap.cn　　责任校对／岳爱华
项目统筹／邓泳红　吴　敏　　责任印制／岳　阳
经　　销／社会科学文献出版社市场营销中心（010）59367081　59367089
读者服务／读者服务中心（010）59367028

印　　装／北京季蜂印刷有限公司
开　　本／787mm×1092mm　1/16　　印　　张／18.75
版　　次／2014年4月第1版　　字　　数／303千字
印　　次／2014年4月第1次印刷
书　　号／ISBN 978-7-5097-5678-2
定　　价／79.00元

汽车安全蓝皮书编委会

摘　要

“汽车安全蓝皮书”是关于中国汽车安全发展的年度研究报告，本书为首次出版的第一册报告。本书是在国内部分汽车相关企业以及众多汽车安全领域的资深专家的鼎力支持下，由中国汽车技术研究中心汽车技术情报研究所的多位研究人员及行业专家共同撰写完成。

2014 年度报告主要包括中国道路交通安全发展现状与趋势、中国汽车安全发展特点分析与建议、基于道路交通事故数据的汽车安全性能改善研究、汽车安全对消费者购买行为的影响分析、国外汽车安全新理念与新技术、中国汽车安全技术标准体系现状及发展、电动汽车安全标准发展现状与未来动向、儿童安全乘车标准法规的研究与未来趋势、C-NCAP 在促进汽车安全技术进步中的作用、中国缺陷汽车产品召回管理与效果分析、国内外汽车安全技术发展现状与趋势、中国汽车被动安全产品发展调查报告、中国汽车主动安全产品发展调查报告以及部分企业汽车安全技术应用现状与发展规划等内容。

随着中国宏观经济的快速发展以及居民消费升级，中国汽车产销规模自 2009 年起持续居于世界第一位，汽车保有量呈现快速增长态势。当前，中国已经进入机动车快速发展阶段，加上道路建设快速发展、交通运输日益繁忙、恶劣气象日趋频繁，道路交通安全工作面临更大的压力和全新的挑战。汽车是道路环境的重要组成因素，汽车安全问题也一直是社会关注的焦点。经过多年的努力，我国汽车安全标准体系的基本框架已经建立，但与汽车工业发达国家和地区相比，还存在一定差距。汽车安全标准在促进汽车安全技术研究、推动汽车安全技术应用等方面发挥了重要作用。汽车安全技术是当前国际汽车高新技术发展的主题之一。目前国内汽车企业已经形成了高效的汽车安全技术研发体系，未来将进一步加强基础共性技术、智能交通技术、主被动安全一体化技术等前沿领域的研究与应用，只有这样中国汽车安全技术才能跟上国际发展潮流，取得长足的发展与进步。

“汽车安全蓝皮书”从社会科学的角度，对中国汽车安全发展状况进行了全面梳理和系统分析。本书编委会将以促进汽车安全进步为立足点，凝聚行业核心力量共同打造汽车安全领域第一权威出版物。本书将汇集汽车安全领域主流企业、权威专家的精彩力作，为汽车产业管理部门、研究机构、整车和零部件企业、社会公众等掌握汽车安全发展情况提供借鉴和参考。

序　言

随着中国成为全球最大的汽车生产和消费市场，汽车保有量也大幅增加，道路交通安全形势日趋严峻，交通事故的预防压力持续增大。道路交通伤害问题逐渐成为中国进入汽车社会后所面临的重要难题之一，而汽车是影响道路交通事故的三大因素之一，因此，逐步建立和健全汽车安全标准法规体系，促进汽车安全技术进步，对于提升道路交通安全水平有着非常重要的意义。

近年来，世界各大汽车制造商均非常重视汽车安全技术的发展。2006 年中国新车评价规程（C-NCAP）的推出，极大地提升了中国汽车安全技术水平，使得中国汽车产品在总体安全技术水平上与国际接轨。

回顾半个世纪以来中国汽车发展的历史，有关汽车安全性能的研究和新技术的应用发生了日新月异的变化。从最初的保险杠、乘员安全带系统、安全气囊，到汽车的碰撞试验、防抱死制动系统、牵引力控制系统、电子稳定性控制系统，再到无盲点无视差安全后视镜及儿童座椅系统、后碰防挥鞭伤害保护技术的研究，汽车的安全性能正日趋完善。特别是近几年，随着科学技术的迅速发展，越来越多的先进安全技术被应用到汽车上。

随着汽车安全技术涉及的范围愈发广泛，任何单一技术都很难使汽车整体安全性能得到很大提高，因此如何集成各单元技术将是汽车安全研究的热点。同时，随着电子信息技术的发展，各种智能技术在汽车上得到广泛应用，因此如何应用智能技术也将是汽车安全技术发展的新方向。另外，如何将人、车、路作为一个系统，三者相互协调，达到各自性能的最佳匹配也将是未来提高汽车安全性的主要发展方向。因此，未来中国汽车安全技术的发展趋势是集成化、智能化和系统化。

为了从社会科学角度分析中国汽车安全发展状况，提高社会公众对汽车安全的关注度，中国汽车技术研究中心组织行业力量编写了年度性研究报告

《汽车安全蓝皮书》，通过深入剖析汽车安全发展现状与未来趋势，为关注汽车安全的学者、专家和社会各界人士掌握汽车安全发展状况打开一扇重要的窗口。

《中国汽车安全发展报告（2014）》设“总报告”“宏观环境篇”“标准法规篇”“技术调查篇”“企业发展篇”五个篇章及附录。

在“总报告”中，从全局角度出发，首先分析了中国道路交通安全的发展现状、特点，重点剖析了道路交通事故的主要成因，然后回顾中国汽车安全技术的发展历程，在总结安全技术发展阶段与特点的基础上，对国内外汽车安全标准法规和 NCAP 评价技术进行了对比分析，并提出了提升中国汽车安全水平的建议。

在“宏观环境篇”中，阐述了中国道路交通事故发展形势和面临的新挑战，并从改善车辆安全性能方面分析降低道路交通事故的应对措施，同时还分析了汽车安全对消费者购买行为的影响以及国外最新汽车安全技术发展趋势，有助于社会公众进一步了解中国汽车安全技术发展的外部环境。

在“标准法规篇”中，介绍了中国汽车安全技术标准体系现状，并与国外相关标准体系进行对比，从电动汽车安全标准、儿童安全乘车标准等多角度进行了深入分析，同时，还对社会公众普遍关注的 C-NCAP 与汽车安全、缺陷汽车产品召回等领域展开了专题研究。

在“技术调查篇”中，在系统研究国内外汽车安全技术发展现状与趋势的基础上，对国内汽车主要整车及零部件企业安全产品的装备情况展开了深度调查，及时发现和总结汽车安全技术的发展特点，并选取典型的主被动安全产品进行逐一剖析。

在“企业发展篇”中，详细解读了国内典型整车及零部件企业的安全技术研发现状、产品应用情况以及未来发展规划。

《中国汽车安全发展报告（2014）》在研究撰写过程中，得到了汽车行业众多专家学者的大力支持和帮助，他们为本书选题和内容策划提出了专业和富有价值的意见和建议，在此表示由衷的感谢。本书在研究过程中，得到了相关汽车整车及零部件企业的大力支持和配合，在此表示感谢。社会科学文献出版社也对本书的出版给予了大力支持，做了大量工作，在此一并表示感谢。

本书“总报告”由赵晓平（中国道路交通安全协会）、刘玉光（国家轿车质量监督检验中心）撰写；“宏观环境篇”由刘君、胡伟超（公安部道路交通安全研究中心），赵威、丁倩（中国汽车技术研究中心汽车技术情报研究所）撰写；“标准法规篇”由周荣、刘地、孙振东、李波、张英男、孟祥峰、刘桂彬、何云堂（中国汽车技术研究中心汽车标准化研究所），谢书港、曾必强、方锐、李红运（中国汽车技术研究中心汽车工程研究院），么丽欣（中国汽车技术研究中心汽车技术情报研究所），孙宁（国家质检总局缺陷产品管理中心）撰写；“技术调查篇”由赵福全、刘宗巍（清华大学汽车产业与技术战略研究院），刘卫国（浙江吉利汽车研究院有限公司），左培文、李育贤、邵丽青、么丽欣、丁倩、孟庆阔、白辰（中国汽车技术研究中心汽车技术情报研究所）撰写；“企业发展篇”由贺锦鹏、张雷、江志双、李筱磊、刘中民、罗先东撰写；附录内容由白辰整理。全书由本书主编、中国汽车技术研究中心汽车技术情报研究所副所长傅连学终审定稿。

本书的出版凝聚了许多人的心血，但由于时间仓促、水平有限，书中存在的不足之处恳请专家、读者给予指正。

赵 航

2014 年 1 月 28 日

目录

𝔹 I　总报告

𝔹 Ⅱ　宏观环境篇

𝔹 Ⅲ　标准法规篇

B Ⅳ 技术调查篇

B Ⅴ 企业发展篇

B Ⅵ 附录

总 报 告

General Report

B.1

中国道路交通安全形势与汽车安全发展特点

摘 要：

中国面临的道路交通安全形势较为紧迫，同时汽车安全发展起步晚、起点低，对汽车与社会的和谐发展提出了巨大挑战。本文首先从道路交通安全现状出发，分析了中国道路交通事故特点，探究了导致道路交通事故的主要原因，并根据道路交通安全发展趋势及主要影响因素提出了改善建议。接着从汽车安全入手，追溯了汽车安全的发展历程，解析了中国汽车安全发展阶段及特点，并通过国内外汽车安全标准及新车评价规程的对比分析，提出了提升中国汽车安全水平的发展建议。

关键词：

道路交通安全　汽车安全

一 中国道路交通安全发展现状与趋势

在“十一五”规划的五年里，中国加速编织立体交通网，公路、水路、民航、邮政均迎来历史上最大规模的建设热潮，取得了前所未有的大发展，基本满足了群众的出行需求。2012 年底，中国公路总里程已经达到 423.75 万公里，其中高速公路总里程达到 9.62 万公里。

（一）中国道路交通安全现状

1. 道路交通安全形势严峻

据公安部交通管理局《道路交通事故统计年报（2012 年度）》显示，2012 年底，中国机动车保有量已经达到 2.4 亿辆，机动车驾驶人数量已经达到 2.6 亿人。其中汽车保有量已经达到 1.2 亿辆，比 2011 年增长 1510 万辆，增长量超过 1999 年底汽车保有量总量。18 个大中城市的汽车保有量已经超过百万辆。汽车驾驶人数量首次突破 2 亿人，比 2011 年增长 2647 万人，增长量超过 1997 年底汽车驾驶人总量。

与此同时，中国是世界上道路交通事故发生最严重的国家之一。2010 年中国道路交通事故累计 21.95 万起，造成 6.52 万人死亡，事故起数同比下降 7.9%，死亡人数同比下降 3.7%。2011 年中国道路交通事故累计 21.08 万起，造成 6.24 万人死亡，事故起数同比下降 4%，死亡人数同比下降 4.4%。2012 年，中国涉及人员伤亡的道路交通事故起数和死亡人数分别下降 3.1% 和 3.8%，一次死亡 3 人以上事故起数下降 15%，其中发生重大道路交通事故 25 起，同比减少 2 起。虽然道路交通安全形势总体呈平稳态势，但是仍不容乐观。据专家预测，未来 10 年，中国机动车和驾驶人数量仍将持续大幅增长，道路交通安全形势面临诸多挑战。

2. 道路交通安全文明建设任重道远

中国正加快步入汽车社会，但与之相适应的交通安全观念、交通文明意识明显滞后。驾驶行为不规范和道路交通陋习多，超速、超员、路口违反交通信号和不按规定让行等严重交通违法行为多发，私家车肇事问题突出，安全行车、文明礼让的文化理念亟须强化。2012 年，中国共查处超速行驶 9000 多万起，因超速行驶肇事导致 7000 多人死亡，因此超速是导致交通事故最多的交通违法行为。2012 年，中国共查处不按交通信号灯指示通行的交通违法行为 2649 万起，平均每天查处 7 万多起。中国接报涉及人员伤亡的路口交通事故 4.7 万起，造成 1.1 万人死亡、5.2 万人受伤，同比分别上升 17.7%、16.5% 和 12.3%。其中，因路口违反交通信号灯导致的事故起数上升 7.2%。另外，私家车造成的事故起数、死亡人数同比分别上升 6.2% 和 7.3%，分别占机动车肇事总数的 68.7% 和 58.8%，比 2011 年分别上升 6.4 个和 6.2 个百分点。

3. 新驾驶人安全文明驾驶意识有待提高

当前，面对中国道路交通呈现出的交通流量高位增长、交通工具日趋多元、群众出行需求日益旺盛、新情况和新问题不断涌现等特点，新驾驶人安全驾驶意识和技能不适应的问题越发显现。目前，中国驾龄不满 1 年的驾驶人将近 3000 万人，占机动车驾驶人总量的 11.3%。2012 年，驾龄不满 1 年的驾驶人交通肇事导致的事故起数、死亡人数同比分别上升 23.3% 和 26.6%，其致死人数占机动车驾驶人致死总人数的 15.4%，比 2011 年高出 3.7 个百分点。特别是在超速行驶、酒后驾驶、违法会车、违法占道行驶等违法行为导致的事故中，驾龄不满 1 年的驾驶人肇事比例明显居高。因此，进一步严格和规范驾驶培训考试，加强对新驾驶人的教育管理，用严格的安全法规推动汽车时代文明建设，已成为社会共识。

4. 高速公路需加强重大事故防范

据有关部门统计显示，目前中国高速公路通车里程已经超过美国，跃居世界第一。高速公路车速快、流量大，承担了中国 70% 的客运量和 40% 的货运量，是道路交通运输的主动脉。但是近年来高速公路重大道路交通事故频发，2012 年发生的 25 起重大道路交通事故中有 8 起发生在高速公路，同比增长 33%。2010 年以来，中国发生的一次死亡 30 人以上的 4 起重大道路交通事故全部发生在高速公路。因此，高速公路安全设施、管理力量亟须加快配套，防范措施需进一步落实。

5. 道路安全防护设施有待进一步完善

安全的行车环境是交通安全的重要保障，完善的道路安全防护设施能够为车辆行驶提供有效保护。近年来，虽然道路安全环境有很大改善，但是由于中国低等级公路比例大，特别是许多农村地区和山区公路临水、临崖、坡陡、弯急，道路安全防护设施缺失问题比较突出，亟待进一步完善。2012 年一次死亡 5 人以上事故中有 70 起为单方翻坠事故，占比达到 28.5%，同比上升 5 个百分点。而在 25 起重大道路交通事故中，12 起为单方翻坠事故，占比达到 48%，特别是在西南地区，71% 的重大道路交通事故为单方翻坠事故。

6. 农村地区“面包车”安全隐患凸显

近年来，随着“村村通”的建设发展，农村交通呈现了出行量大、交通工具多元化、小型客车增长快的新特点、新趋势。然而农村道路安全防护设施建设相对滞后，管理力量十分薄弱，安全隐患日趋突出。特别是农村地区“面包车”数量多、增长快，2012 年底保有量约为 590 万辆，年增长 107 万辆。这类车辆超员、超速违法行为多发，导致事故起数上升明显。2012 年中国农村道路事故死亡人数同比上升 15.1%，农村地区发生一次死亡 5 人以上的事故达到 82 起，同比增长 5.13%。在 2012 年发生的 25 起重大道路交通事故中有 7 起发生在农村地区，其中 3 起涉及“面包车”超员。

7. 恶劣天气不利影响逐年增大

近年来，雨、雪、雾和冰等恶劣天气呈现发生频次多、涉及范围大、持续时间长等特点，对道路交通安全的不利影响日益突出。在恶劣天气条件下，车辆翻坠、正面相撞、连环相撞事故增多，重大道路交通事故集中。据统计，2012 年，在恶劣天气条件下道路交通事故死亡人数同比上升 12.1%，一次死亡 5 人以上事故中，60 起发生在恶劣天气条件下，占比达到 24.3%，同比上升 4 个百分点。在雨、雪、雾和冰等恶劣天气发生重大道路交通事故 9 起，同比增加 3 起。①

（二）中国道路交通事故的特点

1. 公路交通事故起数和死亡率远高于城市道路

据统计，公路与城市道路事故起数比为 1.4∶1，而公路交通事故死亡人数

---

① 《中国道路交通安全现状》，http://wenku.baidu.com/view/a619d8f8770bf78a65295445.html，最后访问日期：2011 年 9 月 9 日。

约是城市道路交通事故死亡人数的3倍，公路上平均每3起事故死亡1人，城市道路上平均每5起事故死亡1人。

2. 道路交通事故致死率和万车死亡率高

交通事故致死率是指事故死亡人数与伤亡总人数之比。中国交通事故致死率高于发达国家，2008年中国交通事故致死率达到10%以上，而发达国家一般保持在1% ~4%。万车死亡率是指交通事故死亡人数与机动车保有量的比率，近年来中国万车死亡率虽然呈现下降趋势，但是远远高于发达国家1.2 ~1.9人/万车的水平。

3. 道路交通事故呈现时间不均衡分布

从全年各月份来看，交通事故起数、死亡人数以2 ~3月为最低谷，而高峰期集中在10 ~12月。从全天来看，除了常规的早、中、晚高峰事故发生明显外，凌晨0 ~1时也是一个高峰时段。同时，中国的道路交通事故在时间分布上具有一定的周期性，如道路交通事故起数和受伤人数在每月中旬均较高。

4. 经济发达地区交通事故起数、死亡人数高于经济欠发达地区

据统计，2012年，广东省、浙江省、安徽省、江苏省、山东省道路交通事故起数居中国省份排名前五位，占中国道路交通事故总量的40%。而交通事故死亡人数位于前五的省份分别是广东省、浙江省、江苏省、山东省、四川省，除四川省外，其他省份均属于中国经济发达省份。

5. 绝大多数交通事故都是由交通违法行为而引起的

据统计，由疏忽大意、超速行驶、措施不当、违规超车、不按规定让行、违规占道行驶、酒后驾车等违法行为造成的死亡人数占交通事故死亡总数的50%以上。

6. 农村人口、进城农民工是交通事故伤亡的主要人员

近年来，随着中国经济持续稳定发展，城市范围不断扩大，道路不断延伸，农村人口、进城务工农民出行大幅增长，交通参与活动日趋频繁，但是该群体交通安全意识薄弱，容易发生交通事故并造成伤亡。①

① 《我国道路交通事故的现状、特点、原因分析及对策》，http：//www.studa.net/faxuelilun/060927/16460022.html，最后访问日期：2006年9月27日。

（三）道路交通事故原因分析

道路交通系统是由人、车、路构成的动态系统，人、车、路被称为道路交通系统三要素。其中，主观因素是人，包括驾驶人和其他交通参与者；客观因素是车辆技术状况、道路状况等因素。另外，道路环境因素也是影响道路安全的重要因素。

交通事故是在道路交通系统中，由于人、车、路及环境构成的动态系统在某个环节上的失调引起的。事故的发生不仅仅是某一独立环节失调引起的，而往往是两个或多个因素共同作用的结果。因此必须采用系统观点，综合协调好人、车、路和环境之间的关系，才能改善道路交通状况。

1. 人的因素

交通是人类生存的四大根本需求之一，人是道路交通安全的主体，包括所有道路使用者，如机动车驾驶人、乘车人、骑车人、行人等。随着社会的发展及交通活动的频繁，人与车、车与车之间的交通冲突逐渐增加。同时，人们的传统交通观念、出行习惯的沉积在短期内难以有较大的转变，人们群体文化素质不高且其提高速度与交通事业发展速度之间不协调，交通意识转变速度与道路交通的发展、机动化水平的提高速度不协调，与交通管理的新技术、新手段不协调，这些均成为困扰交通安全的主要因素。

（1）机动车驾驶人违规因素

机动车驾驶人数量多、增速快，群体文化素质不高，安全驾驶技术水平不高，部分驾驶人缺乏职业道德，交通违法行为严重，这些是导致交通事故的重要原因。另外，驾驶人在行车过程中注意力分散、疲劳过度、睡眠不足、酒后驾车、身体健康状况欠佳等潜在的心理、生理性原因造成反应迟缓，也是酿成交通事故的原因之一。总的来说，引发交通事故的驾驶人主要违规行为包括疏忽大意、超速行驶、措施不当、违规超车、不按规定让行等。其中，疏忽大意、措施不当、情绪不稳定与驾驶人的驾驶技能、观察外界事物能力及心理素质等有关，而超速行驶、违规超车、不按规定让行主要是由驾驶人主观上不遵守交通法规造成的。

（2）非机动车驾驶人违规因素

非机动车驾驶人违规因素主要表现在：骑自行车（电动车）不走非机动

车道，抢占机动车道，路口、路段抢行猛拐，对来往车辆观察不够，自行车制动系统失灵或缺失，骑车技术不熟练，青少年骑车追逐嬉戏等，这些均可造成交通事故的发生。而行人翻越护栏、横穿和斜穿路口，任意横穿机动车道，翻越中间隔离带，对突然行进的车辆反应迟缓、不知所措，不遵守道路交通信号及各种标志等，均易导致交通事故的发生。

2. 车辆的因素

车辆是现代道路交通中的主要元素。据相关数据统计，对于发达国家而言，由于车辆本身因素所造成的交通事故占比为5%，而发展中国家占比为10%。中国机动车种类多，动力性能差别大，安全性能低，管理难度大。相对于自行车和其他非机动车来说，机动车是造成交通事故的最直接因素。中国机动车保有量增长速度已大大超过道路的增长速度，车流量超过了道路容量，造成交通事故起数和交通事故伤亡人数急剧上升。加之中国高速公路建设步伐较快，而车辆性能更新速度未能跟上高速公路的建设步伐，车辆高速行驶可靠性差、安全性差，导致中国高速公路交通事故呈现增长趋势，严重影响到中国的道路交通安全。

3. 道路的因素

道路是交通运输的基础设施，是影响道路交通安全的重要因素之一。道路建设力度逐步加大，公路里程持续增加，高等级公路增加幅度明显，客运量和货运量增加，道路结构和交通条件日益改善，为道路交通安全改善打下了基础。但是，城市道路交通构成不合理，交通流中车型复杂，人车混行、机非混行问题严重；部分地区公共交通不发达，服务水平低，安全性差；自行车交通比率大，非机动车、机动车和行人之间争道抢行，进一步恶化了中国城市的交通安全状况。许多城市道路结构不合理，直线路段过长，道路景观过于单调，容易使驾驶人产生疲劳、注意力分散，致使反应迟缓而肇事。道路线形的骤变、“断背”曲线等线形的不良组合，易使驾驶人产生错觉，操作不当，酿成事故。另外，路面状况对交通安全影响也较大。道路等级搭配不科学，路网密度不足，交通流不均衡，个别道路交通负荷度过大，交通安全性差；道路建设方面缺乏有效的交通影响分析，缺乏足量的配套管理措施、停车设施等，容易形成交通安全隐患。中国道路基础设施建设速度低于交通需求的发展速度，有的道路设计要求与实际运行状况不协调；各地区道路线形、道路结构、道路设施不同，客观上给车辆的驾驶人适应交通环境增加了难度。道路标志标线设置不科学、数量不足或不连续；道路周边的环境建设和配套设施建设没有与交通安全融为一体，设计标准和实际不协调，这些因素必然会导致交通事故攀升。

4. 道路环境的因素

道路环境包括硬环境和软环境。硬环境包括道路交通标志、安全设施、噪声污染和天气气候等。道路的设计车速一般由道路等级和线路地形所决定，然而许多高等级公路为节省投资，未设置完善的交通标志及安全设施，势必造成驾驶人对道路的安全警戒意识松懈，而实际道路安全保障低，一旦发生交通事故，后果将更为严重。噪声污染和天气气候也对交通安全有重要影响，如在雨、雪、雾和冰等恶劣天气条件下，行车安全系数会随之下降。

软环境主要是交通管理，包括道路运营管理。目前有关交通管理的法律法规及安全体制还不够健全。现存的法律法规相对滞后，管理条块分割和冲突现象仍然存在。道路交通管理人员和路政管理人员思想素质和业务素质参差不齐，某些执法人员没有经过严格的训练，执法水平低，执法力度小，执法易受人情和行政干预等，甚至存在有法不依、执法不严、违法不究的现象。具体体现在突击性交通违章处罚和严管行动、周期性和运动性安全教育、交通安全宣传时紧时松等方面。例如，治理超载则不管超速，治理超员则忽视超载。这些交通管理问题也在一定程度上影响了交通安全水平的提高。①

（四）提升道路交通安全水平的发展建议

1. 加强交通安全教育，减少道路交通违法行为

人们的交通安全意识和法制观念淡薄，违法行为严重，是造成交通事故的最主要因素。中国道路交通事故处理的实践证明，各类道路交通违法行为是导致交通事故发生的根本原因。因此，预防和减少道路交通事故，从根本上讲要从预防和减少交通违法行为做起。为了提高人们的交通安全意识，世界各国都

① 《我国道路交通事故的现状、特点、原因分析及对策》，http：//www. studa. net/faxuelilun/060927/16460022. html，最后访问日期：2006 年 9 月 27 日。

十分注重交通安全教育。交通安全教育主要分为对机动车驾驶人的教育和对全社会人员的教育。

（1）对驾驶人的教育

对驾驶人的教育主要包括驾驶人对交通法规、机动车新技术、新操作技能的定期学习，还包括对驾驶人的安全教育，应长抓不懈且注重实效，以进一步增强驾驶人的责任感和安全意识。确保驾驶人严格遵守交通法规，具备熟练的驾驶技术，具有良好的思想、心理、技术素质，就可以减少甚至避免交通事故的发生。

（2）对全社会人员的教育

对全社会人员的教育主要分为学校教育和社会教育。一是教育部门要坚持道路交通安全教育从儿童抓起，将之作为九年义务教育的必修课程；二是利用新闻媒体和宣传手段对全社会进行交通安全教育和交通法规的宣传，加强和提高人们的交通安全意识和交通法制观念，使人们养成文明驾驶的好习惯。

（3）公安交管部门严抓不懈

公安交管部门要充分认识道路交通安全形势的严峻性、艰巨性，克服麻痹、松懈、畏难等情绪，进一步增强紧迫感和责任感，加大路面管控力度，全力抓好道路交通事故预防措施的落实，确保道路交通安全。

2. 加强机动车维护，提高机动车的安全性能

良好的车辆技术性能是保证安全驾驶的基础。目前，除了建立完善的汽车安全检测制度和基于检测的车辆维修制度外，驾驶人应注重保养、维护车辆，定期检查转向系统和制动系统，认真做好车辆的日常修理工作，及时消除安全隐患，保证车况良好，严把技术性能关。

3. 完善道路安全设施，不断改善道路条件

相关部门要严格按照《道路交通标志和标线》《公路工程技术标准》，整改不符合要求的交通标志、标线以及其他交通安全设施；改善道路纵断面线形、降低纵坡、增大转弯半径；裁弯取直、消除路边障碍物，增加交叉路口和弯道视矩；提高路面的粗糙度及排水能力，改善路面的防滑性能；加固路基和路面等。

4. 积极探索新途径，优化道路交通安全环境

公安交管部门在工作创新中应以《道路交通安全法》为依据，加快构建全社会道路交通安全教育体系；以强化公众教育为基础，提高公民素质为目标，不断在实践中构建以交通参与者为主的源头预防机制，以车为主的动态预防机制，以路为主体的静态预防机制，积极依托科技手段的推广和运用，加强部门、单位间的协作和配合，遏制道路交通事故的发生，进而保障人民群众正常的生产、生活秩序，维护社会和谐稳定。

二　中国汽车安全发展特点分析与建议

随着中国汽车工业的快速发展，道路交通事故预防工作难度越来越大。通过完善中国汽车安全标准法规体系，以标准法规促进汽车安全技术水平提升，有助于减少道路交通事故起数，减轻道路交通事故中对乘员及行人的伤害，对提高交通安全性具有重大意义。

（一）汽车安全的发展历程

从世界第一辆汽车诞生开始，汽车对促进社会进步、提高人们的物质生活水平、改变人们精神生活都起了非常重要的作用。世界汽车工业不断发展，汽车保有量迅速增加，随之而来的汽车安全问题已经构成了严重的社会问题。从20世纪50年代开始，世界许多国家特别是工业发达国家，相继对汽车产品进行立法，实施法制化管理，并制定各类汽车技术法规，对汽车安全等技术性能加以控制，从而一定程度地控制了汽车对人类社会和环境造成的危害。然而汽车安全性能真正引起人们高度重视是在20世纪60年代，继1966年美国国会参议院和众议院两院颁布实施《国家交通和机动车安全法》之后，汽车安全性得到了广泛重视，汽车行业采取积极响应的态度，汽车安全技术从此走上快速发展的道路。

20世纪60年代，汽车采用能量吸收式转向柱、双管路制动等，推动了汽车安全技术的进步。20世纪70年代，汽车上推广使用安全带、座椅头枕、安全门锁、广角后视镜等，进一步推动了汽车安全性能的提高。20世纪80年代，汽车安全技术的最大成就之一是防抱死制动系统（ABS）的使用。20 世纪 90 年代，防抱死制动系统得到了普及，并进一步发展了制动辅助系统（BAS）、电子制动系统（EBS）和牵引力控制系统（TCS）。在这一时期，安全气囊和安全带预紧器等约束系统也得到快速发展和装车使用。从 2000 年开始，电子技术、控制技术、传感技术和新材料、新工艺在汽车产品中的成功应用，有力推动了汽车安全技术的快速发展。新的智能型前照灯提高了夜间行车的安全性，自适应安全气囊的开发、侧面安全气囊及侧面安全气帘的使用及车身结构抗撞性和兼容性的提高使汽车安全性进一步提升，多种安全系统集成化趋势已初见端倪。目前，国外各大汽车生产企业在各自政府的协调下正加大投入，全力研制开发与智能交通系统（ITS）相关的危险警告系统、驾驶辅助系统、主动避撞系统、预警监测系统等。这些系统能在超车、换道、大雾、雨天等易发生危险的情况下，随时以声、光形式向驾驶员提供车辆周围的必要信息，并自动采取措施，有效防止交通事故发生，从而极大改善汽车的主动安全性，努力为汽车创造一个没有事故的驾驶环境。①

（二）中国汽车安全发展阶段与特点分析

随着中国成为全球最大的汽车生产和消费市场，世界各大汽车制造商均非常重视中国汽车市场的发展，尤其是 C-NCAP 的推出，极大地促进了中国汽车安全技术水平的提升。目前主流汽车制造商在中国推出的最新车型基本上与全球同步，促使中国汽车产品在安全技术水平上总体与全球接轨。回顾半个世纪以来中国汽车发展的历史，有关汽车安全性能的研究和新技术的应用已经发生了日新月异的变化。从最初的保险杠、安全带和安全气囊，发展到汽车的碰撞试验、防抱死制动系统、牵引力控制系统和电子稳定性控制系统（ESC），进一步发展到无盲点、无视差安全后视镜及儿童座椅系统、后碰防挥鞭伤害保护技术的研究，汽车的安全性能日趋完善。特别是近几年，随着科学技术的迅速发展，越来越多的先进安全技术被应用到汽车上。比如中国乘用车已普遍安装防抱死制动系统，有效地提高了中国汽车的安全性能。2011 年，中国乘用车

① 杨国平：《现代汽车安全新技术综述》，《上海工程技术大学学报》2005 年第 4 期。

电子稳定性控制系统装备率在17%左右，虽然与欧洲相比差距较大，但是也迈出了坚实的一步。目前，中国 M_1 类汽车前排座位也安装了安全带，甚至很多具有预紧和限力功能的安全带也得到了应用。另外，防撞车身结构、侧面安全气囊、侧面安全气帘的装车比例也在逐步提高。

纵观中国汽车安全的发展历程，可以将中国汽车安全技术发展分为三个阶段。第一阶段（1999年以前）是起步阶段，其特征是以零部件、一般安全为研究重点；第二阶段（2000～2006年）是安全体系形成阶段，其特征是注重整车安全，技术法规体系基本形成；第三阶段（2006年至今）是与国际水平接轨阶段，其标志是C-NCAP的推出与运行，表明中国在汽车安全领域取得快速发展，逐步追赶国际先进水平。

1. 第一阶段（1999年以前）：中国汽车安全发展的起步阶段

中国在20世纪90年代初期开始汽车强制性标准的制修订工作，当时参照欧洲经济委员会（ECE）及欧洲经济共同体（EEC）的ECE/EEC技术法规和指令体系，从零部件开始导入制定了中国的汽车安全标准，按照主动安全、被动安全和一般安全划分。主动安全项目主要涉及照明与光信号装置、制动、转向、轮胎等；被动安全项目主要涉及座椅、门锁、安全带、凸出物、车身等；一般安全项目主要涵盖视野、指示器与信号装置、车辆结构与防盗等。从1995年下半年起，中国对汽车新产品除要求进行原有的定型试验外，还增加了汽车安全、环保和节能等强制性标准的检测。1996年6月4日，国务院发布了《城市道路管理条例》，自1996年10月1日起正式实施。1997年1月1日，强制性标准从12项增至25项；1998年10月1日又增至34项。

该阶段的主要特点是汽车行业开始重视汽车安全技术，研究重点主要集中在汽车零部件和整车的一般安全上。

2. 第二阶段（2000～2006年）：中国汽车安全体系的形成阶段

2000年4月，国家将CMVDR 294《关于正面碰撞乘员保护的设计规则》检测列入当时汽车型式认证40项强制性检测项目中，标志着中国将整车碰撞安全纳入汽车行业强制技术要求中。2003年10月28日，第十届全国人大常委会第五次会议通过《中华人民共和国道路交通安全法》，为中国第一部道路交通安全法。2003年11月，中国参照欧洲ECE R94号法规制定的国家强制性标准 GB 11551-2003《乘用车正面碰撞的乘员保护》正式出台，至此中国才真正拥有了第一个整车碰撞安全标准。2006 年 7 月，中国实施了 GB 20071-2006《汽车侧面碰撞的乘员保护》，规定了汽车进行侧面碰撞的要求和试验程序，还对车辆型式的变更、三维 H 点装置、移动变形壁障及侧面碰撞假人进行了规定；同时实施 GB 20072-2006《乘用车后碰撞燃油系统安全要求》，要求碰撞后车辆的车门能够打开、燃油不泄漏，以保证救援以及防止火灾的发生。至此，中国已建立汽车正面碰撞、侧面碰撞以及后面碰撞等汽车整车安全国家强制性标准体系，这对中国汽车碰撞安全性的提高具有重要的意义。

该阶段的主要特点是在进一步完善和加强零部件技术标准的基础上，建立了正面碰撞、侧面碰撞及后面碰撞等汽车整车安全国家强制性标准体系，在整车级别上的技术法规要求逐渐与国际接轨。

3. 第三阶段（2006 年至今）：中国汽车安全的快速发展阶段

随着相关强制性标准的制订，中国已经构建了全面涵盖整车、零部件技术标准体系，汽车安全技术水平也得到了一定的提升，但是强制性标准只是技术产品的最低要求。2006 年，中国汽车技术研究中心引进了新车评价规程（NCAP），并根据中国国情制定了 C-NCAP，揭开了中国汽车安全技术飞速发展的序幕。C-NCAP 对汽车安全性能的星级评价能够帮助消费者更加直观地鉴别车辆的安全性能，引导了国内消费者以汽车安全性能为主要购买点的消费理念，从而有力促进了国内外汽车企业在汽车安全技术研发和安全配置上的投入力度。这不仅是为了满足国家的法规标准，而且是更深层次地去挖掘和满足消费者的安全需求，同时也对中国汽车产业打破国外的技术壁垒起到了积极的促进作用。从碰撞结果来看，从最初国产乘用车大多为二星级、三星级评价到最近几年国产乘用车四星级、五星级评价的比例越来越高，可以看出 C-NCAP 实施以来，极大提高了中国乘用车的安全技术水平。

该阶段主要特点是解决了汽车产品一致性的问题，在安全技术上全面与国际接轨，激励汽车企业加大汽车安全研发投入，使汽车企业的技术思维由“应付技术标准”向“自觉追求更高要求”转变。

（三）国内外汽车安全标准及新车评价规程对比分析

1. 世界各国汽车安全标准分析

世界上主要有三大汽车技术法规体系，分别是美国汽车技术法规（FMVSS）、欧洲ECE/EEC汽车技术法规及日本保安基准。此外，加拿大、澳大利亚、沙特阿拉伯、南非等国家也建立了各自的技术法规，然而这些技术法规基本都是参照欧美体系结合各自国情制定的。

FMVSS法规自1968年1月实施以来，经过不断地修改，对各条款要求更加严格。FMVSS法规将汽车的安全法规分为三大部分：第一部分是主动安全法规，第二部分是被动安全法规，第三部分是防止火灾法规。其中，主动安全法规包括FMVSS 100系列28项，被动安全法规包括FMVSS 200系列24项，防止火灾法规包括FMVSS 300系列5项，特殊设备法规包括FMVSS 400系列3项，低速车辆法规包括FMVSS 500系列1项。FMVSS法规具有以下三个特点：一是法规内容齐全，涵盖主动安全、被动安全及防火安全等技术内容；二是法规修订较快，实施灵活；三是法规与SAE、ASTM、ANSI标准联系密切，很多法规均直接引用上述标准。

欧洲各国除有各自的汽车法规外，主要有两个地区性的汽车法规：一是ECE制定的汽车技术法规，二是EEC制定的汽车技术指令。ECE汽车技术法规（在缔约国中自愿采用）是根据1958年在日内瓦签订的《关于采用统一条件批准机动车辆和零部件并互相承认批准的协定书》约定的，ECE共有21个国家参与，美国、日本、加拿大、澳大利亚以观察员国身份参与活动；ECE汽车技术法规是由联合国欧洲经济委员会世界车辆规章协调论坛（WP29）负责起草，其下设6个专家小组：一般安全专家组、被动安全专家组、灯光及光信号专家组、制动及底盘专家组、污染与能源专家组和噪声专家组。其中有4个小组与汽车安全相关，目前ECE已颁布128项法规，其中主动安全60项，被动安全25项。

EEC汽车技术指令是在欧洲经济共同体成员国内强制施行的技术法规，由欧洲经济共同体组织制定，以1957年各成员国共同签订的《罗马条约》为基础，其目的同样是消除各成员国间的贸易壁垒。ECE汽车技术法规与EEC

汽车技术指令虽然由两个不同组织机构发布，但是由于 EEC 国家都是 ECE 核心国家，因此 EEC 汽车技术指令从法规内容上与 ECE 汽车技术法规大多数项目基本相同，甚至多数完全等同。

欧洲汽车安全法规的特点有：一是非常注重灯光和信号装置的安全性，二是更加注重法规的协调性、适用性和可操作性。

日本于 1951 年根据《道路运输车辆法》制定了道路运输车辆安全标准——日本保安基准。经过 40 多次的修订，至今仍在执行。安全标准属于法规命令，不同于一般的工业标准，各汽车制造企业所生产的汽车如果符合该标准，政府将发给安全合格证书并定期进行检查。然而由于日本汽车工业以出口为主，在 1998 年加入《1958 年协定书》后，其法规向 ECE 汽车技术法规靠拢，因此日本保安基准作为国际三大典型汽车技术法规体系的特点逐步弱化。

日本汽车安全法规的特点有：第一，日本汽车安全法规占到总法规的 70% 以上，对安全法规重视度高。第二，由于日本道路交通中汽车与行人发生碰撞事故居多，因此其安全法规更重视行人保护、车辆外部构造以及汽车外部凸出物等技术要求。

目前，中国尚无国际通行的汽车技术法规，强制性标准是目前中国较为系统的技术法规的表现形式。中国的汽车强制性标准工作起步于 20 世纪 90 年代初期，1995 年开始逐步实施，汽车强制性标准体系主要以欧洲 ECE/EEC 体系为参照，在具体项目内容上紧跟欧洲、美国和日本三大汽车技术法规体系的协调成果。因此，这些强制性标准从技术要求的角度看，其内容与国际上先进的技术法规体系相同。

目前中国正在制修订的汽车主动安全标准动向有：乘用车制动标准（GB 21670）作为单独的标准发布并实施、重型商用车制动国家标准审查并报批、电子稳定性控制系统标准研究、制动辅助系统和自动紧急制动系统（AEBS）研究。

正在制修订的汽车被动安全标准动向有：汽车正面碰撞的乘员保护、气囊误作用技术要求及试验方法、汽车侧面柱碰撞的乘员保护、电动汽车正面碰撞安全要求、新能源汽车和客车碰撞安全评价研究、侧面柱碰撞标准以及全球统一汽车技术法规（GTR）草案的研究、座椅动态鞭打跟踪和研究。

综上所述，世界汽车安全技术法规的发展趋势主要有：一是主动安全技术法规越来越多。随着主动安全技术的日益发展，相应的技术法规也会更加丰富、完善。二是越发重视儿童乘员保护。随着成人乘员的保护日趋完善，以后的技术法规将越发重视对儿童乘员的保护。三是技术法规越来越严格。汽车安全技术没有最好只有更好的特性，决定了其技术法规也会逐步严格，技术法规与产品技术水平相辅相成、互相促进。四是汽车技术法规全球化趋势。经济全球化进程的深入以及市场全球化、采购全球化的进展，必然导致技术法规的全球化趋势。

2. 世界各国新车评价规程对比分析

汽车技术法规毕竟只是市场准入的门槛性要求，也是对汽车安全性最基本的要求。随着汽车安全技术的不断发展，安全法规已不能满足人们对汽车安全的期望和要求。为了更加直观地区分汽车安全性能优劣，NCAP 应运而生。按照比汽车技术法规更严格的方法对市场销售车型进行碰撞安全性能测试、评判和划分星级，并向消费者公开评价结果。NCAP 的出现给汽车安全技术的发展注入了新的动力。由于各个国家实际情况不同，使得各国的 NCAP 评价方法、试验项目均有不同程度的差异，并且随着各个国家道路交通条件的变化以及车辆技术水平的提升，各个国家也在不断更新各自的 NCAP 测试项目与评价方法。

NCAP 一般由国家政府部门、行业协会、第三方检测机构、保险公司等发起，不依附于任何汽车企业和团体，独立运作。由于 NCAP 评价规程要求更苛刻，评价更全面，并得到社会和公众的认同，因此评价结果直接影响到汽车企业的品牌形象及消费者的购车选择。所以 NCAP 的推出，极大地提升了汽车企业加大安全研发投入的积极性，从而推动了汽车安全技术研发能力的快速提升。

（1）世界各国 NCAP 概况

美国是世界上最早研究并实施 NCAP 的国家，早在 1979 年美国国家公路交通安全管理局（NHTSA）牵头开始组织实施 US NCAP。US NCAP 是世界上最早的 NCAP 体系，在世界汽车安全史上具有非常重要的意义。US NCAP 最初仅有正面全宽碰撞一个测试项目，现已发展为涵盖正面碰撞、侧面碰撞及翻滚等多个测试项目的评价体系。US NCAP 的实施，不仅为消费者购车提供了权威且准确的车辆安全信息，而且促使汽车企业努力提升汽车安全性能。由于 US NCAP 的标杆作用，世界各国也陆续开展各自的 NCAP 的制定和实施工作。

自 1993 年以后，澳大利亚、日本、美国、欧盟、韩国、中国及拉美均推出了各自的 NCAP。1993 年，澳大利亚与新西兰政府联合国家道路管理局、维多利亚州交通事故委员会（VTAC）、国际汽车运动联合会（FIA）、NPRM 保险协会以及汽车俱乐部等推出了 ANCAP，试验项目主要包括正面 40% 偏置碰撞、侧面碰撞、侧柱碰撞以及行人保护。日本于 1995 年由日本政府授权国家车辆安全以及受害者援助机构（NASVA）推出 JNCAP。试验项目最初仅有正面全宽碰撞试验和制动效能试验，1999 年增加侧面碰撞试验，2000 年增加正面 40% 偏置碰撞试验，2003 年增加行人保护头部碰撞试验，2009 年增加追尾碰撞挥鞭伤害试验，2011 年增加行人保护腿部碰撞试验。在美国，除了由美国国家公路交通安全管理局颁布的 US NCAP，1995 年美国公路安全保险协会推出了 IIHS NCAP，与其他 NCAP 的主要区别是其安全性能不用星级划分，而是划分为良好（Good）、可接受（Acceptable）、允许的最低界限（Marginal）和差（Poor）四个等级。IIHS NCAP 最初也仅有正面 40% 偏置碰撞试验一个测试项目，为了减轻追尾碰撞中乘员颈部伤害，同年展开了座椅头枕几何形状的评价，是世界上最早评价追尾碰撞中挥鞭伤害的 NCAP。2004 年 IIHS NCAP 增加了侧面碰撞项目，并增加了基于碰撞台车的后碰撞挥鞭伤害试验。2009 年，IIHS NCAP 开始增加车顶强度试验，以更好地促进车辆抗翻滚性能，近期又尝试增加 25% 小偏置碰撞测试项目。Euro NCAP 于 1997 年由 7 个欧洲国家（法国、德国、瑞典、荷兰、英国、卢森堡及西班牙）牵头，与国际汽车运动联合会、国际消费者研究及测试机构（ICRT）、欧洲汽车俱乐部以及车辆保险修复研究中心共同发起推出。测试项目主要包括正面 40% 偏置碰撞试验和侧面碰撞试验，随后增加了行人保护试验。2009 年开始增加追尾碰撞挥鞭伤害试验，2010 年开始将侧面柱撞列为正式评价项目，并更新了 Euro NCAP，按照成人保护、儿童保护、行人保护以及主动安全装置四大测试内容划分星级。通过十余年的发展，Euro NCAP 已成为世界上很有影响力的汽车安全评价体系。

澳大利亚的 ANCAP 在 1999 年与 Euro NCAP 签订备忘录，使用与其相同的试验和评价体系，共享试验结果与数据。韩国的 KNCAP 于 1999 年推出，试验项目也由最初的正面全宽碰撞，发展到如今包括正面全宽碰撞、正面 40% 偏置碰撞、侧面碰撞、侧面柱撞、挥鞭伤害、行人保护以及抗翻滚与制动效能等试验。中国的 C-NCAP 试验项目主要包括正面全宽碰撞、正面 40% 偏置碰撞及侧面碰撞三个项目，率先在两个正面碰撞试验中增加了后排女性假人评价。2009 年在正面碰撞中增加儿童约束系统（CRS）评价，在侧面碰撞中增加后排乘员保护评价，并将燃料消耗量正式作为附加试验。2012 年 C-NCAP 增加了颈部挥鞭伤害台车试验，并开始对后排乘员假人伤害进行定量评价。2010 年在 Euro NCAP、国际汽车运动联合会、FIA 基金会（FIA Foundation）、国际消费者研究及测试机构、Gonzalo Rodriguez 基金会（GRMF）与美洲开发银行（IDB）的支持下，拉丁美洲新车评价规程（Latin NCAP）正式成立，目前其试验项目仅有正面 40% 偏置碰撞、假人伤害评价及评分规则与 Euro NCAP 一致，没有统一的星级，只是针对成人保护和儿童保护两个项目单独评价。

虽然都是 NCAP，但是由于各国道路交通条件不同以及车辆安全技术的差异，使得试验和评价方法也不尽相同。就主要碰撞形式而言，以上的 NCAP 大致可以分为三类：第一类是美国实施的 US NCAP，它的正面碰撞采用固定的刚性壁障，通常只评价前排乘员伤害情况；侧面碰撞采用 63 度斜角碰撞，通常评价撞击侧前后排的乘员伤害情况。第二类是以 Euro NCAP 为代表的，正面碰撞采用汽车以 40% 重叠率撞击在可变形蜂窝铝壁障结构上，它不仅对前排乘客进行评价，而且对位于后排位置的儿童乘员也进行评价；侧面碰撞采用 90 度垂直碰撞（含柱碰撞），通常评价撞击侧驾驶员乘员的伤害情况。第三类是综合借鉴前两种试验方法，分别采用正面全宽刚性壁障试验和正面偏置碰撞试验，加上一种侧面碰撞试验。这样碰撞形式就更加完整，具有更好的综合评价性，不仅考核了车身的结构安全，而且也考核了约束系统匹配的效果。这一类典型的有日本的 JNCAP、中国的 C-NCAP 及韩国的 KNCAP。除了以上三种主要碰撞形式外，不同 NCAP 在试验项目上也各有侧重，如美国 US NCAP、IIHS NCAP 及韩国 KNCAP 均有评价车辆抗翻滚性能的测试项目，而没有行人保护、儿童保护等测试项目；Euro NCAP、JNCAP 均有行人保护与儿童保护、挥鞭伤害等试验项目，却无评价车辆抗翻滚性能的测试项目；C-NCAP 结合自身国情特点，率先在后排增加乘员伤害评价。①

（2）世界各国 NCAP 评价技术发展特点

综观 NCAP 在各国的发展历史，可以发现其在发展过程中具有以下特点。

一是试验由初期单一形式逐步完善，考核项目越来越全面，尤其是最早开展 NCAP 的国家，评价项目已从被动安全扩充至主动安全范畴。较晚开展 NCAP 的国家，初期评测项目较为完善，然而随着车辆安全技术的发展以及原有评价体系区分度的下降，也逐步增加了不同形式的测试项目，使得安全评价系统更加完整。

二是试验项目、评分标准与各自国家具体情况结合紧密。如美国道路交通事故调查表明，动态翻滚是发生在美国交通事故中的一种常见形式，因此 US NCAP 具有动态翻滚评价项目；日本的统计结果表明，日本的行人碰撞致死事故中 60% 以上是因为行人的头部受伤，因此 JNCAP 行人保护只有头部保护项目；而在中国，汽车后排乘坐率高一直是中国汽车的使用特点，且后排乘员受伤概率是前排乘员的 3 倍，死亡概率更是增加 5 倍，因此 C-NCAP 将后排乘员保护纳入评价规程中并逐步强化。此外，即便是相同的试验项目，不同 NCAP 所评价的部位和指标也不尽相同。例如，在正碰试验中假人头部伤害评估中，Euro NCAP 采用头部伤害指标（HIC）值和头部在 3 ms 时间内的加速度值作为衡量头部伤害情况的指标，而 JNCAP 仅采用 HIC 值衡量受伤情况。此外，不同 NCAP 在整体评价中，不同试验形式会有不同的权重，如 US NCAP 对正面碰撞、侧面碰撞及翻滚试验的权重设置为 5∶4∶3，C-NCAP 对正面碰撞、偏置碰撞、侧面碰撞的权重设置则为 1∶1∶1，而 Euro NCAP 按不同试验形式将成人保护、儿童保护、行人保护及主动安全装置权重设置为 5∶2∶2∶1。这些测量部位、评价标准及权重设置上的差异均与各自国家的道路交通情况、车辆技术情况和使用特征等具体情况密切相关。②

① 刘玉光、刘志新：《各国新车评价规程（NCAP）测试评价技术的现状与发展》，《汽车安全与节能学报》2013 年第 1 期。

② 刘玉光、刘志新：《各国新车评价规程（NCAP）测试评价技术的现状与发展》，《汽车安全与节能学报》2013 年第 1 期。

（3）《C-NCAP 管理规则（2012 年版）》与新版欧美 NCAP 评价技术对比分析

近年来，随着道路交通环境以及安全技术水平的提升，原有的 NCAP 评价体系已不能很好地辨别汽车安全性能的优劣，因此各个国家纷纷根据各自的国情，对原有的评价体系进行技术升级。Euro NCAP 与 US NCAP 分别于 2009 年和 2010 年对各自的评价规程进行了较大幅度的更新，C-NCAP 也于 2012 年更新了评价规程。鉴于 US NCAP 与 Euro NCAP 在汽车安全测试评价领域具有一定的代表性，主要从试验形态、碰撞速度、假人安放、评价指标等角度对《C-NCAP 管理规则（2012 年版）》与最新 US NCAP 和 Euro NCAP 正面碰撞、侧面碰撞、翻滚试验、主动安全辅助装置以及总体评价等主要技术内容的差异进行比对分析。从表 1 可以看出，Euro NCAP 仅考核正面 40% 偏置碰撞性能，US NCAP 仅考核正面 100% 刚性壁障碰撞性能，而 C-NCAP 的考核更全面，涵盖上述两种试验，而且 100% 刚性壁障碰撞速度高于 US NCAP，此外碰撞假人选取略有差异。从表 2 可以看出，C-NCAP 侧面碰撞测试项目仅有可移动变形壁障侧碰撞，较 Euro NCAP 和 US NCAP 少了侧面柱碰撞测试，并且欧洲和美国在柱碰撞测试的碰撞速度与碰撞角度上都有不同。从表 3 可以看出，只有 Euro NCAP 有行人保护测试；Euro NCAP 与 C-NCAP 均有颈部挥鞭伤害台车试验，但是在碰撞脉冲、评价指标等方面有差异；仅 US NCAP 有翻滚试验。此外，Euro NCAP 与 C-NCAP 针对主动安全辅助装置进行了加分；在总体星级评价方面，三个 NCAP 评价体系也不尽相同。①

表 1　C-NCAP 与 Euro NCAP、US NCAP 正面碰撞对比

正面碰撞	Euro NCAP	US NCAP	C-NCAP	
试验形态	正面 40% 偏置碰撞	正面 100% 刚性壁障碰撞	正面 40% 偏置碰撞	正面 100% 刚性壁障碰撞
碰撞速度	64km/h	56km/h	50km/h	64km/h
假人安放	前排两个 Hybrid III 50th，后排 P3、P1.5 儿童假人	驾驶员 Hybrid III 50th，乘员侧 Hybrid III 5th，后排无假人	前排两个 Hybrid III 50th，后排 Hybrid III 5th，P3 儿童假人	前排两个 Hybrid III 50th，后排左侧 Hybrid III 5th

① 刘玉光、刘志新：《各国新车评价规程（NCAP）测试评价技术的现状与发展》，《汽车安全与节能学报》2013 年第 1 期。

续表

正面碰撞	Euro NCAP	US NCAP	C-NCAP
假人测点	头、颈、胸、大腿、小腿	头、颈、胸、大腿	头、颈、胸、大腿、小腿
伤害评价	取驾驶员和乘员伤害更严重的指标进行评价	驾驶员、乘员单独评价,取二者平均值做评价结果	取驾驶员和乘员伤害更严重的指标进行评价

表 2　C-NCAP 与 Euro NCAP、US NCAP 侧面碰撞对比

侧面碰撞	Euro NCAP	US NCAP	C-NCAP
试验形态	①可移动变形壁障侧碰撞 ②侧面柱碰撞	①可移动变形壁障侧碰撞 ②侧面柱碰撞	①可移动变形壁障侧碰撞 ②无侧面柱碰撞
碰撞角度与速度	① 90 度侧面碰撞 50km/h ② 90 度侧面碰撞 29km/h	① 27 度斜角侧碰撞 50km/h ② 75 度斜角侧柱撞 32km/h	① 90 度侧面碰撞 50km/h
假人安放	①驾驶员 ES-2,后排 P1.5、P3 儿童假人 ②仅驾驶员侧 ES-2 假人	①驾驶员 ES-2re,驾驶员后 SID-IIs ②仅驾驶员侧 SID-IIs	①驾驶员 ES-2,驾驶员后 SID-IIs
台车质量	950kg	1368kg	950kg
假人测点	ES-2:头、胸、腹、骨盆 P1.5、P3:头、胸	ES-2re:头、胸、腹、骨盆 SID-IIs:头、骨盆	ES-2:头、胸、腹、骨盆 SID-IIs:头、胸、骨盆
伤害评价	成人保护评价中,两种侧碰形式各占总分的 2/9	前排评价:柱碰撞和侧面碰撞,权重 1:4,后排根据侧面碰撞结果,平均前后排结果得到总体侧碰评价结果	前后排乘员假人单独计分

表 3　C-NCAP 与 Euro NCAP、US NCAP 其他试验与总体星级评价方法对比

试验项目	Euro NCAP	US NCAP	C-NCAP
行人保护	成人、儿童头部冲击、大腿冲击、小腿冲击试验	无	无
颈部挥鞭伤害台车试验	动态 + 静态评价,低、中、高三种强度碰撞脉冲动态评价指标:NIC,Nkm,回弹速度,上颈部 Fx、上颈部 Fz、T_1 加速度、头枕接触时间	无	仅动态评价,中强度碰撞脉冲动态评价指标:NIC、上颈部 Fx、上颈部 Fz、上颈部 My、下颈部 Fx、下颈部 Fz、下颈部 My
翻滚试验	无	根据静态稳定系数和动态试验评价	无
主动安全	ESC、安全带提醒装置、限速装置	无	ESC、安全带提醒装置
总体星级评价	成人保护、儿童保护、行人保护与主动安全装置得分以 5:2:2:1权重得出总分数对应不同星级	根据正面碰撞、侧面碰撞以及翻滚试验的星级按照 5:4:3的权重计算得出总体星级	根据正面碰撞、侧面碰撞、挥鞭、主动安全装置等得分累加,对应不同的星级

（4）NCAP 评价技术发展趋势

纵观世界各国 NCAP 评价技术的发展及其近期的发展规划，NCAP 主要发展趋势如下。

第一，NCAP 将逐步纳入主动安全范畴。随着主动安全技术的逐步完善及相关技术的工程应用，各国 NCAP 从最初的被动安全评价，都逐步扩展到主动安全评测范畴，欧洲、美国、澳大利亚等国家和地区均已着手研究相关避撞技术的试验评价方法与评价技术。比如，Euro NCAP 对装备有安全辅助装置的车辆进行加分，包括电子稳定性控制系统、限速装置（SLD）、安全带提醒装置（SBR）等，并在 2013 年以后的评价规程更新计划中，增加了中、高速后碰撞中自动紧急制动系统评价内容，以及关于车道偏离预警系统（LDWS）与车道保持辅助系统（LKA）安装要求，分数也由目前的 7 分增加至 13 分，并将主动安全辅助装置权重由原来的 10% 提高至 20%。美国国家公路交通安全管理局目前也在研究增加车道偏离预警系统、前向碰撞预警（FCW）和电子稳定性控制系统评价项目。澳大利亚 ANCAP 自从 2008 年施行以来，规定获取五星级评价的车辆必须安装电子稳定性控制系统。因此，NCAP 的发展趋势之一是逐步纳入并加大主动安全在评测中的权重。目前引入汽车安全辅助技术的重要挑战是如何开发通用的、有效的测试评价程序，包括简单的功能测试与复杂的路面性能试验。

第二，NCAP 评价项目将更加全面、更加苛刻。为了促进汽车安全技术水平的进一步提高以及保持 NCAP 对汽车安全评价的区分度，NCAP 评价规则也只能逐步提升，使得评价项目越来越全面，涵盖了正面碰撞、侧面碰撞、追尾碰撞、行人保护等碰撞形态。通过被动安全技术到主动安全装置设计实现了对车内外乘员保护越来越高的要求，如 IIHS NCAP 近期将增加 25% 小偏置碰撞试验。

第三，NCAP 评价将趋于全球化、同一化。虽然目前各国 NCAP 评价项目在试验形式、碰撞试验假人选取以及评分标准上都不尽相同，但是从发展趋势来看，各个 NCAP 组织之间也在相互借鉴、相互协调。如 C-NCAP 最早开始使用 Hybrid Ⅲ 5^{th}女性假人，随后美国、欧洲、日本也纷纷在各自的评价规程中增加了相关内容，而 C-NCAP 也将正面 40% 偏置碰撞的碰撞速度提升至与

Euro NCAP 一致；欧洲也将于 2015 年增加正面全宽碰撞试验，US NCAP 也会在将来增加主动安全技术的评测。此外，从星级评价方法来看，各个国家目前也都采用了一个综合的安全评价作为车辆安全整体评价。预计 Global NCAP 的推出将会更好地协调各国 NCAP 在试验项目以及评价标准上实现全球化、同一化。①

（四）提升中国汽车安全水平的发展建议

首先，政府及相关研究部门应深入分析中国道路交通事故的特点，更有针对性地制定中国的汽车安全标准。其次，在整车安全水平与国外看齐的同时，也应充分地意识到要着力打造安全零部件的自主核心技术。因此，发展拥有自主知识产权的安全零部件企业更需要政府在资金、政策及配套等方面的支持。最后，应加强基础共性技术研究。汽车安全技术的发展离不开各个子系统关键技术的突破，如人体生物力学、高新技术材料、电子信息技术、计算机仿真技术及关键零部件技术等。只有在这些共性技术更加成熟的基础上，汽车安全技术才会有更加长足的发展。

① 刘玉光、刘志新：《各国新车评价规程（NCAP）测试评价技术的现状与发展》，《汽车安全与节能学报》2013 年第 1 期。

宏观环境篇

Macro Environment Report

B.2

基于道路交通事故数据的汽车安全性能改善研究

摘　要：

随着汽车保有量的迅猛增长，中国道路交通事故频发，已经逐步发展成为一个严峻的社会问题。本文立足于道路交通事故数据，首先介绍了中国道路交通事故发展形势；接着分析了中国道路交通事故特点，并解析了造成道路交通事故的主要因素；最后在总结道路交通事故特点及诱发原因的基础上，提出了改善车辆安全性能、降低道路交通事故的应对措施。

关键词：

道路交通事故　成因　汽车安全　性能改善

一　中国道路交通事故发展形势

（一）道路交通事故概述

近年来，中国道路交通事故从事故起数、伤亡人数两方面看，都经历了先上升后显著下降的过程，群死群伤等重大道路交通事故也得到了有效控制。这些与中国经济社会发展水平、交通安全管理力度、驾驶人文明驾驶意识等是密切相关的。1990～2012 年中国道路交通事故起数和死亡人数变化趋势如图 1 所示。

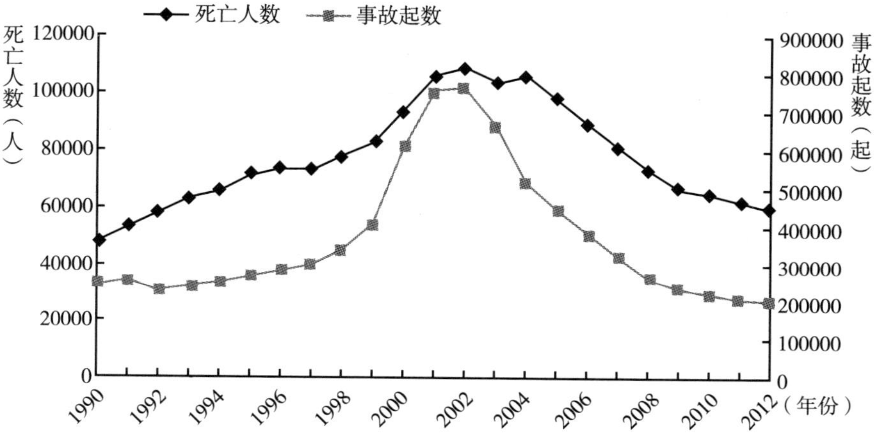

图 1　1990～2012 年中国道路交通事故起数和死亡人数变化趋势

资料来源：公安部交通管理局：《道路交通事故统计年报》。

从图 1 可以看出，1990～1998 年，每年发生的道路交通事故起数大体呈上升趋势，但是上升趋势较为平缓。1999～2000 年，交通事故起数呈现出明显的上升趋势，而且上升幅度较大，这与机动车保有量和驾驶人总量的快速增长有着较大的关联。2000～2002 年，交通事故起数整体趋势较为平稳，没有出现明显变化。2002～2012 年，交通事故起数出现了持续下降，并趋于稳定，保持在每年 20 万起左右。其中，2002～2006 年交通事故起数降幅较大，这与中国道路交通状况改善、交通管理优化、驾驶员安全意识提高有较大关系。

1990～2002 年，随着中国交通事故发生总数的持续增长，中国交通事故死亡人数也呈现出持续上升的趋势，并于 2002 年达到最高峰（109381 人）。随后一直到 2004 年，死亡人数缓慢下降。接着在 2004～2008 年死亡人数出现大幅下降，在 2009～2012 年死亡人数保持下降趋势，并逐渐稳定在 6 万人左右。这缘于中国应急医疗救援水平不断提高、车辆安全性能持续改善及交通安全状况不断好转。

从万车死亡率和10万人口死亡率两个指标来看（见图2），1990～2002年，10万人口死亡率持续上升，并于2002年达到最高值（8.79）。在过去的20年中，万车死亡率逐年下降，但是10万人口死亡率直至2002年才有所下降。仅从2006～2012年来看，中国万车死亡率从2005年的7.57下降到2012年的2.50，下降了5.07，降幅为66.97%。中国道路交通事故10万人口死亡率从2005年的7.60下降到2012年的4.45，下降了3.15，降幅为41.45%。

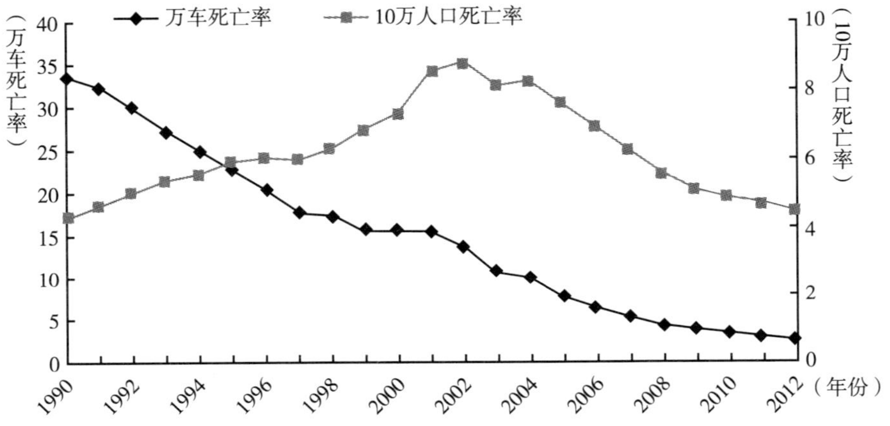

图2　1990～2012年中国道路交通事故的万车死亡率及10万人口死亡率

资料来源：公安部交通管理局：《道路交通事故统计年报》。

（二）重大道路交通事故情况

从图3中的一次死亡10人以上重大道路交通事故数据统计可知，1996年重大事故起数最多，达到80起。在之后的16年中虽然总体呈下降趋势，但是个别年份反复升降，防控效果并未充分体现。特别是2004年经过一段下降平稳期后又陡升至55起，之后一直到2007年才出现了明显的下降。2008～2012年，重大事故起数得到了有效遏制，虽然仍有波动，但是基本维持在27起上下。从两个五年规划对比来看，"十一五"规划（2006～2010年）期间，中国共发生一次死亡10人以上交通事故151起，平均每年发生30.2起，平均每12天发生1起。与"十五"规划（2001～2005年）相比，"十一五"规划期间中国发生的一次死亡10人以上事故起数减少了72起，相当于每年减少了

14.4 起。2009 年一次死亡 10 人以上交通事故降到了 24 起，成为 1990 年以来一次死亡 10 人以上交通事故的最低点，接着在 2007～2009 年连续 3 年将一次死亡 10 人以上交通事故起数保持在 30 起以下。但是从近十余年重大道路交通事故起数总体走势看，中国重大道路交通事故起数仍有波动，防控形势依然严峻。

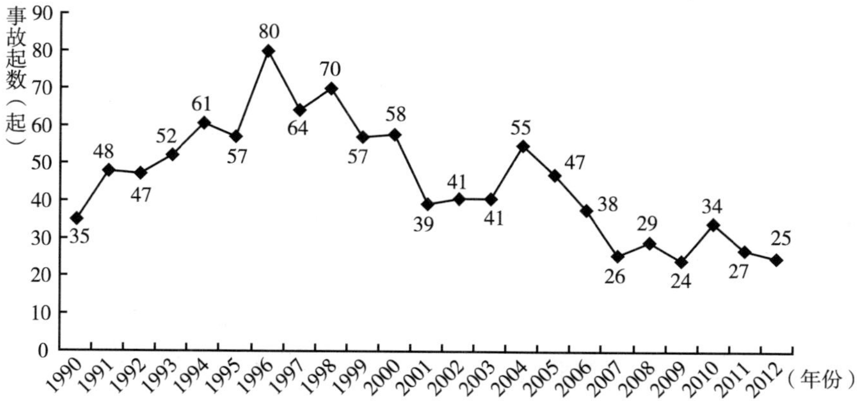

图 3　1990～2012 年中国重大道路交通事故起数变化趋势

资料来源：公安部交通管理局：《道路交通事故统计年报》。

由图 4 可见，与重大事故起数呈现趋势相比，中国重大交通事故死亡人数在波动中呈更明显的下降态势。其波动性在 2000～2005 年变化得尤为明显，

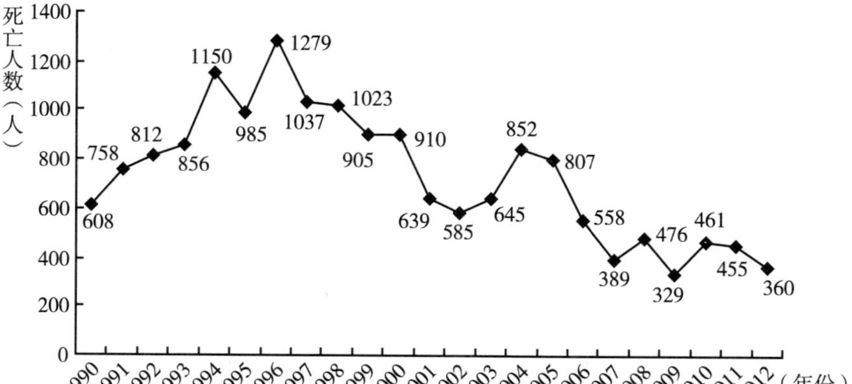

图 4　1990～2012 年中国重大道路交通事故死亡人数变化趋势

资料来源：公安部交通管理局：《道路交通事故统计年报》。

先大幅下降，然后大幅上升，之后在小幅波动中逐渐回落。与事故起数类似，2008～2012年死亡人数呈波动平稳状态，总体维持在400人上下。虽然无论从事故起数还是死亡人数看，中国重大道路交通事故高发态势都得到了有效遏制，并且平稳中呈现了缓慢下降的态势，但是从总量看，重大道路交通事故防控形势仍不容乐观。

（三）客车、载货汽车交通事故情况

目前，中国客车产销量约占世界客车总量的三分之一，居世界第一位。截至2012年底，中国大型客车保有量128.13万辆，中型客车保有量131.78万辆。据统计，2012年涉及大、中型客车违法的交通事故共造成2860人死亡，占总数的5.2%；涉及轻、微型客车违法的交通事故共造成20664人死亡，占总数的37.4%。在2012年发生的25起一次死亡10人以上的重大交通事故中，涉及客车肇事的有21起，占总数的84%，共造成307人死亡。在这25起交通事故中，因车体挤压变形严重而导致乘员伤亡的单方坠翻交通事故11起，占总数的44%，共造成145人死亡；因乘员在车内二次碰撞导致伤亡的碰撞交通事故9起，占总数的36%。另外，客车失火事故频频发生，也暴露出防火安全方面存在的问题。

截至2012年底，中国载货汽车保有量为1894.8万辆，占汽车总量的17.2%，与2011年相比增长6.1%。据统计，2008年中国载货汽车（包括汽车列车、三轮汽车和低速货车）涉及重、中型载货汽车交通违法的事故共造成12498人死亡，占总数的22.6%；涉及轻、微型载货汽车违法的交通事故共造成4278人死亡，占总数的7.8%，载货汽车安全形势较为严峻。长期以来，中国汽车安全技术的发展主要集中在乘用车上，对于载货汽车的安全性一直没有给予足够的重视。载货汽车安全技术水平等级很低，一些载货汽车生产和改装企业缺乏社会责任感，一味追逐利润，降低生产成本，忽视安全性。政府管理部门的重点也主要集中在容易导致重大交通事故的客运车辆上，而货运车辆的安全问题一直是车辆管理的难点和薄弱点。

二　中国道路交通事故特点与成因分析

（一）事故地域分布特征

从事故所属片区看，东部地区事故所占比例高（见图5）。2008～2012年，东部地区发生交通事故造成的死亡人数占比高，占比达48.8%，中部和西部分别占比24.3%和26.9%。该期间内，中部地区发生道路交通事故造成死亡人数所占比例呈逐年缓慢下降的趋势，从2008年的25.1%下降为2012年的23.9%；而西部地区所占比例呈逐年缓慢上升的趋势，从2008年的26.7%上升到2012年的27.1%。与2008年相比，2012年东部、西部所占比例同比分别上升了0.8个和0.4个百分点，而中部同比下降了1.2个百分点。

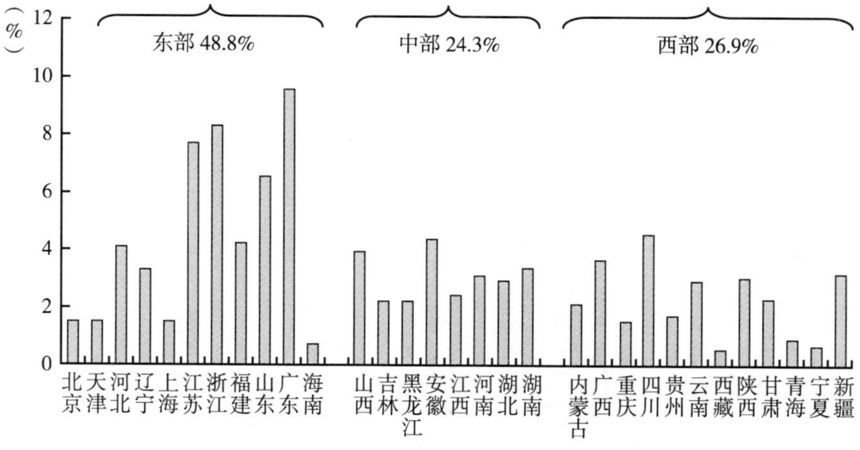

图5　2008～2012年中国道路交通事故死亡人数分片区构成

资料来源：公安部交通管理局：《道路交通事故统计年报》。

（二）肇事车辆特征

1. 私用车辆、一般货运车辆事故比例高

从车辆使用性质看，2008～2012年，中国经营性车辆导致的事故死亡人数所占比例为41.6%，其他车辆导致的事故死亡人数占比为58.4%，其中一

般货运车辆、私用车辆肇事导致的死亡人数所占比例分别为28.7%和52.3%。从五年的变化趋势看，经营性车辆导致的事故死亡人数所占比例总体上呈下降趋势，从2008年的44.1%下降至2012年的37.6%。其中，公路客运、出租客运车辆事故导致的死亡人数所占比例呈逐年下降的趋势，校车事故导致的死亡人数及其所占比例较低，且有波动。同期，私用车辆导致的事故死亡人数所占比例呈逐年上升趋势，年均上升2.2个百分点。

2. 制动不良和失效肇事比例高

从机动车安全状态看，2008～2012年，中国道路交通事故死亡人数中，由安全状态不良车辆导致的约占7.5%，包括制动失效、制动不良、转向失效、照明与信号装置失效、爆胎及其他机械故障。其中，因制动不良和制动失效肇事的分别占比61.0%和13.6%。

（三）肇事人员特征

1. 低驾龄驾驶人肇事比例呈上升趋势

从驾驶人驾龄看，2008～2012年，中国因3年及以下驾龄驾驶人肇事导致的死亡占机动车事故死亡的29.6%（见图6）。其中，因1年以下、2年、3

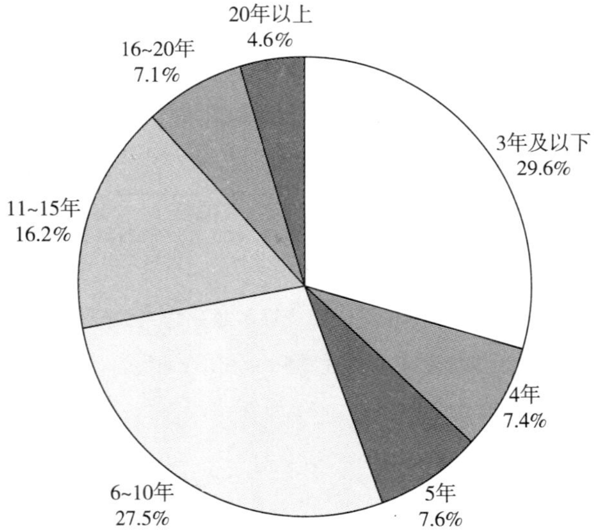

图6　2008～2012年中国造成死亡的道路交通事故肇事驾驶人驾龄构成

资料来源：公安部交通管理局：《道路交通事故统计年报》。

年驾龄驾驶人肇事导致死亡所占比例分别为12.2%、9.2%和8.2%。中国因3年及以下驾龄驾驶人肇事导致死亡所占比例呈波动上升的趋势。与2008年相比，2012年因2年、3年驾龄驾驶人肇事导致死亡的比例同比分别下降了1.0和0.8个百分点，1年以下驾龄的比例上升了3.7个百分点。

2. 26～40岁肇事者是主要的肇事群体

从肇事人年龄看，2008～2012年，中国一半的道路交通事故死亡是由26～40岁肇事者造成的（见图7）。其中，26～30岁、31～35岁、36～40岁肇事者肇事导致的死亡分别占16.1%、17.0%和18.2%。36岁以上各年龄段肇事者肇事比例呈不同程度地上升，值得关注的是56～65岁肇事者肇事导致的死亡人数由2008年的1774人上升到2012年的2291人，增长了29.1%。这说明随着机动车的全面普及，老年驾驶人的交通安全管理应得到重视。

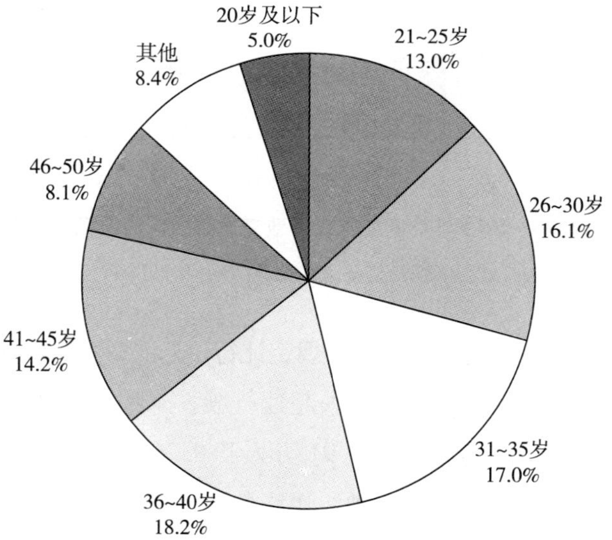

图7　2008～2012年中国造成死亡的道路交通事故肇事者年龄构成

资料来源：公安部交通管理局：《道路交通事故统计年报》。

（四）事故原因及形态特征

1. 交通参与者违法行为导致事故比例高

从事故原因看，2008～2012年，中国因交通参与者违法行为导致的事故起数、死亡人数平均分别占比96.1%和96.0%（见图8）。其中，因机动车驾驶人违法行为、非机动车驾驶人违法行为、行人乘车人违法行为肇事造成的死亡人数所占比例分别为91.9%、2.3%和1.8%。2008～2011年，因交通参与者违法导致事故的比例呈逐年缓慢上升趋势，2012年有所回落。与2008年相比，2012年因机动车驾驶人违法行为、非机动车驾驶人违法行为导致死亡人数所占比例略有上升，因行人乘车人违法行为导致死亡人数所占比例略有下降。

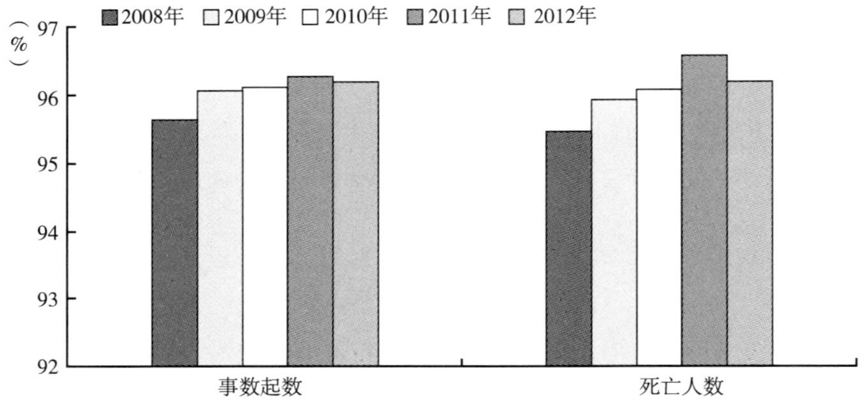

图8　2008～2012年交通参与者导致交通事故起数及死亡人数比例

资料来源：公安部交通管理局：《道路交通事故统计年报》。

2. 机动车驾驶人超速行驶、未按规定让行、无证驾驶等违法肇事比例高

2008～2012年，因机动车驾驶人超速行驶、未按规定让行违法肇事比例高（见图9），平均每年分别导致0.91万人和0.76万人死亡，分别占13.9%和11.6%；因无证驾驶、逆向行驶、违法装载、酒后驾驶等违法肇事导致的死亡人数，分别占7.6%、5.0%、3.6%和3.6%。从变化趋势看，因酒后驾驶、疲劳驾驶、违法会车、违法占道行驶肇事导致死亡所占比例呈下降趋势。

3. 正面相撞、侧面相撞和尾随相撞事故多发

从事故形态看，2008～2012年，中国正面相撞、侧面相撞和尾随相撞事故多发，致死人数所占比例分别为28.7%、20.9%和13.1%。尤其在二、三级公路交通事故中，65.4%的事故死亡为正面相撞、侧面相撞或尾随相撞。此外，刮撞行人和翻坠车事故造成死亡所占的比例分别为13.1%和7.0%。从变

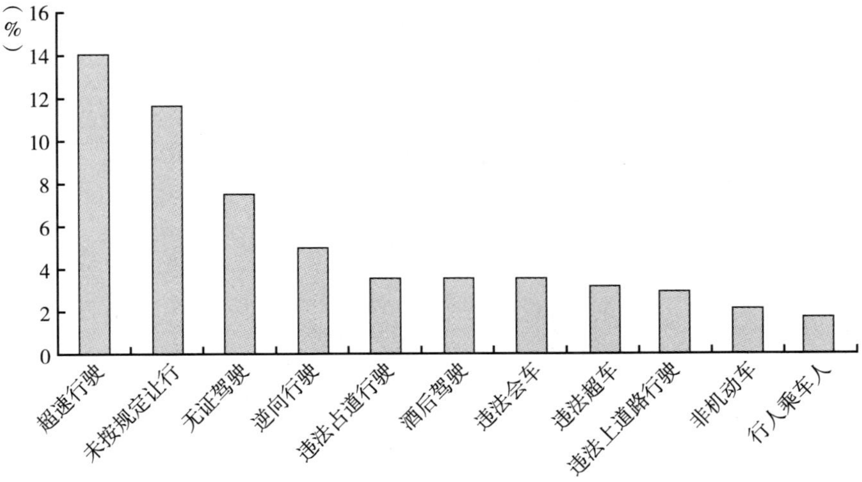

图 9　2008～2012 年中国道路交通事故原因分布

资料来源：公安部交通管理局：《道路交通事故统计年报》。

化趋势看，刮撞行人事故致死人数从 2008 年的 6240 人上升到 2012 年的 12155 人，增加了 94.8%，年均增长 18.1%；所占的比例从 2008 年的 8.5% 上升到 2012 年的 20.3%，提高了 11.8 个百分点。

（五）高速公路事故特征

2008～2012 年，中国高速公路平均每年发生 9635 起事故，造成 6192 人死亡、13118 人受伤（见表 1），分别占比 4.25%、9.47% 和 5.11%。从变化趋

表 1　2008～2012 年高速公路交通事故情况

年份	事故起数		死亡人数		受伤人数	
	数量(起)	占总数(%)	数量(人)	占总数(%)	数量(人)	占总数(%)
2008	10848	4.09	6042	8.22	13768	4.52
2009	9147	3.84	6028	8.90	12780	4.65
2010	9700	4.42	6300	9.66	13739	5.41
2011	9583	4.55	6448	10.33	13007	5.48
2012	8896	4.36	6144	10.24	12298	5.48
平均	9635	4.25	6192	9.47	13118	5.11

资料来源：公安部交通管理局：《道路交通事故统计年报》。

势看，高速公路事故起数、造成的死亡人数和受伤人数所占比例分别从2008年的4.09%、8.22%和4.52%上升到2012年的4.36%、10.24%和5.48%，呈逐年波动上升的趋势。与2008年相比，2012年高速公路交通事故起数、死亡人数、受伤人数所占的比例分别上升了0.27个、2.02个和0.96个百分点。

1. 23时至次日7时事故多发

从时间分布看，中国高速公路23时至次日7时事故多发，造成的死亡占比42.4%。其中，5~6时所占比例最高，为6.0%。14~17时是日间事故发生比例较高的时间段，造成的死亡占比11.9%。从变化趋势看，23时至次日7时发生事故造成的死亡所占比例呈逐年下降趋势，14~17时发生事故造成的死亡所占比例呈上升趋势。

2. 尾随相撞事故高发

从事故形态看（见图10），中国高速公路事故造成死亡的13.1%为尾随相撞，与中国道路交通事故形态相比，高速公路尾随相撞形态事故比例高出2倍多。从变化趋势看，因尾随相撞形态事故造成的死亡所占比例呈逐年下降趋

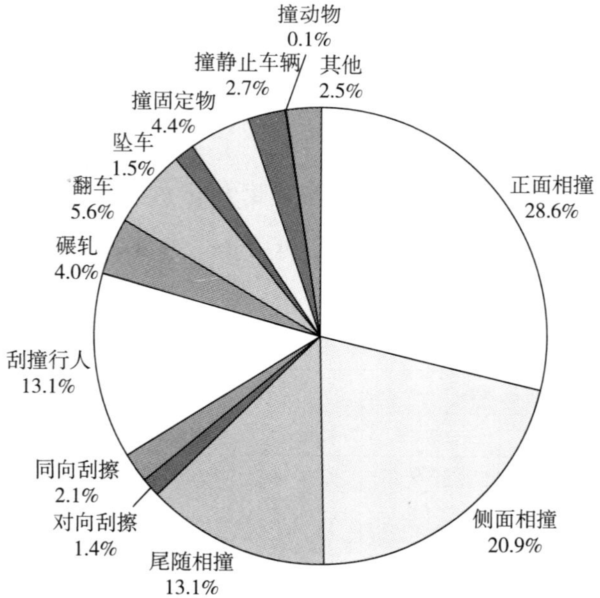

图10　2008~2012年中国高速公路交通事故形态分布

资料来源：公安部交通管理局：《道路交通事故统计年报》。

势，因刮撞行人事故造成的死亡及其所占比例呈逐年上升趋势。

3. 疲劳驾驶、超速行驶肇事比例高

从事故原因看，2008～2012 年高速公路因机动车驾驶人违法行为肇事造成的死亡人数占 83.4%，其中因疲劳驾驶、超速行驶、违法上道路行驶、违法装载肇事造成的死亡人数分别占比 10.2%、8.9%、3.1%和 1.9%。而高速公路事故死亡中因行人和乘车人违法肇事造成的死亡人数占比 8.4%，因制动不当、转向不当等非违法过错肇事造成的死亡人数占比 7.1%，这两项比例均高于中国道路交通事故的平均水平。从变化趋势看，因超速行驶肇事造成的死亡人数所占比例在 2009 年出现较大幅度上升后稳定在 10.5%左右。

（六）重大交通事故特点

2008～2012 年，中国共发生一次死亡 10 人以上交通事故 139 起，造成 2082 人死亡、2051 人受伤。总体来看，重大道路交通事故有以下三个突出特点。

1. 西部地区事故比例高

从事故所属片区看，2008～2012 年，西部地区共发生 61 起一次死亡 10 人以上重大道路交通事故，占总数的 43.9%，事故起数排在前五位的依次为云南省、山东省、贵州省、西藏自治区和山西省，分别发生了 10 起、9 起、9 起、9 起和 8 起，其中云南省、贵州省和西藏自治区三个省份均位于西部地区。中部地区和东部地区分别发生 42 起和 36 起，分别占比 30.2%和 25.9%。

2. 大型客、货车辆肇事比例高

从肇事车辆类型看，2006～2010 年，因大型客车肇事导致的一次死亡 10 人以上重大交通事故比例高，共发生 67 起，占比 48.2%；其后为重型载货汽车和中型客车，均占 14.4%。三轮汽车、低速货车、拖拉机肇事的比例为 7.9%。另外，涉及非客运车辆违法载人的有 17 起，占 12.2%。

3. 安全状态不良车辆导致的事故比例高

从机动车安全状态看，2008～2012 年发生的一次死亡 10 人以上交通事故中，26.6%的肇事车辆存在安全状态不良情形；这些安全状况不良车辆肇事造成的死亡人数占一次死亡 10 人以上事故致死总人数的 24.9%，是中国所有安全状态不良车辆肇事造成的死亡人数所占比例（7.5%）的3倍多。其中，因制动不良肇事的比例最高，占安全状态不良事故的47.4%。此外，涉及爆胎的一次死亡10人以上交通事故起数占比5.8%，远高于其他交通事故的相应比例。

三 改善车辆安全性能、降低道路交通事故发生率的应对措施

提升道路安全管理水平需采取有针对性的对策来改善车辆安全性能。建议通过完善车辆管理政策、加强车辆安全管理、提高车辆安全标准、开展事故多发车辆专项研究等措施，有效预防道路交通事故发生，保障汽车行驶安全。

（一）完善机动车管理政策，提高机动车安全性能整体水平

据统计，目前中国车辆类型构成中，摩托车、低速货车、微型面包车等安全性能较低车辆保有量超过50%（见图11）。货车中有49.9%为外部信号装

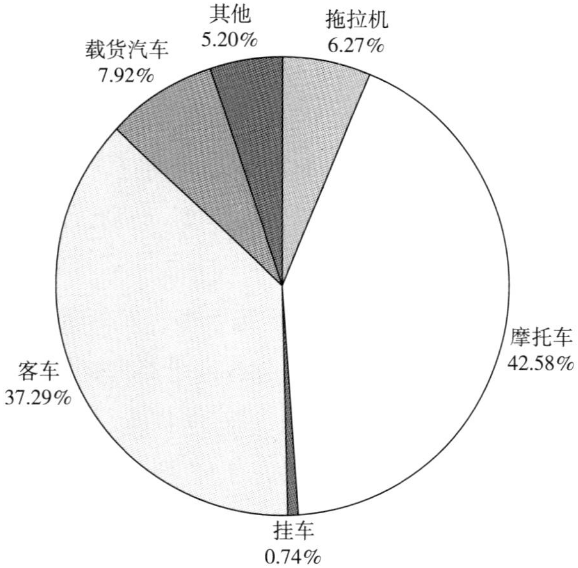

图11　2012年中国不同类型机动车保有量比例

资料来源：公安部交通管理局：《道路交通事故统计年报》。

置视认性差、易超限超载、驾驶室乘员防护性能差的平头平板货车；微型面包车等乘员防护性能低的车型在城乡结合部、农村地区增长迅速。另外，还有3.2 万辆卧铺客车被用于超长途客运，这些卧铺客车很容易因疲劳驾驶、超速行驶等违法行为而导致交通事故。

机动车辆类型构成庞杂，低安全性能车辆所占比例偏高，给交通安全管理及交通事故预防工作带来较大困难。因此，有必要进一步完善中国车辆管理政策，综合考虑当前中国不均衡的经济和社会发展现状，研究社会机动化发展态势，研判汽车类型构成变化趋势对交通安全的影响。同时借鉴发达国家的汽车社会发展进程，修订和完善中国汽车产业发展政策，引导生产和使用安全环保车型，开发厢式货车及适用于农村地区的客货运车辆，加快淘汰三轮汽车和低速货车、栏板式货车等低性能汽车，减少摩托车的使用量等。这些举措有助于优化中国机动车类型结构，并推动汽车安全技术的发展与应用，改善汽车安全性能基础水平。

（二）加强汽车管理部门的交流与合作，形成汽车安全管理统一标准

中国政府部门对汽车的管理存在一定的交叉现象，主要涉及工业和信息化部门、质量技术监督部门、交通运输部门、公安交管部门、工商行政管理部门、海关部门、农业（农业机械）部门和商务部门等 10 余个部门，各部门按照各自职责分环节对机动车进行管理（见图 12）。

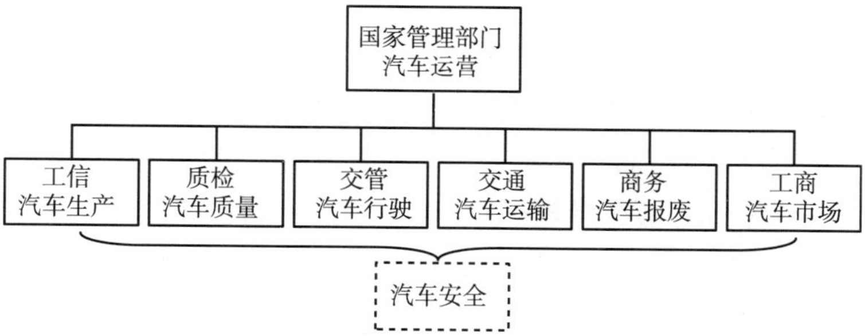

图 12　涉及汽车安全的中国政府各部门管理职责示意

《机动车运行安全技术条件》对部分货车和挂车装备防抱死制动系统有明确的规定。但是实际上，从减少购车成本的目的出发，购车用户往往要求生产企业不在新车上安装防抱死制动系统，生产企业为了片面迎合用户需要不在新生产车上按规定装备此类安全装置。因此，受各种因素的影响和制约，众多未装备防抱死制动系统、不符合机动车国家安全技术标准的货车存在生产和销售现象。针对这种现象，有必要加强汽车管理部门之间的交流与合作，尽快形成针对汽车安全管理的标准化合作机制以及统一执法标准。可借鉴国外发达国家的经验，设立汽车安全管理的专项服务机构，协调各管理部门及汽车生产企业开展工作，进一步明确政府各部门在道路车辆管理工作中的职责，形成管理合力，加大对生产企业和销售商的监管力度，确保生产和销售的汽车符合国家安全技术标准，并按照规定在道路上安全行驶。

（三）完善汽车安全技术标准

从事故原因与特征分析，中国车辆安全性能还存在不足，尤其是车身强度、制动系统等汽车安全性能技术标准与国外有明显的差距。GB/T 17578-1998《客车上部结构强度的规定》自 2011 年 2 月 1 日起才开始对新定型客车执行，该标准参照了 ECE R66 法规的相关要求，而欧洲早在 1996 年就已实施了该法规。中国对于客车上部结构强度的要求与欧洲相比差距至少有 15 年，这导致载客汽车被动安全性差，发生碰撞交通事故后车内乘员得不到应有的安全防护。再如，平头货车起源于日本、欧洲，但是这些国家的平头货车交通事故的伤亡程度没有中国严重，主要原因是其对驾驶室的结构安全要求较高，如 ECE R93 中规定了前下部防护装置的统一安装要求，ECE R94 规定了正面碰撞时车辆驾驶室对乘员防护的结构要求，EEC/92/114 指令要求驾驶室必须具备防碰撞和吸能式结构，以有效保护驾驶员及乘员。虽然中国早在 20 世纪 90 年代初就确定了中国汽车技术标准体系参照 ECE 标准法规体系，但是在货车驾驶室乘员保护等被动安全性标准的制定和实施方面，步伐明显滞后，和欧洲相差至少 20 年。

为此，需要联合公安部门、交通运输部门、质检部门等开展事故汽车安全性能倒查工作，推动缺陷汽车产品召回，根据事故车辆安全隐患及时制修订

《机动车运行安全技术条件》等机动车国家安全技术标准，完善中国机动车安全技术标准体系，强化机动车结构安全要求和安全装置配备要求，从生产源头上改善机动车的运行安全性。

（四）建立客、货运输汽车运行安全保障机制

2012 年不同交通方式肇事导致死亡的构成中，步行占比为 1.74%，驾驶非机动车占比为 2.71%，驾驶机动车占比为 95.47%。其中，从 2012 年驾驶不同机动车肇事造成的死亡人数比例看，客、货运车辆导致事故比例接近 70%，客、货运车辆安全性能存在严重的安全隐患（见图 13）。

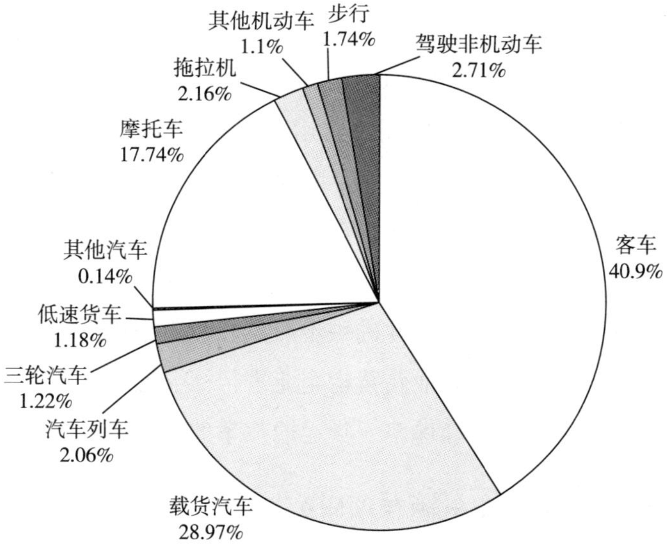

图 13　2012 年不同交通方式肇事导致死亡人数比例示意

资料来源：公安部交通管理局：《道路交通事故统计年报》。

1. 营运客运车辆安全管理制度不完善

交通运输部门对营运客车规定了准入条件，许多已经超过准予营运年限的大、中型客车被转让给单位甚至私人。这些被转让的大、中型客车车况一般安全性能较差，但是尚未达到强制报废年限，对此类车辆缺乏有效的管理手段，易导致严重的道路交通事故，如江苏省常合高速苏州段“4・22”特大道路交

通事故、辽宁省大连市保税区“4·7”特大道路交通事故等。

2. 货运车辆非法改装现象严重，改装时未考虑对货车安全性能的影响

出于减少营运成本等各种因素的考虑，货车和挂车超长、超宽问题突出，特别是一些商品车运输车使用可伸缩式车身、非法改装、非法装载等问题严重，车身外廓尺寸远远超过标准规定。货车灯具也是常见的改装部件，一些重、中型货车私自安装后照灯，夜间开启后照灯会严重干扰后车驾驶人，尤其是小轿车驾驶人视线，使后车驾驶人短暂致盲，无法采取安全驾驶动作，导致事故发生。大货车因车身重、载货多、惯性大，自身安全性能较差，改装后更容易导致群死群伤性事故，如河南省登封市卢店镇“2·5”重大道路交通事故、四川省渠县“9·15”重大道路交通事故等。

因此，必须建立健全客、货运车辆运行保障机制，运用机制对客、货运输汽车的生产、销售、使用、报废等环节实施实时动态监控管理。完善安全生产责任制和各项安全管理制度，增强对营运公司挂靠车辆和驾驶人员的安全管理；强化客、货运车辆对安全带、安全限速、限载装置、行驶记录仪等安全技术装备的使用；督促有关部门定期排查营运车辆超速、超载、GPS 监控不到位等问题；制定汽车强制报废标准，修订《报废汽车回收管理办法》，使报废机动车管理的各项规定落到实处；并进一步形成社会通报机制，对违规车辆、事故车辆的品牌、型号、生产企业及营运企业进行社会通报，形成舆论压力，迫使企业采取有效措施整改，确保客、货运输汽车的安全运营。

（五）开展事故多发车辆专项研究

目前，中国对道路事故的研究主要集中在车辆驾驶人、车辆类型、道路类型等事故发生前因素，未见对事故车辆自身特征的研究，即事故发生时、事故发生后汽车安全性能、受损程度与人员伤亡程度的联系，且只有少数汽车科研机构开展了利用事故车辆试验制定汽车标准的相关研究。而汽车发达国家普遍开展了事故车辆数据的综合分析工作，对预防交通事故起到了明显的作用。比如，美国建立事故车辆和驾驶人信息专家系统，能够快速模拟事故过程、查找事故车辆隐患；德国的交通事故受损状况数据库，能够分析事故车辆、零部件受损与事故原因的对应关系；日本的事故车辆数据库，能够提供汽车安全性能等级评价的主要参数。

因此，开展事故汽车专项研究对预防交通事故有重要意义。通过分析事故车辆的安全性能和事故特征，查找车辆诱发事故的原因，推动缺陷车辆产品召回，帮助汽车企业改进车辆安全性能，促进汽车安全技术的创新与应用，消除类似汽车产品的安全隐患，并形成车辆安全技术标准完善和提高建议，从而不断降低道路交通事故诱发概率。

B.3

汽车安全对消费者购买行为的影响分析

摘　要：

本文通过对小型车、紧凑型车、中型车、SUV共32款车型及北京、上海、广州、武汉、长沙等12座一、二线城市的调查，深度洞察了中国汽车消费者的消费特质。通过对汽车产品级别、产品系别，以及消费者性别、地域、年龄和职业的综合研究得到汽车安全与消费者特征之间的关系，更加客观、公正地反馈消费者的声音，从而推动企业提升产品质量和服务水平，促进中国汽车产业健康发展。

关键词：

汽车安全性　消费者　满意度

一　汽车安全与消费者关系概述

近年来，汽车企业在积极研发先进的汽车安全技术的同时，也纷纷制定关于汽车安全的营销策略。在产品方面，以往只有中高档车才装备的自动化安全辅助系统，如制动辅助系统、电子制动力分配系统（EBD）、牵引力控制系统等已经出现在中低档车的配置中。此外，行业内也为电子稳定性控制系统、胎压监测系统（TPMS）等自动化安全辅助装置的全面普及而努力。在营销方面，不论在车身结构、车体强度方面，还是在领先的安全技术方面，汽车企业都针对不同的用户群体对汽车安全需求进行精准的营销定位，力图把握市场，占领先机。

虽然拥有更多更全的安全配置是每一个车主的理想需求，但受制于汽车产品制造成本和汽车消费者自身经济水平等因素，大多数汽车产品还不能达到在安全配置上面面俱到。汽车企业需要在满足汽车消费者对于基本汽车安全需求的同时，针对不同层次、不同区域、不同年龄的汽车消费者进行深入研究并精准定位，才能更有效地进行研发投入和产品宣传，从而达到扩大自身产品市场份额并提升产品销量的目的。

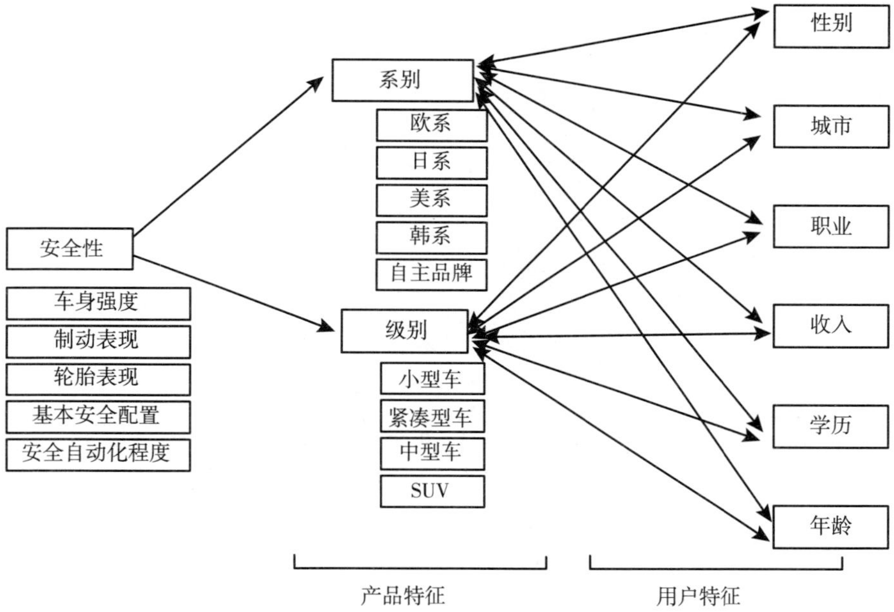

图1　汽车安全性与消费者消费行为分析关系

二　汽车安全与汽车产品特征间的关系

（一）汽车安全性整体表现

汽车消费者对于汽车安全主要关注以下五个方面：车身强度（车身的抗扭曲能力）、制动表现（制动反应灵敏度）、轮胎表现（轮胎在行驶过程中的抓地力强度）、安全配置（车辆的基本安全配置表现，如安全带、安全气囊等）和自动化程度［电子制动力分配系统、牵引力控制系统、制动辅助系统、坡道辅助控制系统（HAC）等自动化安全辅助系统］。

通过构建汽车安全评价模型，并辅以直观的消费者对安全性感知满意度的打分，从而得出汽车消费者对于安全性的两个评价标准：安全性因子影响力和安全性因子得分。

（1）安全性因子影响力

安全性因子影响力，指影响消费者安全满意度的指数。影响力越高，表明消费者对其关注越多（如图 2 所示，自动化程度每提高 1 分则安全性整体得分提高 0. 395 分）。

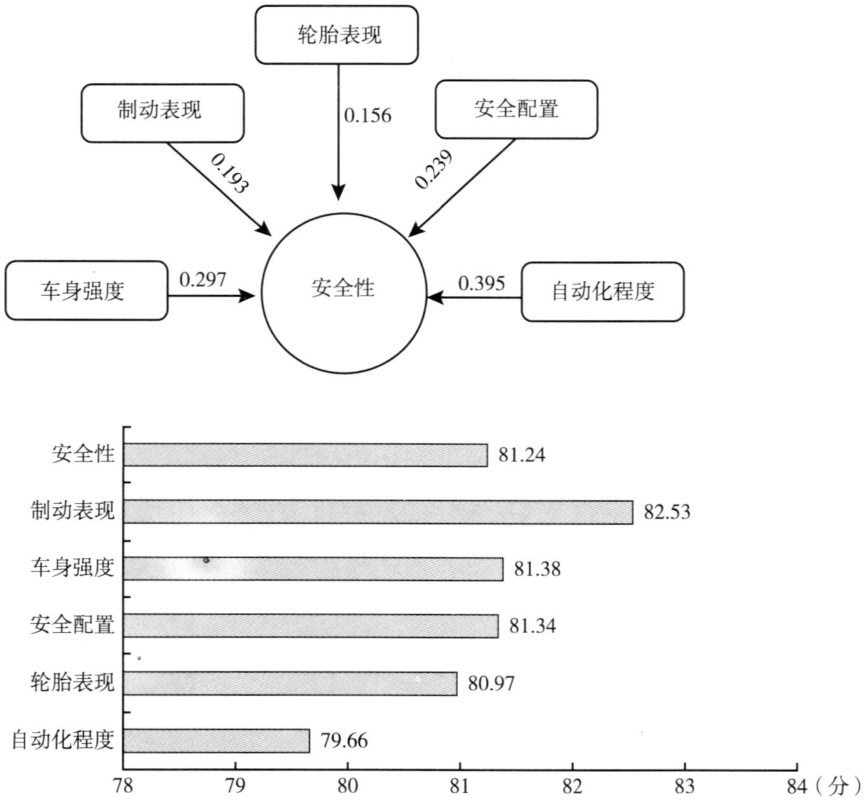

图 2　汽车安全性因子影响力及满意度得分

（2）安全性因子得分

安全性因子得分，指汽车消费者对其行车安全各个指标的直观打分，打分采取百分制，得分越高表明其对此项指标越满意。（如图 2 所示，在自动化程度方面消费者最为关注且满意度最低，所以汽车企业在汽车安全性方面最需重视也最需改善的也应是此项指标）。

因此，自动化程度既是消费者最关注的汽车安全因素，也是其安全感知满意度最低的因素。这说明电子制动力分配系统、牵引力控制系统、制动辅助系统等自动化辅助安全系统还没有对所有汽车进行普及，只有在中高档车上才能装备。而在已经装备的车辆上其表现的效果无法让消费者满意，说明相关产品的功能尚不完善且技术尚不成熟，需要汽车企业在未来的研发中将自动化辅助安全系统进行普及并继续完善。

（二）汽车安全性产品特征——级别

对汽车企业来说，不同级别的车型有着各自不同的市场定位与产品价值。对汽车消费者来说，其在购买相应车型时对于不同车型的选择的期望与关注点也不相同。只有深入了解不同级别车型所对应的消费人群的需求特征，才能针对消费者的要求有的放矢地改善汽车产品，提高消费者对产品的感知满意度，从而提升产品销量。对于汽车安全性来说，车主亲自对车辆使用过后的安全感知才是汽车企业应该重点关注的内容。

从车型级别来看，小型车、紧凑型车和中型车车主的安全性感知得分随着车型级别的提升而呈线性递增，这也是因为更高级别的车拥有更丰富的安全配置，在产品质量、技术方面都有着较高的水平。此外，车主对于 SUV 的安全感知满意度略低于中型车，但高于小型车和紧凑型车。

小型车、紧凑型车的经济性是其优势所在，大多数消费者购买此类车是以代步为主要目的，年轻的消费者和刚进入职场的新人为主要消费群体。在调研小型车、紧凑型车车主时，大部分车主把安全性作为购车时最重要的考虑因素。但受其成本所限，该类车的自动化安全配置就相对偏低，所以车主对于此项指标的打分也就相对较低，如图 4、图 5 所示。汽车企业应该在其配置选择上按照消费者的需求进行合理的分配，从而对有限的资源进行更加有效的开发。例如很多小型车、紧凑型车车主反映，与电动车窗、电动折叠可加热后视镜、可调节高度的电动方向盘等汽车舒适性配置相比，其在选车时更加关注拥有防抱死制动系统、安全气囊等汽车安全性配置的车辆。此

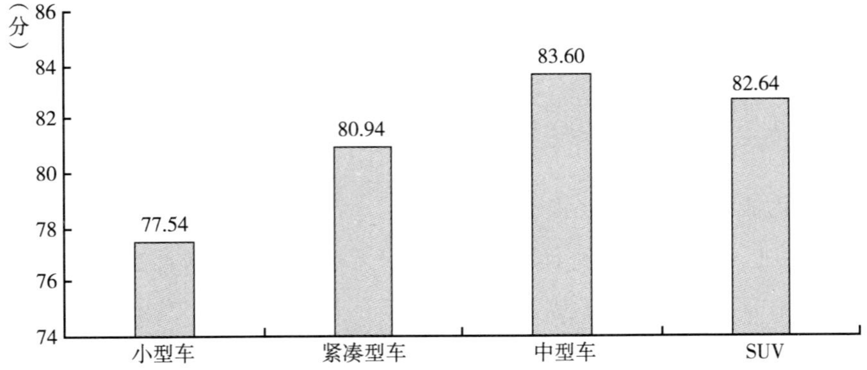

图 3 各级别汽车安全性满意度得分

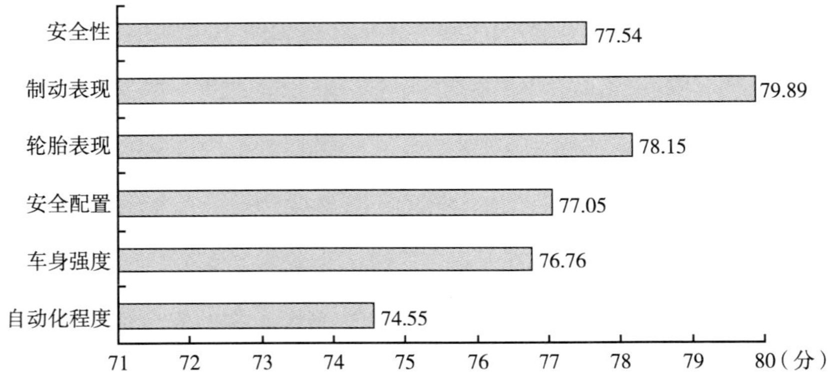

图 4 小型车安全性因子满意度得分

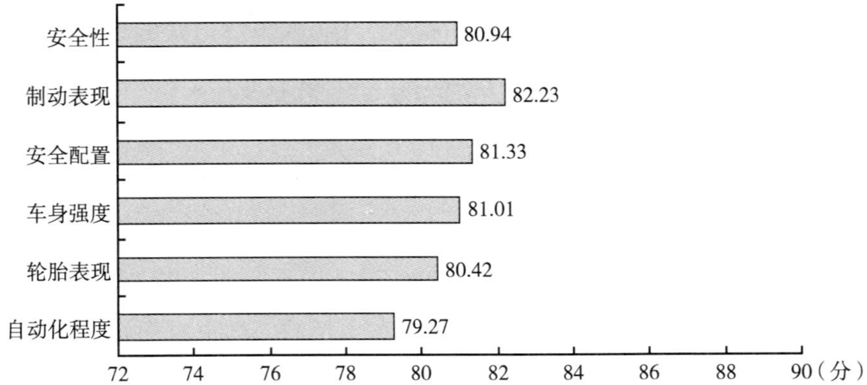

图 5 紧凑型车安全性因子满意度得分

外，车主对于小型车的车身强度打分也偏低，这是由于小型车体积、外观等视觉效果无法给予汽车消费者结实、抗撞的感观，但很多小型车在车身结构安全性设计方面并不弱于其他车型，其碰撞后的表现可能较其他级别车型更好。因此，需要汽车企业在营销策略上针对小型车消费者进行安全性知识的普及，让消费者了解车身小并不意味着车身强度低，从而提高消费者对小型车安全性的信心。

中型车车主对各项汽车安全性指标的打分普遍较高，安全配置、轮胎表现和自动化程度三项指标低于中型车安全性整体平均得分。大多数中型车装备了比较丰富的主动安全装置，所以车主对于车辆的安全气囊和轮胎抓地效果等基本安全指标更加关注。SUV 在车身强度上的安全感知得分明显高于其他车型，这也是 SUV 自身特点所在：高大的车身、结实的造型、硬朗的线条。上述这些因素都给 SUV 的消费者一种结实、抗撞的印象。

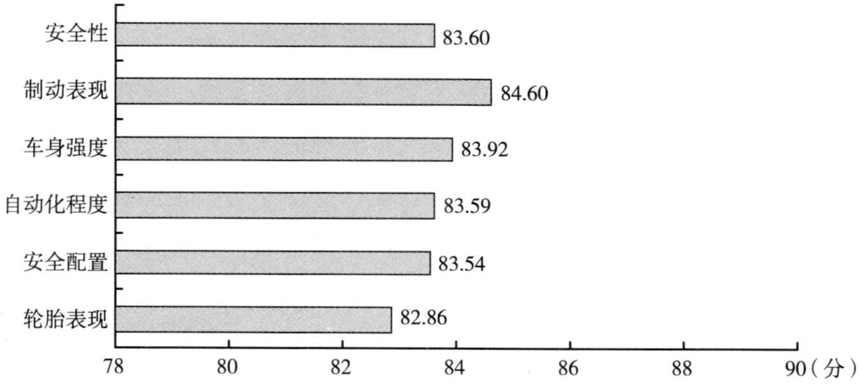

图 6　中型车安全性因子满意度得分

（三）汽车安全性产品特征——系别

在当今汽车工业全球化的背景下，中国汽车工业已处于跨国汽车合资企业的品牌包围中，并尽可能地在中国提升其品牌价值。与合资企业汽车品牌相比，中国自主品牌由于先进汽车制造技术缺乏和自主研发能力低下等因素，品牌建设过程举步维艰。以往自主品牌汽车企业为了在汽车市场生存，主要生产

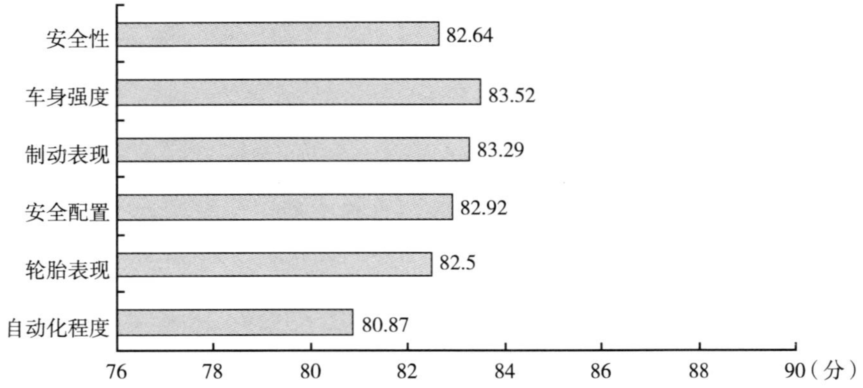

图 7　SUV 安全性因子满意度得分

技术含量相对不高的经济性轿车，结果给消费者造成了自主品牌汽车价格低廉、质量差、品牌档次低等方面的不良印象。所以，无论从汽车产品自身问题上，还是汽车消费者的口碑和感知方面，自主品牌汽车都缺乏市场竞争力。这也导致汽车消费者对于自主品牌汽车的安全性打分远低于其他系别的品牌，如图 8、图 9 所示。随着中国汽车消费结构的升级，汽车消费者对汽车产品的要求将更为苛刻，尤其中高档汽车消费群体对汽车安全性方面将更为重视。所以，自主品牌企业需要及时发现自身产品与其他品牌在各方面的差距，找出最需要改进的地方，逐步提升产品竞争力，才能扭转其在消费者心中的品牌形象。

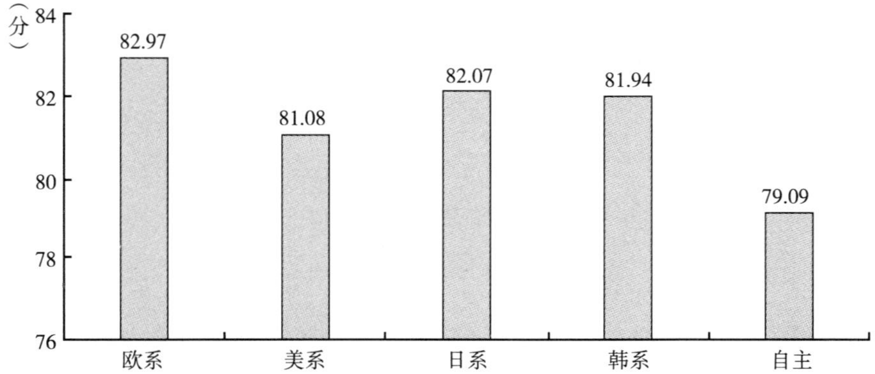

图 8　各系别汽车安全性满意度得分

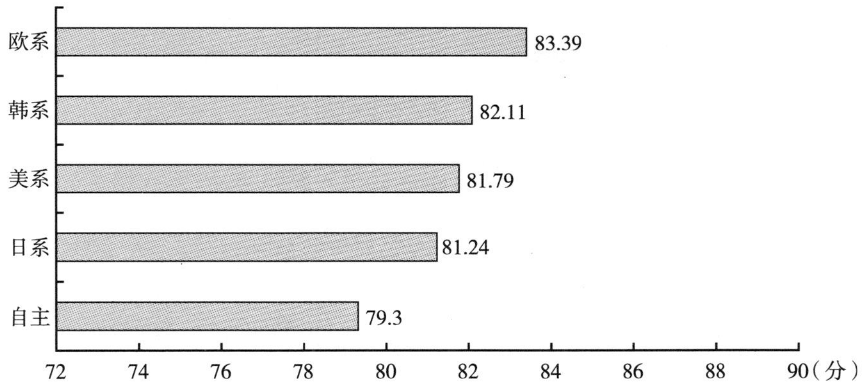

图 9　各系别汽车安全配置满意度得分

中国消费者对欧系车尤其是德系车的印象越来越好，这得益于德国汽车公司深入研究和把握了中国消费者的特点，产品比较符合中国消费者的需求，市场营销策略也成功迎合了中国消费者的心理。

在产品方面，欧系车对先进的、具有前沿性的安全技术的应用比其他系别车型更快、更广。诸如电子稳定性控制系统、自适应巡航控制系统（ACC）、预碰撞系统、行人动作探测、红外夜视和疲劳监测等技术大多是在欧系车上首先出现，随后再推广到更多车型上使用。虽然日系、美系汽车企业也在积极研发汽车安全的相关技术，但其相对保守的企业文化特性，使得相关技术的推广速度不如欧系车。

在品牌推广策略方面，欧系车也更多地宣传和强调安全方面的话题。在广告、车展、试驾活动上，欧系车往往花费大量的时间介绍先进的安全技术，突出其安全方面的表现。如图 10 ~ 图 13 所示，在汽车安全几项评价指标中，欧系车的安全感知得分均为最高，而且欧系车往往给消费者自重较大、结实抗撞的印象，所以其在车身强度方面的得分远高于其他系别的车型。

近两年，韩系车在中国市场表现出强劲的发展势头。在以往的印象中，韩系车无论在技术还是工艺品质上都低于欧系车、日系车，这与其汽车工业的发展历史较短、研发技术及制造经验积累不充分有关。但事实上，韩系车在安全性上已经取得了长足的进步。与大众等德系企业宣传激光焊接、空腔注蜡等技术以及日系企业推广的车身吸能原理相比，韩系车在安全性方面并

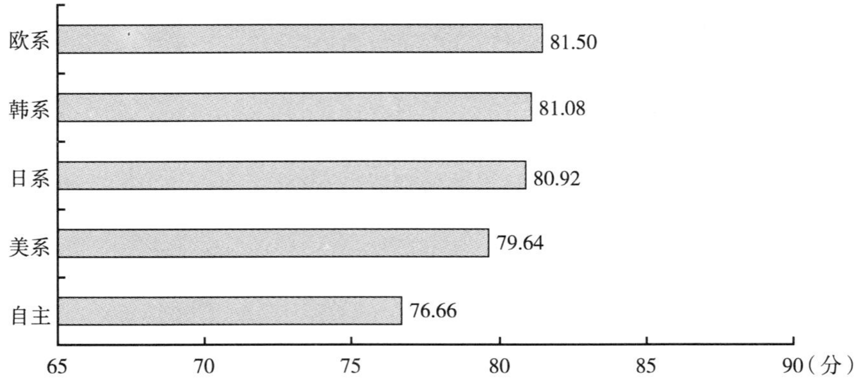

图 10　各系别汽车自动化程度满意度得分

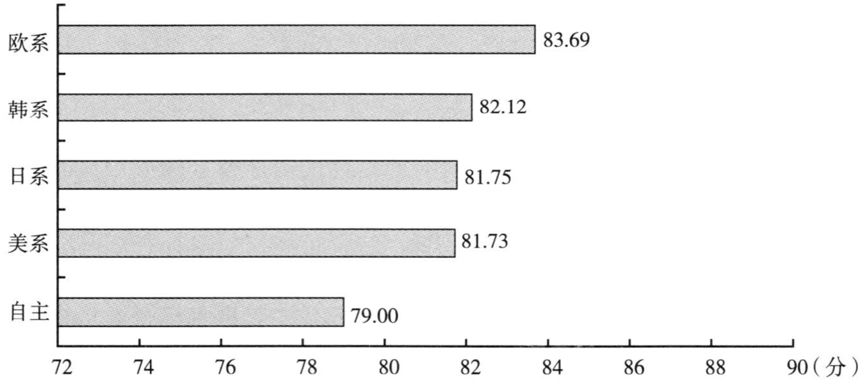

图 11　各系别汽车车身强度满意度得分

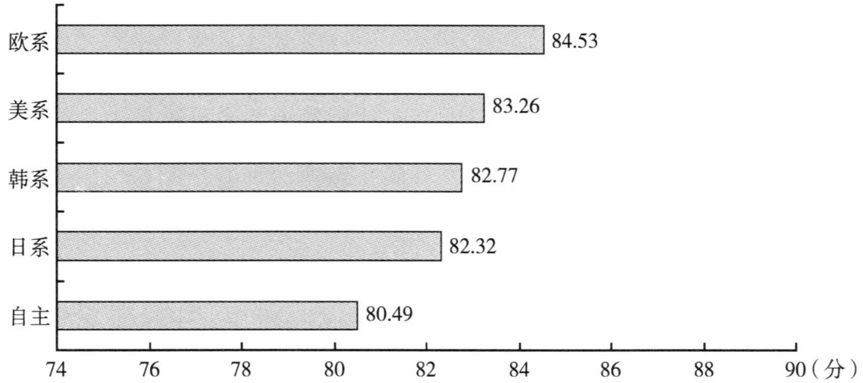

图 12　各系别汽车制动表现满意度得分

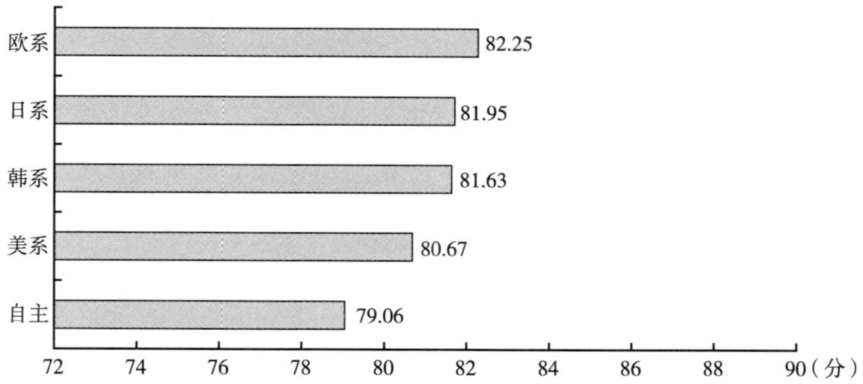

图 13　各系别汽车轮胎表现满意度得分

没有相对突出的优势和特点。不过，近年来从韩系车在北美和欧洲所取得的安全碰撞成绩来看，韩系汽车企业完全有后来居上之势。除出色的安全碰撞成绩之外，韩系车在安全技术的研发及应用上也越发迅速，其在同等价位下的竞品车型中的安全配置方面也更为丰富。从消费者对于汽车安全性细项指标的打分中也可以发现，韩系车在安全配置、自动化程度和车身强度上的表现都优于日系车。

日系车和美系车在汽车消费者心里有着“日系薄、美系糙”的印象，即日系车自重较轻，车身较薄，抗撞能力差；美系车做工粗糙，制造工艺不精细。此外，在新安全技术的推广和应用上，日系车和美系车都比较保守，这些因素都造成了消费者对其汽车安全性评价较低的结果，从而影响其销量。所以，日系、美系汽车企业需要在未来的产品研发和品牌推广中进一步创新和突破，强化其产品安全性在消费者心目中的正面形象。

三　汽车安全与汽车消费者特征间的关系

当今社会，生产力高度发达、生产资料极度丰富使得市场上的商品种类繁多，消费者的购买行为会受到多方面因素的影响，包括文化因素、社会因素、媒体因素和个人因素。尤其像汽车这样的大宗消费品，其应用价值和品牌价值对不同的消费者来说有着不同的消费需求。而汽车消费者是汽车市场的购买终端，把握汽车消费者的购买趋势有利于分析和掌握汽车市场的动向，从而为汽车产品的研发、改进和汽车营销策略的制定提供依据。所以，依照消费特征对消费群体进行划分，综合性别、地域、职业和年龄等指标进一步细分消费者群体，分析不同特征的消费者在汽车安全性层面的不同需求。

（一）汽车安全性用户特征——性别

通过进行汽车消费者定性分析，发现男性汽车消费群体比较注重汽车的质量及实用性，多为理性购买。但近两年随着社会的发展和女性社会地位的提升，女性表现在消费方面的需求也日益增长，且女性在汽车购买的决策权方面的比重也较以往出现大幅上升。同样，在对汽车的选择方面男性车主与女性车主的关注点也不尽相同。

虽然男性车主与女性车主的安全感知在整体上、各级别上均无明显差异（见图 14、图 15），但对比男、女车主在安全性细项指标的打分可以发现：在自动化程度方面，女性车主安全满意度得分高于男性车主，而在轮胎表现方面男性车主得分高于女性车主（见图 16）。这说明与女性车主相比，男性车主普遍对车的自动化程度不满意。

造成男、女车主的安全性细项满意度差异的原因主要有以下三点。

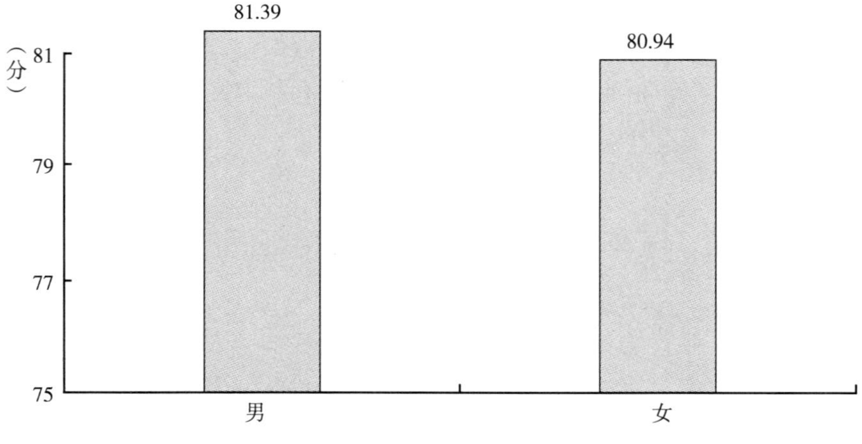

图 14　汽车安全性的男、女车主满意度得分

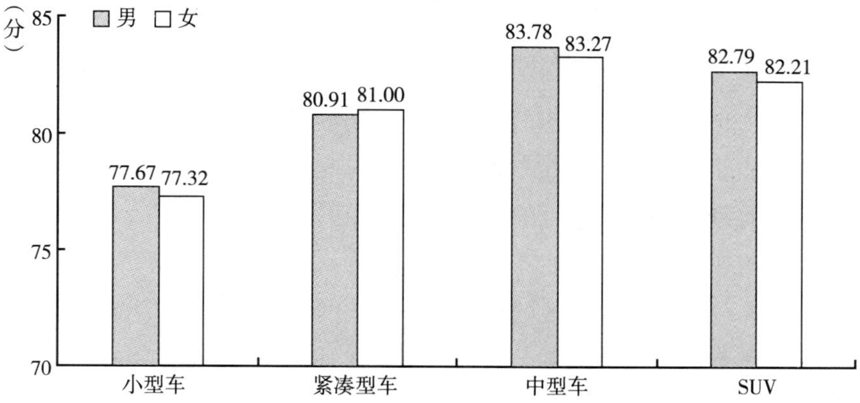

图 15　各级别汽车的男、女车主安全满意度得分

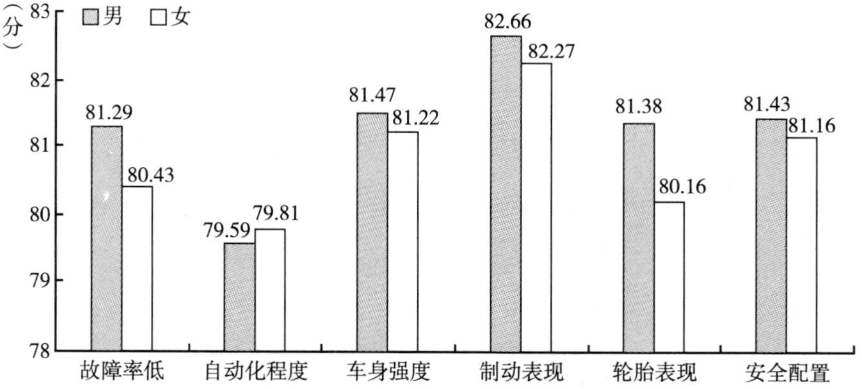

图 16　安全性细项指标的男、女车主安全满意度得分

1. 女性车主对汽车安全技术关注不高

当被问及电子稳定性控制系统、电子制动力分配系统、制动辅助系统等自动化安全配置时，女性车主普遍反映听说过该自动化配置，但具体自己车辆上是否应用并没有关注，也不清楚这些系统的应用功能。此外，包括安全带、安全气囊等方面的相关知识，女性车主也比男性车主薄弱。

2. 女性车主偏好驾驶自重较大的车辆

女性车主普遍偏好自重较大的车辆，驾驶感觉更加平稳、安全；而自重较大的车辆对轮胎的压力也相对较大，磨损也较自重较小的车辆大。

3. 女性车主没有良好的驾驶习惯和保养习惯

车辆在急速转弯、紧急制动、高速起步及急加速等情况下都将对轮胎的损坏产生影响。由于汽车相关知识的匮乏，女性车主的驾驶习惯更易造成车胎磨损。此外，由于对于汽车保养方面的疏忽，没有及时更换磨损较重的车胎，也会造成轮胎打滑、抓地力不足的现象出现。

所以，汽车企业需要关注车主的用车行为。改进产品只是一方面，更重要的是对女性车主进行更加细致的汽车安全知识的讲解和说明，并且关注其用车周期，及时提醒车辆保养事宜。通过对车主驾驶行为的分析可知，应进行服务的细化和改善，提升车主在产品层面的满意度。

通过车辆系别来分析，男性车主对合资品牌的安全性感知要高于女性车主，侧面反映了女性车主对自主品牌安全性方面的认可度相对较高。同时，在

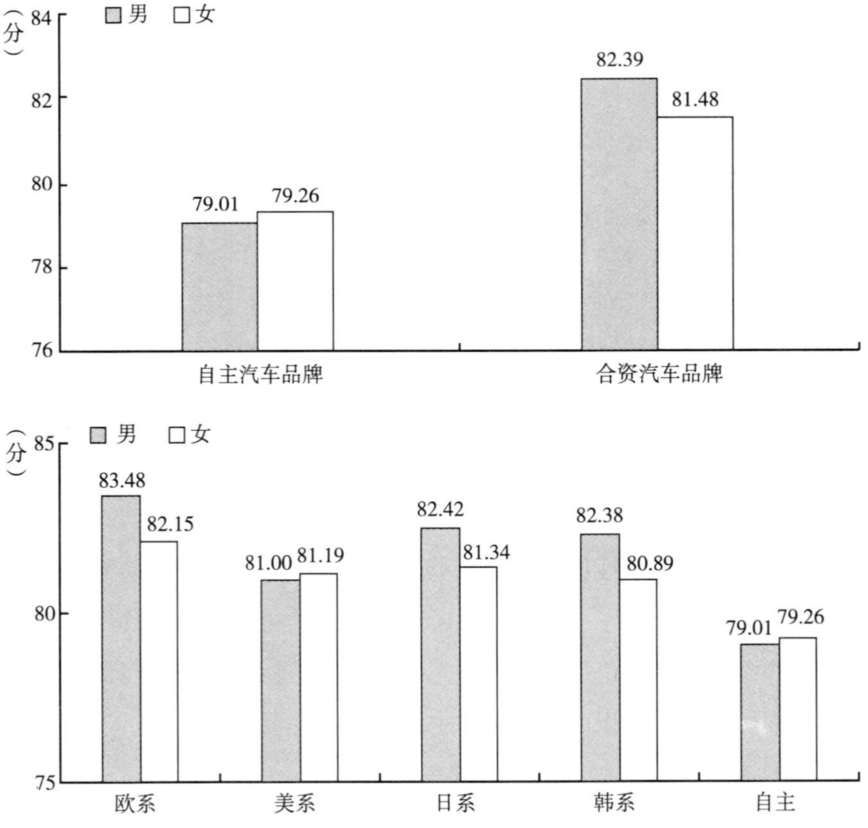

图 17　男、女车主对自主、合资汽车品牌和分系别的汽车安全性满意度得分

安全性层面，男性车主对欧系车、日系车和韩系车的评价均较高，而女性车主更偏好美系车。

从男、女车主安全感知最高的五款车发现，男性车主对德系和日系中高端车的安全满意度较高，女性车主对日系车和美系车的安全满意度较高。此外，男、女车主对SUV和中型车的安全满意度均较高。

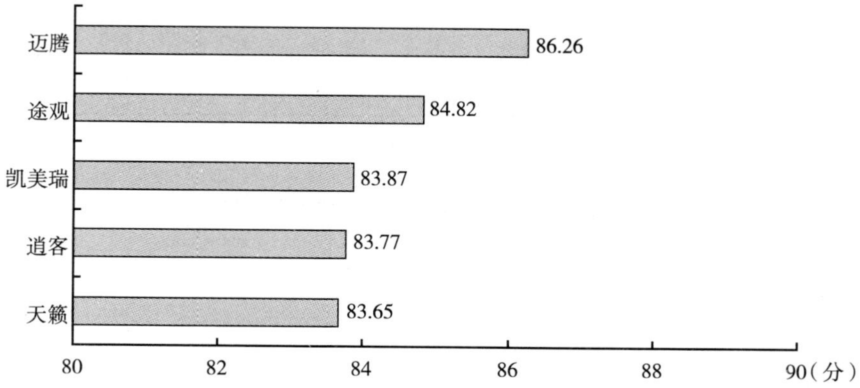

图18　男性车主满意度得分最高的五款车

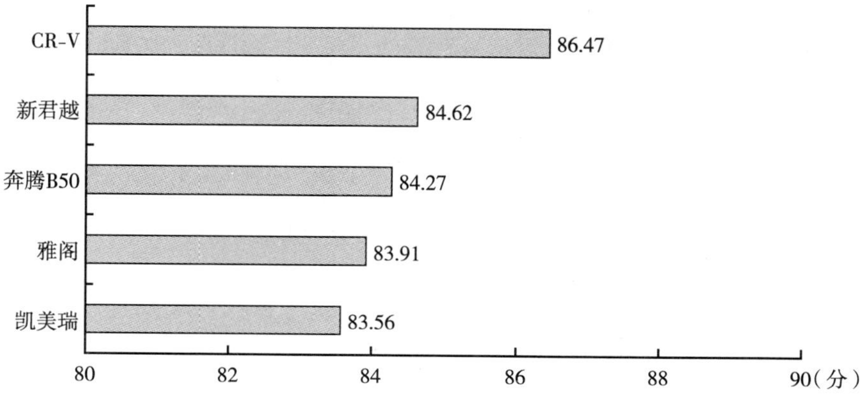

图19　女性车主满意度得分最高的五款车

将男、女车主安全感知最高的两款车迈腾和CR-V的安全性细项进行分析，可以发现：①男性车主相对理性，更多考虑的是车的基本安全配置和使用过程中的安全性。②女性车主相对感性，对于车的感观考虑更多，同时，对于能辅助行车安全的自动化安全配置也更加偏好。

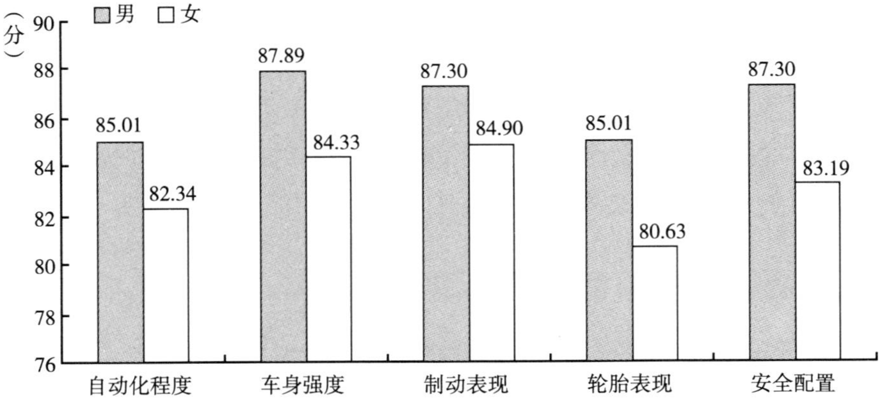

图 20 迈腾在男、女车主中安全性满意度得分

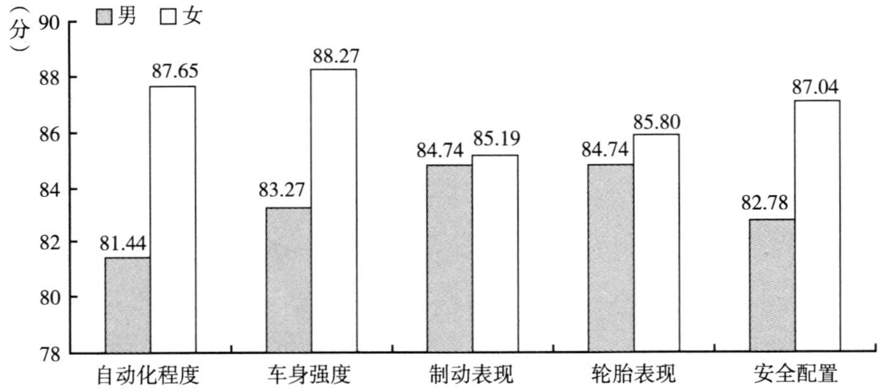

图 21 CR-V 在男、女车主中安全性满意度得分

（二）汽车安全性用户特征——地域

地域消费特征是基于该地区消费者对产品的主要用途，由消费者在购买产品时的主要关注点形成的。因此，分析地域消费特征可以佐证消费者在购买产品时重视的方面。

各个地域的经济水平、文化特征的差异导致各地汽车市场不同的消费特征。华东地区为经济中心，该地域的汽车消费者对汽车追求“商务、典雅”的特性，对内饰、功能较为看重。华北地区为政治文化中心，该地域的汽车消费者普遍强调汽车实用性和可靠性，对汽车外观和造型强调“稳重”“中庸”。而中西部地区受区域经济影响，服务业及旅游业较为发达，该地域的消费者使用汽车进行自驾游等娱乐活动相对频繁。

同样，各地对安全性及其细项内容的感知也受其消费的地域特征影响，关注点也不同。

如图 22 所示，天津市和上海市的车主打分均较高，沈阳市、广州市、武汉市和西安市的车主打分均较低。以沈阳市为例，东北地区的汽车消费者在选购商品时比较喜欢征求朋友的意见。尤其是汽车这样的耐用消费品，口碑效应尤为明显，消费者对品牌档次尤为看重，比较关注大气、体面的车型。所以在安全性打分环节，沈阳车主对自主品牌汽车和小型车方面的评价均较低。

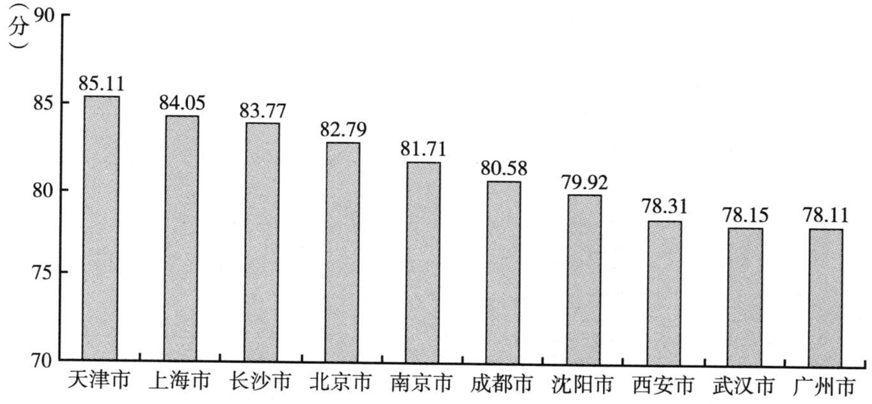

图 22　各城市汽车安全性满意度得分

如图 24 所示，广州车主对自主品牌汽车的安全性认可度较高，这也是由于广州市作为最早开放的经济地区，个体与私营经济活跃，商务活动频繁的地域特性使得广州人形成务实、理性的消费特征。比起品牌，广州人更注重汽车产品本身的品质。

成都市虽然经济发展水平不如东部沿海发达城市，但成都消费者性格自由，爱好休闲娱乐活动，所以汽车购买力较强。因此，节油、安全和性价比高的日系车更受成都消费者的欢迎，不仅能满足出行代步的需要，还能节省用车的经济成本。此外，成都市是受访人群中有自驾游经历的人群占比最高的城

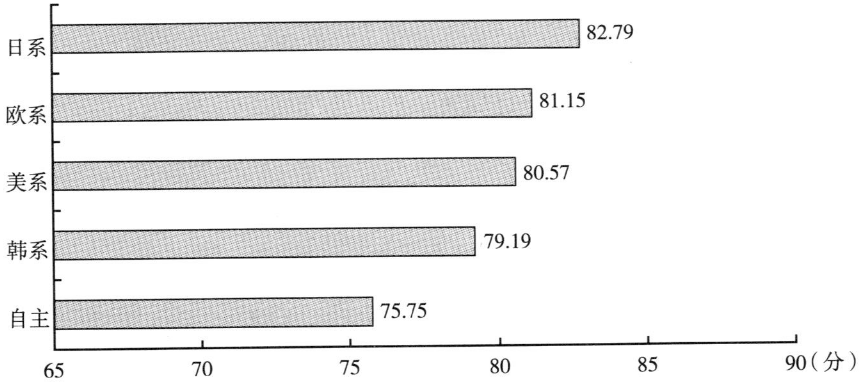

图 23　沈阳市各系别汽车安全性满意度得分

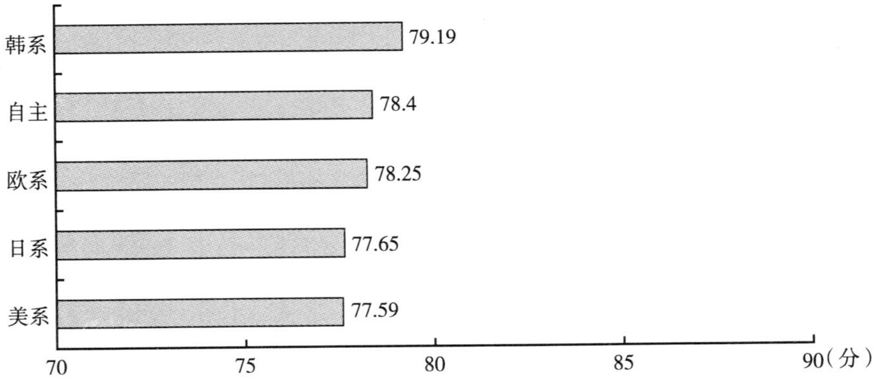

图 24　广州市各系别汽车安全性满意度得分

市。所以，自重较大、跑高速稳定、越野能力优越的美系 SUV 车型也受到成都汽车消费者的青睐。

上海消费者在汽车安全性层面更关心安全配置的丰富程度以及应用的相关安全技术的先进性，所以，上海车主对于同样档次而配置更加齐全且技术更加先进的韩系车、欧系车评价更高。此外，如图 27、图 28 所示，上海车主普遍对于 SUV 的安全感知较好，排在上海车主安全满意度得分的汽车前六名中有五款是 SUV。

根据之前的介绍，以车辆级别来划分，车主的安全满意度得分随着小型车、紧凑型车、中型车车型级别的提升呈递进升高。但天津市和广州市两座城

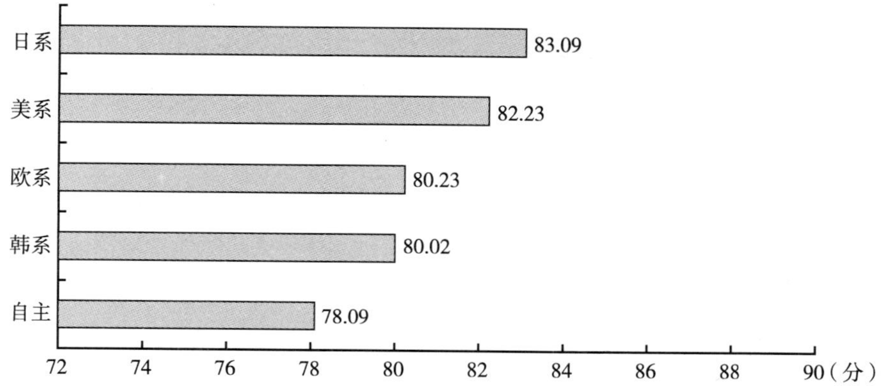

图 25　成都市各系别汽车安全性满意度得分

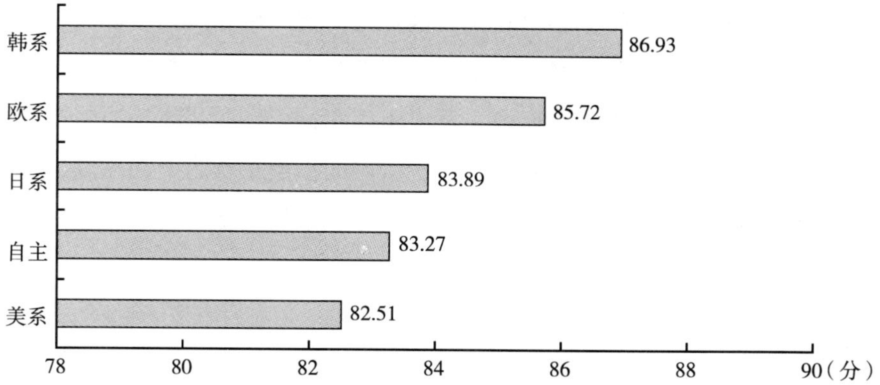

图 26　上海市各系别汽车安全性满意度得分

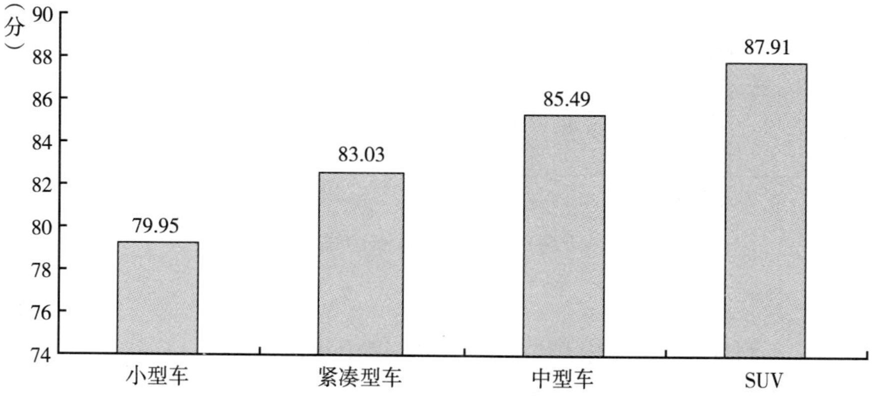

图 27　上海市各级别汽车安全性满意度得分

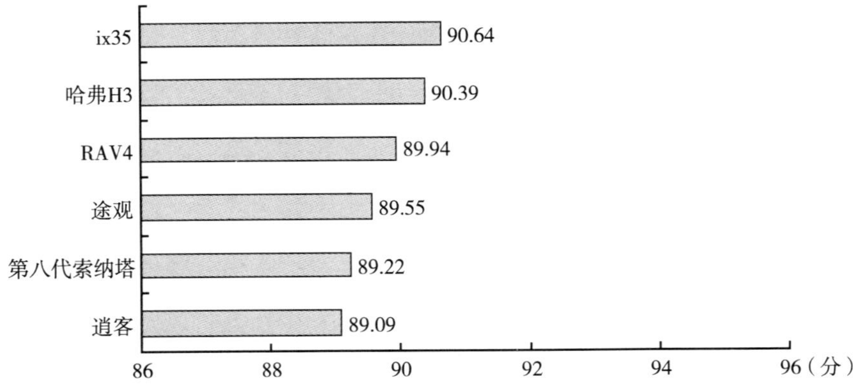

图 28　上海车主满意度得分最高的六款车

市的小型车安全满意度得分相对较高。这是因为天津市和广州市都有小型车的汽车发展历史。过去，国民经济水平相对较低时，天津一汽夏利汽车股份有限公司生产的夏利汽车为天津市市内主要出租用车；而在广州市，当时广汽丰田汽车有限公司和广汽本田汽车有限公司所生产的小型车雅力士和飞度，也凭借经济实用的优势占领庞大的市场份额。这两座城市的消费者对于小型车的感知更加全面，因此在安全性评价方面也更为理性。

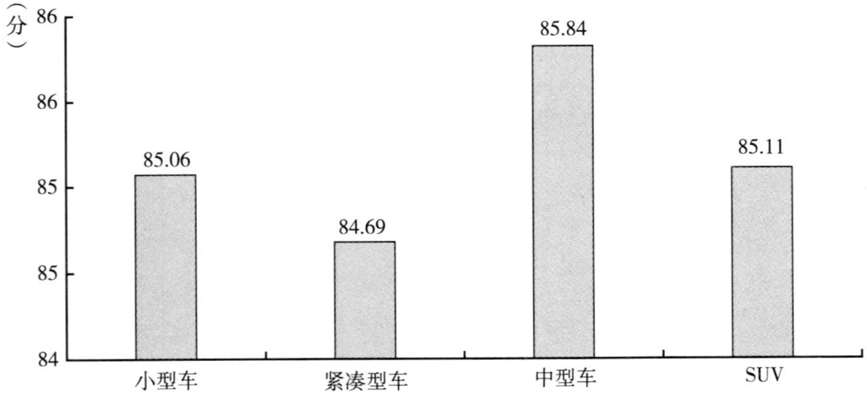

图 29　天津市各级别汽车安全性满意度得分

（三）汽车安全性用户特征——职业和年龄

除了性别、区域之外，职业和年龄也是区分消费者消费属性的两个维度。

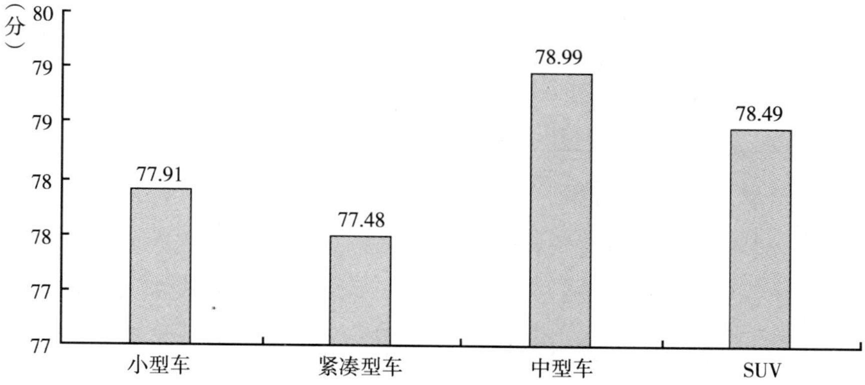

图 30　广州市各级别汽车安全性满意度得分

通过对消费者职业和年龄的分析，可以发现汽车的消费趋势，从而解释消费者对汽车安全性感知的不同态度。

如图 31 ~ 图 34 所示，从职业角度来看，政府部门中高层对日系车安全性评价较高，而一般公职人员对欧系车的安全感知更好，同时企业一般职员对欧系车、韩系车的评价都较高。从年龄来看，中高层管理者大多处于 40 ~ 55 岁，这部分人群有更加深厚的欧系车、日系车的品牌记忆，如皇冠、桑塔纳等车型留下的印象对其影响较大。

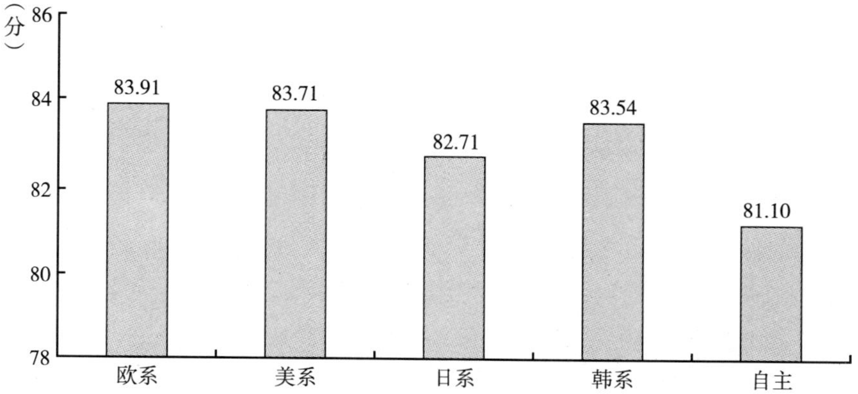

图 31　企业中高层人员安全满意度得分

由于政府、企业一般职员相对比较年轻，他们对于安全技术改进较为迅速的德系车、韩系车的安全性特点更为青睐。日系车由于近几年积累的安全性负

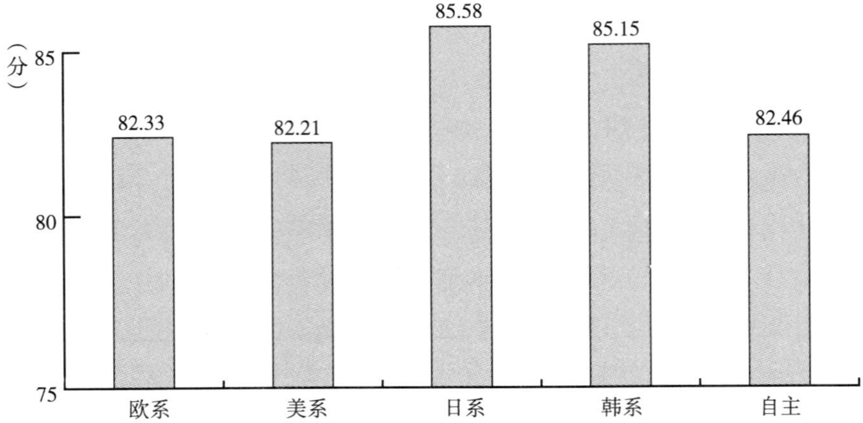

图 32　政府中高层人员安全满意度得分

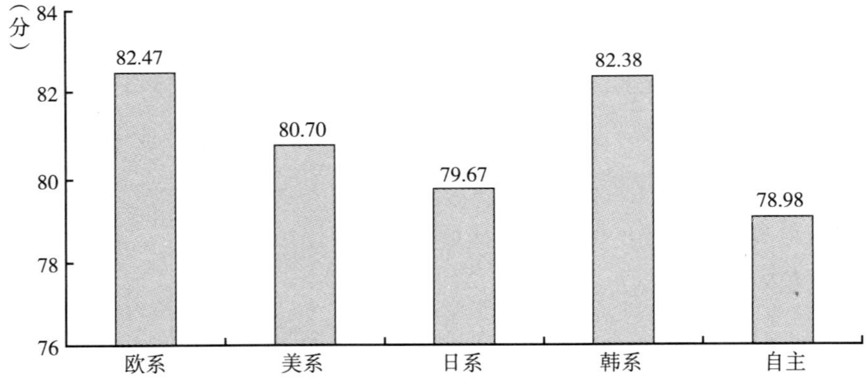

图 33　企业一般职员安全满意度得分

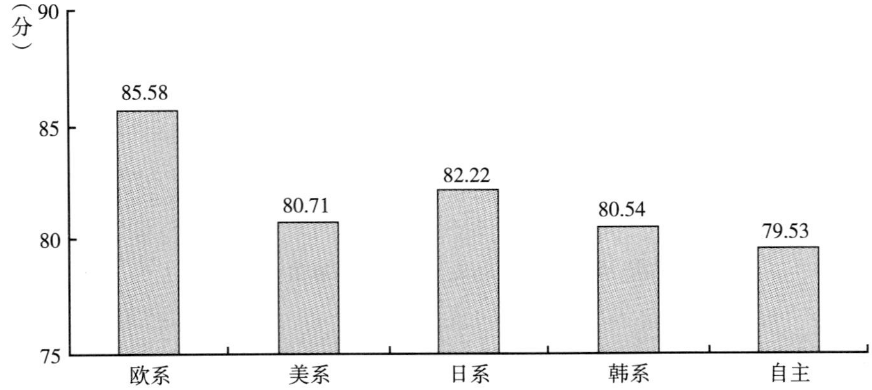

图 34　政府一般人员安全满意度得分

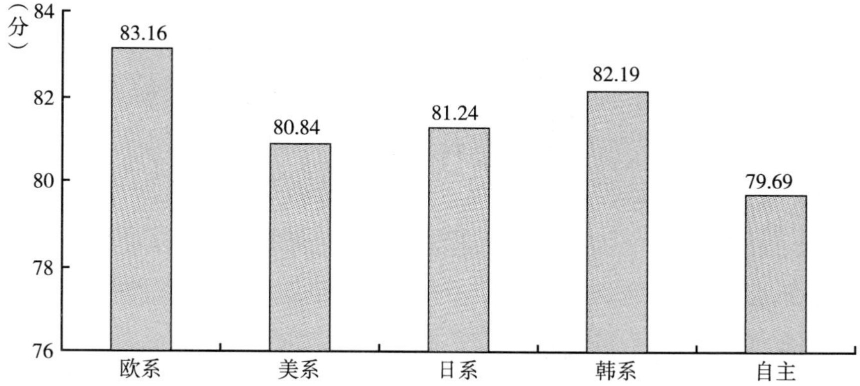

图 35　26～30 岁车主安全满意度得分

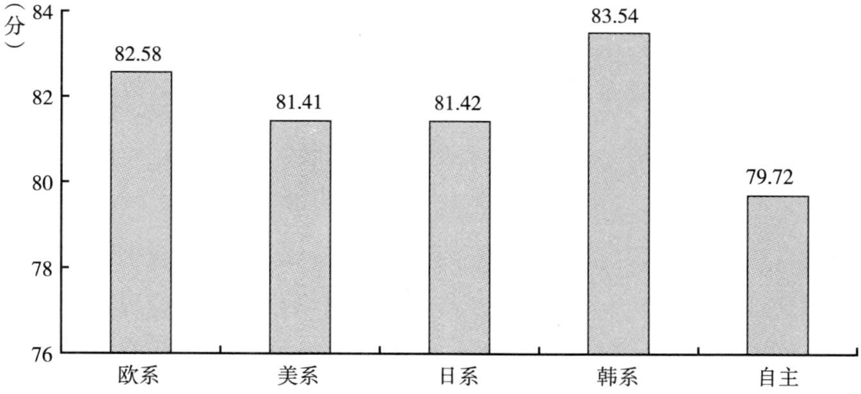

图 36　31～35 岁车主安全满意度得分

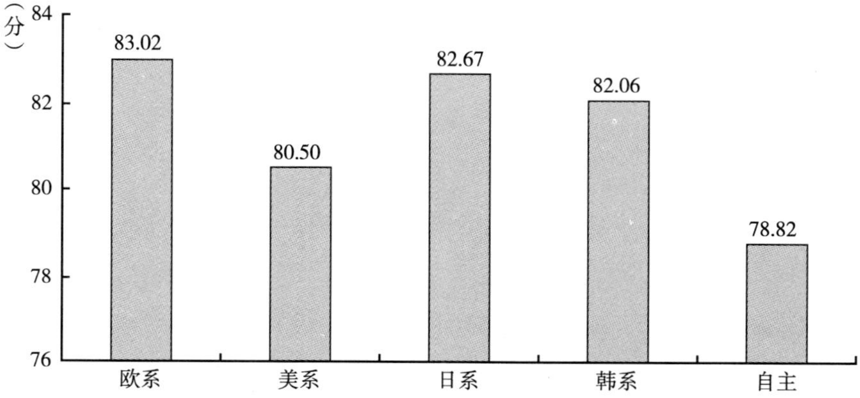

图 37　36～40 岁车主安全满意度得分

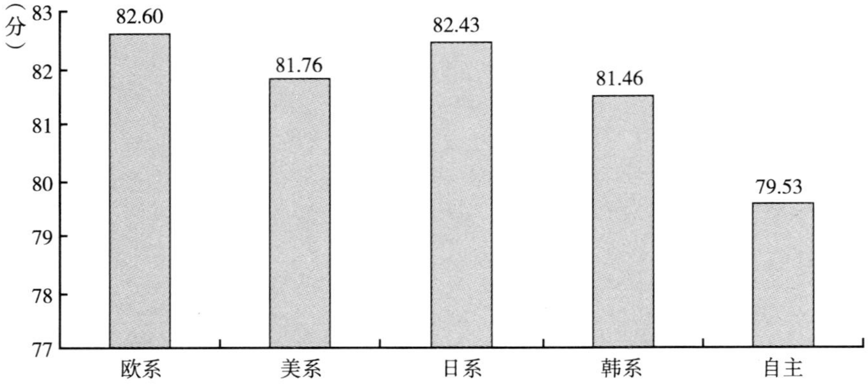

图 38　41～45 岁车主安全满意度得分

面口碑，都使得其进行全球性召回，所造成的后果对年轻消费者影响较大。但近两年日系车也在快速推进技术改革和新车型研发的速度，其效果也有待未来消费者的检验与评价。

B.4

国外汽车安全新理念与新技术

摘　要：

随着时代的进步，各种新技术更多地应用到汽车领域，汽车带给人们各种全新体验与享受的同时更加注重安全性与环保性。本文通过对欧洲、美国、日本等发达国家和地区交通安全领域的最新进展以及国外多种汽车安全技术发展趋势的介绍，可以看出中国在此方面的差距和局限性，这对促进中国汽车安全水平的快速提升有借鉴意义。

关键词：

汽车安全　智能交通　智能化技术

一　国外交通安全领域的进展

欧洲、美国和日本等国家和地区在交通信息服务系统应用中已经取得了大量研究经验，并从中获得显著的社会和经济效益。自20世纪90年代开始，中国积极跟踪和吸收国外智能交通系统领域的先进技术，经过20多年的发展也取得了一定成绩，但在交通信息服务上与发达国家相比仍然有较大差距，面临着巨大的挑战。

（一）欧洲

1. 欧洲智能交通系统

1986年，欧洲19个国家的政府和企业开始实施名为EUREKA的联合研究开发计划，旨在建立跨欧智能化道路网，投资额达50亿美元。该计划包括欧洲最高效、最安全交通计划（PROMETHEUS，投资额达8亿美元）、自动道路驾驶系统（投资额达 1.5 亿美元）以及跨欧道路交通通信系统（投资额达 270 万美元）等项目。为了将研究成果尽快投入使用，欧盟委员会与相关企业成立欧洲道路运输信息通讯合作组织（ERTICO），制定战略性的实用化计划，推动标准化工作进程。

1987 年，欧洲经济共同体决定利用 6 年时间来实施 DRIVE 研究计划，旨在提高道路安全交通效率与安全性，改善道路交通环境，投资额达 641 万欧元。1995 年，用来替代 PROMETHEUS 计划的欧洲机动性运输计划 PROMTE 开始实施。与 PROMETHEUS 不同，PROMTE 的发展重点从车辆技术转移到交通管理系统与安全系统，参与者包括汽车制造商、电子公司和公路管理人员。在欧盟第七研发框架计划下，欧盟委员会已投入 3.5 亿欧元用于支持智能交通系统的 50 个研发创新项目。例如，SUNSET 研发项目的创新发明，鼓励驾驶人利用互联网安全出行和避免拥堵；鼓励利用互联网的汽车电子自动呼救系统，2015 年前在欧盟范围内所有新车将强制安装该系统，该系统在车辆遭遇严重碰撞事故时，能够自动拨打 112（欧洲紧急呼救号码），并能够在驾驶人及乘员昏迷或无法拨打电话时，自动将事故车辆的位置发送至紧急服务中心。

2. eSafety 计划

2001 年，欧盟启动了 eSafety 计划，旨在利用现代通信技术，加速发展智能化安全系统，以降低事故的发生率与伤亡率。

根据 eSafety 计划路线图，欧盟将加快智能化车辆安全系统的研发、应用，包括防抱死制动系统、电子稳定性控制系统、事故后紧急呼救系统（eCall）、碰撞预防系统、智能速度管理等一系列技术，同时，完善建立相关法规和标准，消除社会和商业上的障碍和壁垒。

（二）美国

1. 美国 IVI 计划

为预防交通事故（特别是碰撞事故）及其引起的人员伤亡，提高安全性以及以人为因素为基础，防止驾驶人分神并促进碰撞防止系统的研发应用，美国运输部于 1998 年开始组织实施 IVI 计划。

IVI 一直致力于研究轿车的追尾警告和车道偏离预警系统，重型载货车的驾驶人瞌睡提醒、车辆侧翻警示及控制系统、追尾警告和车道偏离预警系统，特殊车辆的车道偏离预警系统以及交叉路口碰撞预防系统。此外，美国的 IVI 还与通用汽车公司合作，研究开发一套自动碰撞预警与防止的试验系统。

2. 美国智能交通系统

美国的智能交通系统研究起步很晚。20 世纪 90 年代，美国才开始进行“智能车辆公路系统”的开发。短短几年，美国的智能交通系统先后在中国进行了大规模试验，其中包括交通诱导、交通信息系统等。随着研究的深入，美国运输部及相关的科研机构意识到交通问题不能只考虑车，必须将道路以及车辆间的内容包括在内。2003 年，美国提出汽车与道路设施的集成计划（VII）。2004 年由美国联邦公路管理局、各州运输部、美国汽车产业相关联盟和 ITS America 等组成的特殊联合机构，通过信息与通信技术实现汽车与道路设施的集成，并以道路设施为基础，其功能主要有自动避让行人、车—车通信、车—路协调与自动制动和无人驾驶等项目，致力于提高道路安全和道路使用效率。

2010 年，美国发布 2010 ~ 2014 年智能交通系统战略计划，包括车辆间（V2V）安全通信系统、车辆与基础设施（V2I）安全通信系统、实时数据获取和管理、动态机动应用程序、道路天气管理、环境应用程序和实时信息融合等智能交通计划。

（三）日本

1. 日本智能交通系统

日本的智能交通系统研究开始于 20 世纪 80 年代后期，由日本运输省等政府部门组织上百家企业，会同大学和研究机构进行大规模的联合开发。日本特别重视智能交通系统技术产品的发展，其主要项目有：先进的动态交通信息系统、超智能汽车系统以及车—路通信系统。日本的车—路通信系统率先投入应用，日本国土交通省（MLIT）考虑以不停车电子收费系统（ETC）为基础，集成道路交通信息通信系统（VICS）和已基本开发成形的安全驾驶系统（ASV），形成新的智能公路系统（Smartway）及日本下一代智能交通系统。

智能公路系统的构架是提供一个开发共用的基础平台，强调基础设施的共用和车载装置的一元化，提供与安全有关的信息包括前方道路情况、大范围拥堵信息及收费服务（包括高速公路、停车场等）。实施试验后，事故大幅减少。而且日本的新型车载设备已经产业化，开始规模应用。开发联盟不仅涵盖政府，还包括丰田汽车公司、日产汽车公司、三菱汽车公司、电气股份有限公司、日立公司和富士通公司等大型企业。

2. 日本道路交通信息通信系统

道路交通信息通信系统与智能交通系统相辅相成、密不可分，其目的在于提高道路交通的安全性和通畅性、改善道路环境，被认为是世界上最成功的道路交通信息提供系统，它通过收集、处理、提供和使用道路交通信息四个环节来达到为交通客户服务的目的。

经过近年来的不断发展和完善，道路交通信息通信系统已经可以在日本全国范围内提供多种出行信息的实时发布和服务，包括实时路况和旅行时间预测、停车场信息、交通事件和天气状况等，在改善交通安全、通畅和环境等方面做出了巨大的贡献。仅日本装备有道路交通信息通信系统的车辆现在已经超过总量的 10%，预计未来市场销量将急剧增长。

3. 日本安全驾驶系统

为了使道路交通支援系统（AHC）具有完全实现车—路一体化功能，日本运输省和日本通产省联合立项，开发研制安全驾驶系统汽车和高性能汽车交通系统（SVS）等汽车设计和制造新技术，并于 2000 年开始实施此项开发计划。

根据日本运输省关于安全驾驶系统项目要求，日本各汽车制造商正在发展具有良好的主动安全性和被动安全性的先进车型。开发该车的主要目的是避免车辆事故的发生和减少伤害程度，主要技术措施是大量使用先进的安全预警系统。

安全驾驶系统汽车的安全装置功能强大，当驾驶人显现出昏睡的状态，安全装置就会自动发出警告。这是因为安装在驾驶人面前的摄像机能分析驾驶人的面部表情，知道驾驶人有了即将昏睡的征兆。此外，如果驾驶人眼睛走神，不注意前方路况，安全装置也会发出警告。在高速道路上行驶时，如果汽车偏离车线，安全装置便会发出警告，提醒驾驶人注意。电动转向系统帮助驾驶人掌握好方向盘。行驶时变换车道也是一大问题，在汽车两边的侧镜里装有距离感知器，可测出靠近两侧的其他汽车的距离。而且，从监视器的画面上可知道两侧汽车的状况，驾驶人不用左右分神，便能更好地注视前方。此外，当汽车前方突然出现障碍物时，汽车上的摄像机和雷达感知器便会马上察觉并向驾驶人发出警告。如果驾驶人不能及时做出反应，汽车就会自动制动，以避免事故的发生。对于令人头痛的交通堵塞现象，驾驶人只要按一下按钮，汽车就可以自动地调整速度，保持与前面车辆的安全距离。这种自动追随前车的技术使驾驶人感到轻松，在必要时汽车还能自动制动。这种新技术已经开始用在新制造的车辆上，今后的汽车将会更加安全和舒适。

二　国外汽车安全技术发展趋势

随着汽车电子技术的飞速发展，汽车智能化技术正在逐步得到应用。汽车智能化技术使汽车操作更简单，动力性和经济性得到明显改善，行驶安全性也得到保障，这将成为未来汽车发展的趋势。目前正逐步应用于汽车的安全技术主要有以下几种。

（一）智能速度控制系统

智能速度控制系统的主要组成部分包括电子控制单元和执行器，起到在特殊路段或特殊行驶条件下对车速进行强制限制的作用，在使用前需要设定限制速度。例如某路段的限制速度为 80km/h，那么可以将 80km/h 设定为限值。当车速低于 80km/h 时，该系统不起任何作用。当车速接近 80km/h 时，电子控制单元将限制加速踏板的动作，使汽车不能继续加速。当车速再次低于 80km/h 时，电子控制单元会解除控制，因此驾驶人又可以轻松控制加速踏板。

（二）智能轮胎

智能轮胎内装有计算机芯片，能自动监控并调节轮胎的行驶温度和气压，使其在不同情况下都能保持最佳的运行状态，既提高了安全系数，又节省了开支。智能轮胎能够收集、传输有关自身所处环境的所有信息，并对这些信息做出正确判断和处理，在一定程度上保证了汽车的安全性。

（三）智能玻璃

防光防雨玻璃、电热融雪玻璃、影像显示玻璃、防碎裂安全玻璃、调光玻璃以及光电遮阳顶篷玻璃都属于智能玻璃的范畴。防光防雨玻璃的特点在于，雨水一旦落到玻璃上会很快流走且不留水珠，无须雨刮器清除，这样带来的好处是驾驶人视线不会受到干扰。影像显示玻璃，即在挡风玻璃上涂上透明反射膜，驾驶人在行车时无须低头查看仪表板，更加便于观察，同时也能减少因驾驶人分神导致的交通事故的发生。如果将影像显示玻璃与红外线影像显示系统配合，可以实现在雾天中的安全行驶。光电遮阳顶篷玻璃则是在其夹层中嵌有太阳能电池板，用它作顶篷后，当停车时能采聚太阳能，为车内冷却风扇提供动力，以保持车内空气流动，同时还可以对轿车蓄电池进行充电。

（四）驾驶人警示系统

许多交通事故是由于驾驶人过度疲劳而引发的。驾驶人警示系统可以监测车辆的行驶是否处于失控状态，可在驾驶人跌入睡眠状态之前发出警报，警报同时采用视频和声频两种方式发出，具有高度可靠性。

（五）碰撞预警系统

碰撞预警系统（AWS）能预测到行车危险并在碰撞危险发生前 2.7s 向驾驶人发出警报，预防交通事故发生，包括前碰撞预警系统、车道偏离预警系统和车距的监控与预警。通过在欧美和以色列本土多年的实际应用，研究表明应用碰撞预警系统可以避免 90% 的车祸。欧美多家汽车制造商已在多款车上应用碰撞预警系统相关技术，如宝马 5 系、6 系、7 系，凯迪拉克 STS、DTS，沃尔沃 S80、V70、XC70，等等。

（六）卫星电话系统

卫星电话系统操作非常简单，仅需按下一个按键，就可以与他人保持通话，主要用于紧急救援服务。与现在的导航系统不同，它可以通过一个手机连接到 24 小时服务中心。在全球定位系统的帮助下，接线员可以很清楚地找到驾驶人所处的位置。未来，该系统将成为汽车的标配。

（七）自动导航系统

自动导航系统的用途是由通过全球定位系统接收机监测车辆当前位置并将数据跟用户自定义的目的地比较、参照电子地图计算行驶路线，并实时将信息提供给驾车人。该系统还可以通过雷达实现车距保持的功能，即使在恶劣天气下也不会发生追尾等事故。该系统在梅赛德斯 - 奔驰和美洲豹车上已经装备。

标准法规篇

Standard And Regulation Report

B.5

中国汽车安全技术标准体系现状及发展

摘　要：

汽车安全标准在促进汽车安全技术研究、推动汽车安全技术应用、保障公共安全利益等方面发挥了重要作用。本文首先概括了中国汽车标准体系、中国汽车强制性标准体系与汽车安全标准体系的发展情况，然后归纳总结了与中国汽车强制性标准体系密切相关的国际、国外标准体系，重点分析了中国汽车安全标准实施现状，提出了汽车新技术的应用与标准化的关系，认为新技术的标准化工作将始终贯穿于汽车标准化工作的过程。

关键词：

标准体系　安全标准　汽车标准化

一　概述

自汽车诞生之日起，其安全性就始终是汽车技术研究的主题之一。与之相对应，汽车安全标准也备受各国政府、学术界和广大消费者的关注。汽车安全标准在促进汽车安全技术研究、推动汽车安全技术应用、保障公共安全利益等方面发挥了重要作用。

汽车的安全性一般分为“主动安全”“被动安全”和“一般安全”等几种类型。

主动安全是指为了避免安全问题的发生而采取的安全技术。主要包括：灯光视野及警示装置、车轮悬架、制动和转向、汽车行驶的稳定性和舒适性等。例如，装备电子稳定性控制系统，提高车辆在剧烈变向操作时的动态稳定性，防止车辆运行姿态失控；采用转向动力辅助装置减轻驾驶人的疲劳程度；采用新式光源提高照明性能；等等。这些安全技术的采用，可以在一定程度上避免安全事故的发生。

被动安全是指车辆发生安全事故以后，为了减少人员和财产损失而采用的安全技术。例如，配备安全气囊和安全带，减少碰撞发生后对车内乘员的伤害；大型车辆装备前下部防护、侧面防护以及后防护装置，减小与小型车辆碰撞后对小型车辆内乘员的伤害；采用阻燃材料或特殊结构，降低因车辆起火燃烧造成的人员和财产损失；等等。这些安全技术的采用，可以在一定程度上减少安全事故发生后的人员财产损失。

一般安全是指与车辆安全性相关的车辆结构以及防盗装置、指示与信号装置等。这些系统和装置，对提高汽车的安全性也有重要作用。

各种安全技术的发展和在汽车产品上的广泛应用，使得汽车的安全性有了显著的提高。随着这些安全技术的不断成熟，有必要通过制定相应的技术标准来规范和引导先进安全技术的发展和应用。与各种汽车安全技术相对应的汽车安全标准构成了汽车安全标准体系。

二　中国汽车标准体系现状

中国的汽车标准体系由国家标准（包括强制性标准和推荐性标准）、行业标准、地方标准和企业标准等几部分构成。截至 2013 年 2 月 1 日，汽车行业已经批准发布并且仍然有效的国家强制性标准共计 114 项，国家推荐性标准共计289项，行业标准共计685项。

1993年，中国汽车行业主管部门与汽车标准化机构，通过对中国汽车产业和交通运输业的特点及发展趋势等方面进行深入的分析研究后，共同确定了以欧洲经济委员会及欧洲经济共同体技术法规和指令体系为主要参照基准，建立中国汽车强制性标准体系的基本技术路线。由全国汽车标准化技术委员会（SAC/TC114）主导、行业主要企业及研究机构参与，跟踪ECE/EEC法规及其他先进国家标准法规的发展动态，及时制修订强制性国家标准。经过多年的努力，目前中国的汽车强制性标准，已经基本覆盖了汽车的安全、环保和节能等几个主要方面。

中国的汽车推荐性国家标准，主要是参考借鉴转化ISO/TC22、ISO/TC177、IEC/TC69等国际有关标准化组织发布的国际标准，或者参考SAE、JIS、JASO、DIN等先进国家标准，并针对中国产品的技术特点或使用环境，由全国汽车标准化技术委员会和（或）有关企业、机构提出，通过相关分技术委员会组织制修订。

汽车行业标准则主要是根据汽车整车、总成和零部件的技术发展需要，由企业、研究机构提出，参照国外相关标准，在相应的分技术委员会指导下完成。

地方标准和企业标准主要是根据地方或相关企业从产业发展、管理和技术进步等方面的要求，由地方主管部门或企业提出，参照国内外相关标准，在相关组织机构的指导下完成。

与欧洲、美国、日本等汽车工业发达国家和地区的汽车标准法规相比，中国汽车标准处于跟踪和转化状态，技术水平相对滞后。主要表现在基础标准不够全面，在传统的车辆结构、参数、性能和试验方法等方面还存在空白，新技术不能及时形成相关标准等几个方面。因此，还需要各方面共同努力，不断完善中国的汽车标准体系，提高中国汽车标准的总体技术水平。

三　中国汽车强制性标准体系与汽车安全标准体系

由于汽车安全性与人们的生命财产安全、社会安定和经济发展等重大问题相关，因此中国汽车安全技术标准绝大多数都属于强制性标准。

中国汽车强制性标准体系是参照欧洲ECE/EEC汽车技术法规和指令体系

构建的，在具体内容上跟踪欧洲、美国、日本三大汽车技术法规体系的协调成果。自 1993 年第一批汽车强制性标准发布以来，截至 2013 年 2 月已批准发布的汽车（含摩托车）强制性标准共 114 项，其中主动安全 34 项，被动安全 29 项，一般安全 28 项，环保和节能 23 项（见表 1）。表 1 中的统计数据表明，中国汽车安全标准占汽车强制性标准的比例近 80%，由此可见，汽车安全标准在中国汽车强制性标准体系中的重要性。

表 1　截至 2013 年 2 月中国已批准发布的汽车（含摩托车）强制性标准（114 项）

单位：项

合计（114）	主动安全(34)		被动安全(29)			一般安全(28)			环保与节能(23)			
	照明与光信号装置(25)	制动、转向和轮胎(9)	座椅、门锁、安全带和凸出物(12)	车身、碰撞防护(13)	防火(4)	视野(6)	指示与信号装置(6)	车辆结构与防盗(16)	污染物排放(13)	噪声(3)	燃油经济性(5)	电磁兼容(2)
汽车(90)	19	7	11	13	3	5	5	13	8	1	3	2
摩托车(24)	6	2	1	0	1	1	1	3	5	2	2	0

并非所有的汽车安全标准都属于强制性标准。对一些技术尚不是特别成熟，或者中国自主研发能力相对较弱的技术领域，为了避免对相应技术的发展产生不必要的制约作用，一般会选择先推出相应的推荐性国家标准或者行业标准，待条件成熟后，再推出相应的强制性国家标准。比如轻型车辆电子稳定性控制系统性能要求和试验方法、乘用车爆胎监测及控制系统技术要求和试验方法等。而一些重要标准的配套标准，一般也是推荐性国家标准，如商用车和挂车制动系统技术要求和试验方法的配套标准：汽车和挂车防抱死制动系统性能要求和试验方法、缓速制动系统性能要求和试验方法等。

四　与中国汽车强制性标准体系密切相关的国际、国外标准体系

（一）《1958 年协定书》与 ECE 法规

在德国、法国、意大利和荷兰四国的倡导下，联合国于 1958 年 3 月 20 日

在日内瓦制定了《关于采用统一条件批准机动车辆装备和部件并相互承认此批准的协定书》(以下简称《1958年协定书》,自1959年6月20日起实施)。这一具有法律效力的多边框架协定书,旨在整个欧洲范围内对汽车产品制定、实施统一汽车技术法规(即ECE法规),并开展统一的型式批准,以便打破欧洲各国的疆界,便于进行汽车贸易与技术交流。WP29成为《1958年协定书》的具体执行机构,专门负责ECE法规的制修订和实施工作。《1958年协定书》出台后分别于1967年和1995年做过两次修订,目前有效的版本为1995年10月16日出台的第二修订本(Rev. 2)。

经过WP29对《1958年协定书》50多年的成功运作,使得ECE法规和ECE的汽车产品型式批准制度成为在整个国际范围内具有深远影响力的汽车技术法规和产品认证制度。近年来,越来越多的非欧洲国家,如日本、澳大利亚、印度、南非、新西兰和韩国等加入《1958年协定书》,并逐步采用ECE技术法规替换其本国原有的技术法规。许多非《1958年协定书》缔约方,如东盟、南美和非洲等组织和国家也单方面承认ECE汽车技术法规和ECE汽车产品型式批准,包括中国在内的很多国家在制修订本国的汽车标准或法规时,都很大程度地采用ECE法规的技术内容,这使得ECE的型式批准制度不仅构成欧洲的汽车、摩托车产品市场准入条件,在世界上其他几大汽车市场[如东南亚市场(包括中国香港和中国台湾)、拉美市场、非洲市场和南亚市场]也都能得到承认,即满足ECE技术法规并通过ECE的型式批准(获得E标志)的汽车、摩托车产品就能顺利地进入这些市场。

鉴于目前有更多的非欧洲国家加入《1958年协定书》,ECE法规的国际化范围不断扩大,早就突破了欧洲范围,因此,其一直采用的ECE法规的名称已经名不副实。为此,目前WP29正在对《1958年协定书》进行第三次修订。第三次修订版正式生效后,ECE法规将更名为UN法规。

ECE法规体系目前共包括128项法规,其中汽车安全法规94项(主动安全60项、被动安全25项、一般安全9项)(见表2)。

(二)《1998年协定书》与GTR法规

1998年,WP29于1998年6月25日制订《全球汽车技术法规协定书》,

表 2　ECE 汽车安全技术法规汇总

主动安全（共计 60 项）					
灯光	制动	轮胎	视野	操纵控制件与信号装置	车身结构
37 项	4 项	8 项	3 项	3 项	5 项

被动安全（共计 25 项）				
车辆侧倾防护	门锁和车门保持件	内外凸出物	座椅、安全带和头枕	碰撞防护
2 项	1 项	3 项	6 项	13 项

一般安全（共计 9 项）			
防盗	安全玻璃	火灾预防	其他
2 项	1 项	1 项	5 项

因此该协定书也就简称《1998 年协定书》。它规定了世界各国在此法律框架下共同制修订 GTR 的程序和规则，随着全球技术法规协调工作的日趋深入，GTR 推动速度逐渐加快。

2000 年，中国正式加入《1998 年协定书》，并开始参加 WP29 组织的全球车辆法规协调进程。

全球汽车技术法规越来越多地涉及实质性技术问题，对中国汽车标准的影响也更加明显。特别是在中国技术基础比较薄弱的领域，很容易受到 GTR 的冲击。因此，在跟踪 ECE/EEC 技术法规和指令体系的同时，开展 GTR 法规的分析研究，找到合理的应对策略，对中国汽车标准的国际化发展是非常重要的。

经过十多年的努力，WP29 在《1998 年协定书》框架下建立全球统一的汽车技术法规体系的工作成绩斐然。到目前为止，已有 13 项成果出台，包括 12 项 GTR 和 1 项规范性技术文件（S. R. 1）（见表 3）。

表 3　GTR 成果

序号	名称	全球注册日期	缔约方通报采用状况最后期限
1	关于车门锁和车门保持件的全球技术法规	2004 年 11 月 18 日	2006 年 1 月 18 日
2	就气体污染物排放、CO_2 排放物以及发动机燃油消耗对装有点燃或压燃式发动机的两轮摩托车的测量规程	2005 年 6 月 22 日	2006 年 8 月 22 日
3	摩托车制动系统全球技术法规	2006 年 11 月 15 日	2008 年 1 月 15 日

续表

序号	名称	全球注册日期	缔约方通报采用状况最后期限
4	就污染物排放方面对压燃式发动机和燃用天然气(NG)或液化石油气(LPG)的点燃式发动机的试验规程	2006年11月15日	2008年1月15日
5	道路车辆车载诊断系统(OBD)技术要求	2006年11月15日	2008年1月15日
6	用于机动车辆及机动车辆装备的安全玻璃材料	2008年3月12日	2009年5月12日
7	头枕	2008年3月13日	2009年5月13日
8	电子稳定性控制系统	2008年6月26日	2009年8月26日
9	行人保护	2008年11月13日	2010年1月13日
10	非循环排放(OCE)	2009年6月24日	2010年8月24日
11	农林拖拉机与非道路车辆排放(NRMM)	2009年11月12日	2011年1月12日
12	摩托车操作件、信号装置、指示器位置、识别和操作	2011年11月17日	2013年1月17日
S. R. 1	在全球技术法规中使用的统一定义和规程的特别决议	—	—

(三)美国汽车技术法规

1966年9月，美国颁布实施《国家交通和机动车安全法》，授权美国运输部对乘用车、多用途车、客车、校车、货车、挂车、摩托车及其系统、部件等制定并实施FMVSS。FMVSS被收录在《联邦法规集》（CFR）第49篇第571部分。FMVSS法规目前共计61项，分为以下五大系列：

100系列，主动安全标准，28项；

200系列，被动安全标准，24项；

300系列，一般安全（防火标准），5项；

400系列，一般安全，3项；

500系列，一般安全，1项。

美国FMVSS汽车安全技术法规汇总（见表4）。

表4　美国FMVSS汽车安全技术法规汇总

主动安全(共计28项)									
控制器和显示器	挡风玻璃	后视镜	制动系统	电子稳定性控制系统	轮胎与轮辋(含翻新轮胎)	灯光信号装置	罩盖锁及防盗装置	校车行人安全装置	加速器控制、电动车窗、车顶、变速杆等
2项	2项	1项	6项	1项	8项	2项	2项	1项	3项

续表

被动安全(共计24项)								
安全带与约束系统	座椅及头枕	碰撞防护	车辆侧倾防护	玻璃材料、挡风玻璃的安装及前视野	门锁及车门固定部件	校车车身连接强度	摩托车头盔	大客车的紧急出口
4项	3项	8项	2项	3项	1项	1项	1项	1项

一般安全(包括防火安全,共计9项)			
燃料系统的完好性	内饰材料的阻燃性	FMVSS 400系列	FMVSS 500系列
4项	1项	3项	1项

五 中国汽车安全标准实施现状

(一)主动安全标准

汽车和挂车用的各种灯具的配光性能要求如表5所示。

表5 汽车和挂车用的各种灯具的配光性能要求

序号	标准号	标准名称
1	GB 4599-2007	汽车用灯丝灯泡前照灯
2	GB 4660-2007	汽车用灯丝灯泡前雾灯
3	GB 5920-2008	汽车及挂车前位灯、后位灯、示廓灯和制动灯配光性能
4	GB 11554-2008	机动车和挂车用后雾灯配光性能
5	GB 15235-2007	汽车及挂车倒车灯配光性能
6	GB 17509-2008	汽车及挂车转向信号灯配光性能
7	GB 18099-2000	汽车及挂车侧标志灯配光性能
8	GB 18408-2001	汽车及挂车后牌照板照明装置配光性能
9	GB 18409-2001	汽车驻车灯配光性能
10	GB 21259-2007	汽车用气体放电光源前照灯
11	GB 23255-2009	汽车昼间行驶灯配光性能
12	GB 25991-2010	汽车用LED前照灯

灯具和信号装置的一般要求,如表6所示。

表 6 灯具和信号装置的一般要求

序号	标准号	标准名称
1	GB 4785-2007	汽车及挂车外部照明和光信号装置的安装规定
2	GB 11564-2008	机动车回复反射器
3	GB 13954-2009	警车、消防车、救护车、工程抢险车标志灯
4	GB 15766. 1-2008	道路机动车辆灯丝灯泡尺寸、光电性能要求
5	GB/T 15766. 2-2007	道路机动车辆灯丝灯泡性能要求
6	GB/T 15766. 3-2007	小型灯
7	GB 19151-2003	机动车用三角警告牌
8	GB 21260-2007	汽车用前照灯清洗器
9	GB 23254-2009	货车及挂车车身反光标识
10	GB/T 10485-2007	外部照明和光信号装置环境耐久性

制动性能要求，如表 7 所示。

表 7 制动性能要求

序号	标准号	标准名称
1	GB 5763-2008	汽车用制动器衬片
2	GB 16897-2010	制动软管的结构、性能要求及试验方法
3	GB 12676-1999	汽车制动系统结构、性能和试验方法
4	GB/T 13594-2003	机动车和挂车防抱制动性能和试验方法
5	GB 21670-2008	乘用车制动系统技术要求及试验方法

轮胎与转向系统要求，如表 8 所示。

表 8 轮胎与转向系统要求

序号	标准号	标准名称
1	GB 9743-2007	轿车轮胎
2	GB 9744-2007	载重汽车轮胎
3	GB/T 26149-2010	基于胎压监测模块的汽车轮胎气压监测系统
4	GB 17675-1999	汽车转向系统基本要求

（二）被动安全标准

车身与碰撞防护标准，如表 9 所示。

表 9　车身与碰撞防护标准

序号	标准号	标准名称
1	GB 7063-2011	汽车护轮板
2	GB 9656-2003	汽车用安全玻璃
3	GB 11551-2003	乘用车正面碰撞乘员保护
4	GB 11557-2011	防止汽车转向机构对驾驶员伤害的规定
5	GB 11567. 1-2001	汽车和挂车侧面防护要求
6	GB 11567. 2-2001	汽车和挂车后下部防护要求
7	GB 15743-1995	轿车侧门强度
8	GB 17354-1998	汽车前、后端防护装置
9	GB 20071-2006	汽车侧面碰撞的乘员保护
10	GB 26134-2010	乘用车顶部抗压强度
11	GB 26511-2011	商用车前下部防护装置
12	GB 26512-2011	商用车驾驶室乘员保护
13	GB/T 17578-1998	客车上部结构强度的规定
14	GB/T 20913-2007	乘用车正面偏置碰撞的乘员保护

约束系统与凸出物标准，如表 10 所示。

表 10　约束系统与凸出物标准

序号	标准号	标准名称
1	GB 11550-2009	汽车座椅头枕强度要求和试验方法
2	GB 11552-2009	乘用车内部凸出物
3	GB 11566-2009	乘用车外部凸出物
4	GB 13057-2003	客车座椅及其车辆固定件的强度
5	GB 14166-2003	机动车成年乘员用安全带和约束系统
6	GB 14167-2006	汽车安全带安装固定点
7	GB 15083-2006	汽车座椅、座椅固定装置及头枕强度要求和试验方法
8	GB 15086-2006	汽车门锁及车门保持件的性能要求和试验方法
9	GB 20182-2006	商用车驾驶室外部凸出物
10	GB 24406-2012	专用校车学生座椅系统及其车辆固定件的强度
11	GB 27887-2011	机动车儿童乘员用约束系统

防火标准，如表 11 所示。

表 11　防火标准

序号	标准号	标准名称
1	GB 8410-2006	汽车内饰材料的燃烧特性
2	GB 18296-2001	汽车燃油箱安全性能要求和试验方法
3	GB 20072-2006	乘用车后碰撞燃油系统安全要求

（三）一般安全标准

视野标准，如表 12 所示。

表 12　视野标准

序号	标准号	标准名称
1	GB 11562-1994	汽车驾驶员前方视野要求及试验方法
2	GB 11555-2009	汽车风窗玻璃除雾系统的性能要求及试验方法
3	GB 15085-1994	汽车风窗玻璃刮水器、洗涤器的性能要求及试验方法
4	GB 11565-1989	轿车风窗玻璃刮水器刮刷面积
5	GB 15084-2006	机动车辆后视镜的性能和安装要求

指示与信号装置，如表 13 所示。

表 13　指示与信号装置标准

序号	标准号	标准名称
1	GB 15082-2008	汽车用车速表
2	GB 4094-1999	汽车操纵件、指示器及信号装置标志
3	GB 15742-2001	机动车用喇叭的性能要求和试验方法
4	GB 15741-1995	机动车和挂车号牌板(架)及其位置
5	GB 13392-2005	道路运输危险货物车辆标志

车辆结构与防盗标准，如表 14 所示。

表 14　车辆结构与防盗标准

序号	标准号	标准名称
1	GB 1589-2004	道路车辆外廓尺寸、轴荷及质量限值
2	GB 7258-2012	机动车运行安全技术条件
3	GB 11568-2011	汽车罩(盖)锁系统

续表

序号	标准号	标准名称
4	GB 13094-2007	客车结构安全要求
5	GB 15740-2006	汽车防盗装置
6	GB 16735-2004	道路车辆车辆识别代号(VIN)
7	GB 16737-2004	道路车辆世界制造厂识别代号(WMI)
8	GB 18986-2003	轻型客车结构安全要求
9	GB 20300-2006	道路运输爆炸品和剧毒化学品车辆安全技术条件
10	GB 20912-2007	汽车用液化石油气蒸发调压器
11	GB 21668-2008	危险物品运输车辆结构要求
12	GB 24407-2012	专用校车安全技术条件
13	GB 28373-2012	N 类和 O 类罐式车辆侧倾稳定性要求
14	GB/T 19239-2003	燃气汽车专用装置安装要求
15	GB/T 19260-2003	低地板及低入口城市客车结构要求
16	GB/T 21055-2007	肢体残疾人驾驶汽车的操纵辅助装置
17	GB/T 24545-2009	车辆车速限制系统技术要求

六　新技术的应用与标准化

（一）新能源汽车技术的发展对标准制定的要求

与传统车辆相比，新能源汽车在能源存储装置、能源供应系统等方面有特殊的要求，因此需要对现有汽车安全标准体系进行必要的补充和完善，以满足新能源汽车技术发展的要求。

新能源汽车的安全性除了传统汽车安全性的要求以外，还应特别关注燃料存储装置安全、防止过量过压充装、防止燃料泄漏、燃料系统使用逻辑控制及环境安全等方面的问题。

新能源汽车的燃料，无论是各种形式的电池还是其他可燃性物质，与传统汽车的汽油、柴油等燃料的物理特性和燃烧特性都有很大差别，并且在各种新能源之间，这种差别也是很大的。因此，传统燃料的有关储存以及过量、过压和泄漏等方面的安全性要求对各种形式的新能源已经不适用了。应通过分析研究各种新能源的特点，提出相应的安全性要求。

从标准制定的角度看，应及时跟踪新能源汽车技术的进展，及时了解新技术的特点和对安全性的特殊要求，通过制定相应的标准，保障新能源汽车在整个使用过程中的安全性。

（二）新技术在传统车辆上的应用对标准制定的要求

目前，与汽车安全性相关的新技术，特别是汽车电子技术，在传统车辆上的发展日新月异。为了正确引导、规范和促进新技术的发展，标准化工作应跟上新技术的进展节奏。新技术的应用对汽车产业的发展有重大影响。促进新技术研究成果，并及时有效转化为技术标准可以提高标准的竞争力和技术含量。

目前，已经得到市场认可且具备商品化水平的汽车安全性新技术有很多。如电子稳定性控制系统、自动紧急制动系统、车道偏离预警系统和驾驶辅助系统等。

为了适应新技术的发展趋势，全国汽车标准化技术委员会根据各项新技术的实际进展情况，陆续组建了相应的专业工作组，对各种新技术进行分析研究，并利用 WP29、ISO 和 IEC 等国际标准化多边协调与交流平台，对其他国家以及国际标准化组织在这些新技术上的标准化进程进行追踪，并结合中国的实际情况，针对具体项目，制定相应的应对策略。比如，对于电子稳定性控制系统，重点关注 WP29 框架下的 GTR 8 进程，关注 ECE R13、ECE R13-H 相关内容的补充以及 FMVSS 126 的实施情况。但同时也结合中国的实际使用环境，对标准的主要技术内容进行了完善和补充。除了保留 GTR 8 的主要试验项目——正弦迟滞试验外，还增加了低附着路面圆形回转试验和变道试验，使推出的电子稳定性控制系统标准，更符合中国的车辆使用环境和使用条件。

新技术的标准转化是汽车标准化工作的重点，也是引导和促进汽车技术进步、增强中国汽车产品的国际竞争力的有效措施。因此，新技术的标准化工作将始终贯穿汽车标准化工作的过程。

总之，汽车安全标准关系着公共安全利益和广大人民群众的生命财产安全，因此应引起社会各界的广泛关注。

经过多年的努力，中国汽车安全性标准体系的基本框架已经建立，但与汽车工业发达国家和地区相比，还存在差距。签署《1998 年协定书》后，中国汽车标准的国际化进程加快，与其他国家和国际标准化组织的联系更加密切，国际、国外汽车标准法规对中国的影响越来越大。因此，应进一步加强汽车标准化工作，深入研究新变化带来的新课题，积极采取合理有效的应对措施。进一步完善中国的汽车安全标准体系，提高中国汽车安全标准的技术水平，为推动中国汽车工业进步，增强中国汽车产品的国际竞争力发挥积极的作用。①

① 吴卫、刘地：《我国汽车安全标准现状与发展趋势》，《现代零部件》2008 年第 10 期。

B.6

电动汽车安全标准发展现状与未来动向

摘　要：

经过10多年的研究和积累，中国电动汽车标准体系已初步建立，领域涵盖了纯电动汽车、混合动力电动汽车、燃料电池电动汽车、电动汽车关键系统和零部件、充电基础设施以及基础通用等方面的标准。而通过多年的发展和实践，电动汽车安全标准对中国电动汽车产品的发展起到了巨大的推动作用。未来需要根据电动汽车安全技术的成熟程度和对标准需求的程度，循序渐进地推动电动汽车安全标准的体系建设。

关键词：

电动汽车安全标准　纯电动汽车　混合动力电动汽车　燃料电池电动汽车

一　中国电动汽车标准化发展概述

根据电动汽车的发展需要，全国汽车标准化技术委员会在“九五”规划期间，已经开始了电动汽车标准的研究和制定工作，并于1998年经国家标准化主管部门批准，成立了全国汽车标准化技术委员会电动车辆分技术委员会（SAC/TC114/SC27），对口ISO/TC22/SC21和IEC/TC69系统开展电动汽车的标准化工作。根据电动汽车产业发展对标准化工作的要求，先后成立了电动汽车整车、燃料电池汽车、动力蓄电池系统、驱动电机系统4个标准研究制定工作组。另外在充电基础设施、燃料电池和动力电池领域，除全国汽车标准化技术委员会之外，也有其他相关标准化技术委员会正在开展相关标准研究。

中国的电动汽车标准化工作是在传统汽车标准的基础之上发展起来的，但与传统汽车标准又相对独立，电动汽车标准体系与传统汽车标准体系共同构成汽车标准体系。经过10多年的研究和积累，中国电动汽车标准体系已初步建立，领域涵盖了纯电动汽车、混合动力电动汽车、燃料电池电动汽车、电动汽车关键系统和零部件、充电基础设施及基础通用等方面的标准。

目前，中国电动汽车领域已经发布且现行有效的国家和行业标准共计64项，已完成制修订工作、上报待批的标准共计4项，正在制修订的标准项目近38项，经过行业推荐和专家评审，还有几十项标准需要在“十二五”规划期间进行研究和制修订。

二　中国电动汽车安全标准发展现状

电动汽车不仅存在与传统汽车一样的安全要求，而且还存在一些特殊的安全要求，电动汽车的特殊安全性体现在以下几个方面：一是大质量的车载能源及其相关系统内对车辆整体结构安全性及乘员、第三方的潜在机械伤害；二是高能量的车载能源系统的潜在危险（如挤压爆炸、短路起火、电解液泄漏等）；三是高电压系统带来的潜在触电伤害；四是由于与传统汽车差异造成的操作、使用、避让等常规使用可能造成的危险。电动汽车的安全标准、法规由此产生。

在国际上，电动汽车安全标准、法规一般分为三个层次，整车一般安全要求（Normal use）、碰撞后安全要求（Post crash）和动力电池安全要求（REESS）等（见表1）。

表1　国际上主要电动汽车安全标准、法规情况

类别	序号	标准编号	对应层次
法规	1	ECE R100-1	Normal use
	2	ECE R100-2	REESS
	3	ECE R94/95	Post crash
	4	FMVSS 305	Post crash
	5	HFCV GTR	Normal use

续表

类别	序号	标准编号	对应层次
标准	1	ISO 6469-1	Normal use
	2	ISO 6469-2	Normal use
	3	ISO 6469-3	Normal use
	4	SAE J1766	Post crash
	5	SAE J2344	Normal use
	6	ISO 12405	REESS
	7	SAE J2929	REESS
	8	IEC62660	REESS

我国在电动汽车安全标准领域，已经制定了《电动汽车安全要求》《混合动力电动汽车安全要求》《燃料电池汽车安全要求》等整车国家标准（见表2）和电池安全行业标准（见表3），在纯电动汽车和混合动力汽车的整车安全标准中，同时包含整车的一般安全要求和碰撞后安全要求。QC/T 741 ~ QC/T 744 系列动力电池标准，同时包含电池安全项目和电池性能项目。这些安全标准已制定和实施多年。通过多年的发展和实践，电动汽车安全标准对中国电动汽车产品的发展起到了巨大的推动作用。

表 2　中国现行有效的电动汽车整车安全标准项目

类别	序号	标准编号	标准名称
纯电动汽车	1	GB/T 18384. 1-2001	电动汽车安全要求第 1 部分:车载储能装置
	2	GB/T 18384. 2-2001	电动汽车安全要求第 2 部分:功能安全和故障防护
	3	GB/T 18384. 3-2001	电动汽车安全要求第 3 部分:人员触电防护
混合动力汽车	1	GB/T 19751-2005	混合动力电动汽车安全要求
燃料电池汽车	1	GB/T 24549-2009	燃料电池汽车安全要求

表 3　中国现行有效的电动汽车电池安全标准项目

类别	序号	标准编号	标准名称
电池	1	QC/T 741-2006	车用超级电容
	2	QC/T 742-2006	电动汽车用铅酸电池
	3	QC/T 743-2006	电动汽车用锂离子电池
	4	QC/T 744-2006	电动汽车用镍氢电池

三　中国电动汽车安全标准未来动向

通过电动汽车安全标准的实施与实践，近几年内全国汽车标准化技术委员会电动车辆分技术委员会开展了研究和制定新标准以及进一步修订完善现有标准的工作。在制定新标准方面，根据国际惯例，主要涉及电动汽车独立的正面碰撞安全要求、燃料电池电动汽车电堆安全要求、电动汽车整车强电系统及零部件电压等级技术规范和动力电池的系统层面安全标准等内容；在修订标准方面，主要是对 GB/T 18384《电动汽车安全要求》和 QC/T 741 ~ QC/T 744 系列动力电池进行修订和完善，目前 GB/T 18384 系列整车安全标准及 QC/T 741 ~ QC/T 744 系列动力电池已经完成报批稿，等待国家标准化管理委员会最终批复。

目前，中国还缺少独立的电动汽车被动安全类标准，已经通过《车辆生产企业及产品公告》的 M_1 类电动汽车的碰撞试验基本按照《电动汽车安全要求》的碰撞要求部分来进行。在国际上，电动汽车碰撞后安全要求独立于整车一般安全要求，我国也正在制定独立的电动汽车碰撞后安全要求国家标准。

随着电动汽车的发展，行业提出了越来越多的标准需求，但是电动汽车的许多技术还处于科技成果阶段，没有经过工程化和产业化的验证，这部分标准有待于技术的进一步成熟。此外，电动汽车的大部分产品还处于产业化的前期，只能够提供少许的样件、样品和样车，能够提供的数量非常有限，也给标准的研究工作带来很大的困难，所以需要根据电动汽车安全技术的成熟程度和对标准需求的程度，按轻重缓急合理安排，急用标准优先制修订，循序渐进地推动电动汽车安全标准的体系建设。

B.7

儿童安全乘车标准法规的研究与未来趋势

摘　要：

《机动车儿童乘员用约束系统》标准的出台，填补了中国机动车儿童安全保护领域的空白，也必将促进中国儿童安全座椅市场的完善和进步。本文首先对国外儿童安全保护标准法规进行了对比分析，然后剖析了中国儿童安全保护标准法规发展现状，最后指出了中国儿童安全保护标准法规的发展趋势。

关键词：

儿童安全保护　儿童安全座椅　标准法规

一　国外儿童安全保护标准法规对比分析

联合国儿童基金会和中国妇女儿童工作委员会共同发布的一项《北京市儿童意外伤害报告》结果显示：交通意外仅次于跌伤和动物咬伤，列为0～17岁儿童伤害的第3位。根据公安部交通管理科学研究所提供的数据，2007～2009年中国共发生涉及15岁以下儿童的道路交通事故6万多起，占中国事故总量的7.34%，造成近1.3万名儿童死亡，也就是说每天有近12名儿童死于交通事故。

据调查，中国私家车的拥有者中30～40岁年龄段的中青年成为主力，他们的孩子年龄正好大多处于1～14岁，由此可见儿童和青少年已经成为私家车的主要乘客。儿童乘员安全保护问题也就显得尤为突出。

（一）儿童安全座椅的保护作用

中国现有车内安全系统诸如安全带和安全气囊等是以成人身体结构和耐受力作为依据进行设计的，故将此规格直接用于儿童安全保护，不仅不能起到应有的作用，还会造成极大危险。考虑儿童乘员的特殊性，催生了儿童约束系统的出现。儿童约束系统是一种专门为儿童乘员设计的保护装置（也称“儿童安全座椅”）。据国外研究报告显示，正确使用儿童安全座椅对降低儿童乘员在交通事故中的死亡率具有显著的作用。通过将前向式儿童约束系统对 12 ~ 47 个月儿童乘员的保护效果与汽车成人座椅安全带对该年龄段儿童的保护效果进行对比分析，发现使用前向式儿童座椅时，儿童乘员受到的严重损伤可减少 80%。因此，如何使用儿童安全座椅对儿童乘员进行保护已成为车辆安全研究领域的重要课题。

（二）国外儿童座椅标准对比分析

欧美国家在 20 世纪 70 年代就已出台儿童安全座椅的相关标准，经过 40 多年的发展，在产品检测、规格和质量上都已经得到充分的验证和保障，因而在国内消费者选购时，国外品牌的价格区间虽然比国内一线儿童安全座椅产品价格平均高出 1000 元左右，但在配有欧洲或者美国严格的检测标准以及认证标志的前提下，国内消费者还是将“安全”和“放心”作为选购儿童安全座椅的依据，因而使得国外安全座椅产品在国内儿童安全座椅市场拥有很好的口碑，得到了消费者的广泛认可。

目前世界上超过 40 个国家已经出台了相关的法规，强制规定儿童乘车必须使用汽车儿童安全座椅。强制要求使用儿童安全座椅的国家和地区主要有美国、加拿大、英国、法国、德国、意大利、荷兰、瑞典、西班牙、日本、澳大利亚和新西兰等，儿童约束系统的安全标准分别为：欧洲 ECE R44 标准、美国 FMVSS 213 标准、日本 TRIAS 51 标准、加拿大 CMVSS 213 标准和澳大利亚 AS 1754 标准等，其中欧洲的 ECE R44 标准因全面和严格而被许多国家借鉴和采用（见表 1）。①

① 杨运生、孙振东：《儿童座椅国家强制性标准解析》，《质量与标准化》2012 年第 5 期。

表 1　儿童约束系统国外法规对比

法规要求				欧洲 ECE R44	美国 FMVSS 213	日本 TRIAS 51
总成要求	盐雾试验			抗腐蚀试验之后没有削弱儿童约束系统其固有特性的迹象，并且没有重大的腐蚀现象发生	—	—
	材料吸能测试			儿童约束系统靠背的内表面应具有能量吸收性。用模拟头型坠落冲击其儿童约束系统靠背内表面时，其头型的加速度不得超过 $600m/s^2$	—	—
	翻转试验			进行翻转试验时，试验假人不应从装置中掉出来。当试验座椅处于颠倒的位置，假人的头从原始位置沿相对垂直于座椅的方向移动的位移不超过 300 mm	—	—
	动态试验			进行动态试验时，测量的参数有试验假人的胸部加速度、腹部的穿透量以及假人的移动量，均不得小于规定限值	动态试验后，应保证儿童约束系统的完整性。比如，其承载件不得出现完全脱离，结构件不得出现较大裂纹和突起；假人伤害值，如头部 HIC 值、胸部加速度不得小于规定值；假人移动量不得超过规定范围；动态试验后，靠背支撑角与垂直面交角不得超过 70 度（对后向安装的儿童约束座椅）	动态试验过程中，儿童假人不得出现异常姿态，即向前或向上的移动量不得超过规定值；动态试验后，儿童约束系统承载件不得出现破裂，不得给儿童假人带来附加伤害，带扣锁不得开启；假人的头部和胸部伤害指标应小于规定值
	动态试验	正面碰撞	试验条件	碰撞车速：50（－2～0）km/h 碰撞脉冲：A（手推车配测试座椅）；A 和 C（手推车配实车）；C（实车壁障试验） 停止距离：650 ±50mm 假人模型：Hybrid II（3 岁、6 岁）	碰撞车速：48km/h（标准台车试验）；56km/h（高速台车试验）；48km/h（实车试验） 碰撞脉冲：E（标准台车试验）；F（高速台车试验）；G（实车试验） 停止距离：650 ±50mm 假人模型：Hybrid II（3 岁、6 岁）	—
		后面碰撞	试验条件	碰撞车速：30（0～2）km/h 碰撞脉冲：B（手推车配测试座椅）；B 和 D（手推车配实车）；D（实车壁障试验） 停止距离：275 ±25mm	研发中	—

续表

法规要求				欧洲 ECE R44	美国 FMVSS 213	日本 TRIAS 51
总成要求	动态试验	侧面碰撞	试验条件	车速:标准试验:24km/h 和 32km/h,附加试验为 32km/h 撞击角度:标准试验为 90 度;附加试验为 45 度和 90 度 假人模型:Hybrid III(3 岁)	车速:标准试验为 24km/h 和 32km/h;附加试验为 32km/h 撞击角度:标准试验为 90 度;附加试验为 45 度和 90 度 假人模型:Hybrid III(3 岁)	—
	耐温度性试验			带扣装配、卷收器、调整装置和锁止装置在进行温度试验之后,不应造成损坏或有可能削弱儿童约束系统固有特性的迹象	—	—
部件要求	带扣			带扣的设计应保证不得出现带扣的误操作,同时对带扣颜色、带扣尺寸、带扣开启力、带扣耐久性和带扣强度等提出了相应的要求	对抗盐雾性能、带扣开启力以及带扣开启面积提出了相应的规定	带扣的尺寸不得小于规定值、带扣开启力不得超过规定值
	调节装置			对调节装置的调节力、微滑移量和耐久性等提出了相应的要求	对抗盐雾性能、带扣开启力以及带扣开启面积提出了相应的规定	—
	卷收器			对卷收力、紧急锁止性和耐久性能提出了相应规定	—	—
	织带			织带宽度、强度不得小于规定限值	对织带的耐磨强度、耐光强度、耐微生物强度以及织带宽度提出了相应的要求	织带的宽度、强度以及耐磨强度不得小于规定值
	锁止装置			微滑移量不得超过 25 mm	—	—
其他要求	对儿童施加载荷分布要求			—	该要求主要对儿童约束系统中对儿童头部支撑面、躯干支撑面的材料、尺寸以及结构等方面提出了相应的规定,以保证能给儿童提供足够的接触区域,防止对儿童身体局部施加过大载荷	—
	靠背高度要求			—	—	儿童约束系统的高度不得小于规定的高度
	手感要求			—	—	对儿童约束系统中可能与儿童接触的表面,要求柔软,无硬接触感觉

二 中国儿童安全保护标准法规发展现状

2012 年 7 月 1 日，中国第一部儿童安全座椅强制性标准 GB 27887-2011《机动车儿童乘员用约束系统》正式开始执行，这一标准要求安装国际标准化组织儿童安全座椅固定系统（ISOFIX）固定装置，另外还对安全座椅本身提出技术要求等。

儿童约束系统主要是带有保护带扣的织带或相应柔软的部件、调整装置、连接装置及辅助装置，如手提式婴儿床（便携睡床）、婴儿携带装置、辅助座椅和（或）碰撞防护，且能将其稳固放置在机动车上的装置。

（一）儿童约束系统分类

由于儿童的生理特点，无论从体重上还是从体型上，不同年龄段显现出的差异较大。因此，儿童约束系统在该标准中要求按照体重质量和尺寸进行分类，它们对应的关系如表 2 所示。

表 2　5 组儿童座椅分类

单位：kg

分组	0 组	0 + 组	I 组	II 组	III 组
儿童体重	0 ~ 10	0 ~ 13	9 ~ 18	15 ~ 25	22 ~ 36

（二）ISOFIX 装置

不同质量阶段的儿童适应不同尺寸的座椅，为简单快速地将不同规格的儿童安全座椅牢固地绑定在汽车座椅上或更换拆卸，标准引入了国际通用固定装置 ISOFIX 并增加了图示。按照 ISOFIX 装置可分为 7 种尺寸类别，它与儿童体重分组和儿童约束固定装置（CRF）有着对应关系，如表 3 所示。

表3　质量分组与尺寸分组的对应关系

	ISOFIX 尺寸组	CRF 分类	所匹配的儿童约束系统
0 组/0～10kg	F	ISO/L1	左侧向的儿童约束系统便携床
	G	ISO/L2	右侧向的儿童约束系统便携床
	E	ISO/R1	后向的婴儿用儿童约束系统
0+组/0～13kg	C	ISO/R3	全尺寸后向的初学走路孩子用儿童约束系统
	D	ISO/R2	缩小尺寸后向的初学走路孩子用儿童约束系统
	E	ISO/R1	—
I 组/9～18kg	A	ISO/F3	全高度前向的初学走路孩子用儿童约束系统
	B	ISO/F2	降低高度前向的初学走路孩子用儿童约束系统
	B1	ISO/F2X	降低高度前向的初学走路孩子用儿童约束系统
	C	ISO/R3	—
	D	ISO/R2	—

（三）儿童约束系统的结构要求

1. 所有使用位置和状态都应起到保护作用

该标准要求儿童应很容易地被安放到儿童安全座椅上或移走；肩带、腰带间能相对移动。儿童约束系统倾角调整需手动操作调节机构，但不需手动重新调节织带；即使儿童处于睡躺状态，0、0+和I组也能提供保护（有斜躺状态）；前向I组儿童约束系统的安全带应配有胯部约束带，且其最长时应保证腰带不会高于假人的骨盆部位；I、II 和 III 组儿童约束系统应保证“腰带”约束载荷作用在儿童的骨盆；儿童约束系统的织带布局应佩戴舒服且安全。两个肩部约束带之间在颈部附近的距离应不小于相应儿童颈部的宽度。儿童约束系统不应使儿童身体较弱部分（腹部和胯部等）承受过大的应力；碰撞时儿童头部也不应承受压力；“Y”形安全带只用于后向及侧向儿童约束系统。

2. 凸物不可引起任何伤害

尽量减少由于突出或锐边可能给儿童和成人乘员带来的伤害；不得有可能给座椅外套或乘员衣物带来伤害的突出或锐边；与织带接触的儿童约束系统刚性部分不得有可能磨损织带的锐边。

3. 其他

儿童约束固定装置为儿童座椅制造商提供了儿童座椅许可的最大长宽高以及车辆上安装固定系统的位置，质量不超过 15kg。连接装置或儿童约束系统本体可调（范围），以保证与位于符合 GB 14167-2013《汽车安全带安装固定点、ISOFIX 固定点系统及上拉带固定点》规定范围内的 ISOFIX 固定点相连。

（四）儿童约束系统标识规范要求

为更好地让消费者识别选购和后续的安装顺利进行，标识信息是不可或缺的组成。它内容的正确、全面与否直接影响儿童座椅安装后的安全性能。标识信息规范主要涉及以下几个方面。

①若与成人的安全带配合使用时，儿童约束系统上用图示方法永久性地标明路径。用成人固定儿童约束系统时，应用颜色编码表明安全带路径。

②儿童约束系统安装图解应说明儿童座椅相对于车辆的方向（含车辆上的座椅），即使儿童座椅安装在车辆上，标识可见；对于 0 组儿童约束系统还应保证婴儿在儿童约束系统中标识可见；后向安装儿童约束系统的气囊危险警示标识（既可前向使用又可后向使用的儿童约束系统）安装方向警示信息："重要——在儿童体重（超过……）之前，不要前向使用（参阅使用说明）"；成人用安全带备选路径应用颜色编码永久地标注在儿童约束系统的备选受力点上，标识出成人安全带的安装路径。

③ISOFIX 标志：包括代表儿童约束系统所适合的尺寸类别的字母；图示和（或）文字的说明，内容规定：安装过程中，应保证永久可见；安装前的必要准备工作；指示器的位置、功能和说明方法；抗翻转机构的位置或路径按照规定图示给予说明；ISOFIX 下连接点和抗翻转机构的调节方式；需要时，参见使用说明书及说明书的位置、表示方式（见图 1）。

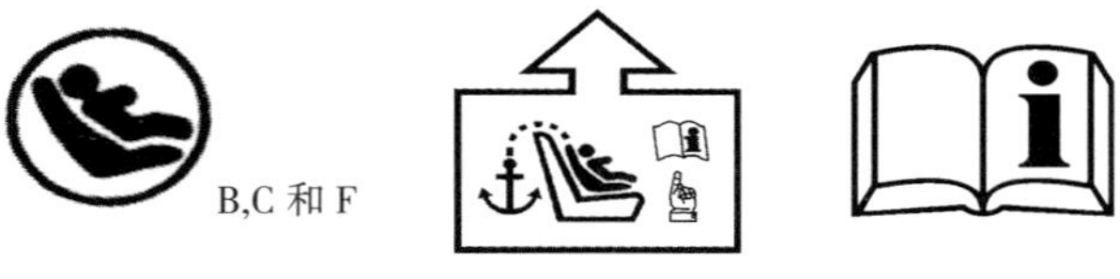

图 1　儿童安全座椅标识

（五）儿童安全座椅的关键技术要求及试验方法

为确保儿童约束系统的安全保护作用，标准要求的相关试验有盐雾试验、翻滚试验、低温试验、动态试验以及各组成部件（如带扣、织带和卷收器等）的性能试验，其中，儿童约束系统的动态试验较为复杂。

儿童约束系统的动态试验方式是根据不同的儿童约束系统来确定的。对于“通用型”“专用型”和“半通用型”儿童约束系统，动态试验采用的是台车模拟碰撞试验方式，直接将儿童约束系统安装在试验台车上的专用试验座椅上来进行试验。而对于“特殊车型”儿童约束系统，可采用台车模拟碰撞试验方式和实车碰撞试验方式来进行试验，如表 4 所示。此时，台车模拟碰撞试验中，标准规定应将被试验的儿童约束座椅安装在所装车辆的白车身上，再将该白车身固定在模拟碰撞台车上，碰撞为向前和向后两个方向，儿童座椅安装方向按照车辆前进的方向分为前向（车辆正常行驶方向）和后向。

表 4　各种碰撞方式对比

试验方式	适用范围	试验设备
用安装在台车上的试验座椅模拟碰撞	通用型、专用型和半通用型儿童约束系统	滑车质量为(400 ±20)kg,前后碰撞通过更换不同尺寸吸能管来实现波形
	特殊车型用儿童约束系统	滑车质量为(800 ±40)kg,试验台车的质量和尺寸较大,增加吸能装置来实现波形
实车碰撞		正面碰撞用实车碰撞,后面碰撞用刚性壁移动车或摆臂

每种试验方式的具体试验条件如表 5 所示。

儿童约束系统动态试验所用假人有 5 种，各种假人可用于不同种类的儿童约束系统动态试验（见表 6）。

（六）动态试验评价

任何试验的最终目的都是通过一系列相关参数来确认或检查被试验物品的性能是否符合安全标准。对于儿童约束系统而言，其终极的性能就是在车辆碰撞过程中能确保儿童安全。由于儿童身体生理特点，其头部、胸部以及腹部是

表 5　各种试验方式的试验条件对比

试验方式	约束系统	正面碰撞			后面碰撞		
		速度	试验脉冲	试验期间停止距离	速度	试验脉冲	试验期间停止距离
用安装在台车上的试验座椅模拟碰撞	前向儿童约束系统	50（−2～0）km/h	第 1 试验脉冲	650±50 mm	—	—	—
	后向儿童约束系统				30（0～2）km/h	第 2 试验脉冲	275±25 mm
	前向儿童约束系统		第 1 试验脉冲或第 3 试验脉冲		—	—	—
	后向儿童约束系统				30（0～2）km/h	第 2 试验脉冲或第 4 试验脉冲	275±25 mm
实车碰撞	前向儿童约束系统		第 3 试验脉冲	—	—	—	—
	后向儿童约束系统				30（0～2）km/h	第 4 试验脉冲	—

注：所有“0 组”和“0+组”的儿童约束系统，应按照“后向”条件，同时进行正面碰撞和后面碰撞。

表 6　用于不同种类儿童约束系统不同假人对比情况

单位：kg

儿童种类	新生儿	9 个月	18 个月	3 岁	6 岁	10 岁
儿童体重	3.4	9.00±0.20	11.01	15.00±0.30	22.00±0.50	32.00±0.70
儿童约束系统种类	0 组/0+组	0 组/I 组	0+组	I 组/II 组	II 组/III 组	III 组

最容易受到伤害的，同时在车辆碰撞过程中儿童会猛烈地向前运动，非常有可能撞击车内部空间中的物体，所以严格限制儿童的位移量是儿童约束系统的重要性能之一，标准中还规定以下几个方面的注意事项。

①儿童约束系统部件不得断裂，带扣、锁止及位移机构不得松脱；用于固定儿童约束系统的安全带不应从导向件或锁止装置上脱离。

②支撑腿式儿童约束系统，腿按照以下方式调整：前向碰撞时，需将腿分别调整到最长、最短长度；后向碰撞时，腿调整到最恶劣状态的长度。

③抗翻转的 ISOFIX 儿童约束系统：尺寸为 A 组和 B 组 ISOFIX 儿童约束

系统应分别在抗翻转起作用和不起作用（大假人）下进行试验，其他尺寸类的 ISOFIX 儿童约束系统应在抗翻转起作用下进行试验。

④试验中，儿童假人胸部水平方向合成加速度超过 55g 的累计时间不应超过 3ms，垂直加速度超过 30g 的累计时间不应超过 3ms。

⑤各类安装类型的儿童座椅，动态试验中对儿童位移量提出具体的要求。假人腹部的黏土不应有约束装置侵入的迹象，以表明不会因安全带而伤及儿童腹部及内脏组织等。[①]

三　中国儿童安全保护标准法规未来趋势

GB 27887-2011《机动车儿童乘员用约束系统》标准的出台，填补了中国机动车儿童安全保护领域的空白，也必将促进中国儿童安全座椅市场的完善和进步。

同时强烈建议国家相关部门尽快出台道路监督检查法规。类比欧美国家，如果车内有儿童而不配置儿童安全座椅将受到严惩。车内配置儿童安全座椅对于有儿童的开车一族来说应该等同于开车佩戴安全带一样是必须遵守的交通规则。

① 杨运生、孙振东：《儿童座椅国家强制性标准解析》，《质量与标准化》2012 年第 5 期。

B.8

C-NCAP在促进汽车安全技术进步中的作用

摘　要：

C-NCAP的推出是中国汽车发展史上的重大事件，上市汽车从此在安全性能上有了统一试验工况下的量化、规范的考核指标，极大地调动了中国汽车生产企业对汽车安全性能研发的积极性。随着C-NCAP的实施、升级以及在全国范围内的巡展，为广大消费者带来最直观的专业指导与科普教育，提高了消费者对汽车安全性能的认知水平。本文从发展历程与评价体系等多角度介绍C-NCAP，并全面总结了C-NCAP在提升中国汽车安全性能方面起到的重要作用，最后对汽车安全性能开发提出建议。

关键词：

C-NCAP　汽车安全　评价体系

一　C-NCAP发展历程与评价体系分析

自2006年以来，C-NCAP管理中心先后颁布了三个版本的管理规则，分别是《C-NCAP管理规则（2006年版）》《C-NCAP管理规则（2009年版）》及《C-NCAP管理规则（2012年版）》。

《C-NCAP管理规则（2006年版）》包含三项试验项目：50km/h正面100%重叠刚性壁障碰撞试验，56km/h正面40%重叠可变形壁障碰撞试验，以及50km/h可变形移动壁障侧面碰撞试验。以上三项试验每项试验满分为16分，共48分。为了鼓励汽车生产企业对汽车安全性能的重视，对配有安全带提醒装置及侧面安全气囊（或侧面安全气帘）车型分别有2分和1分的加分，

2006 年版的 C-NCAP 总分为 51 分。

经过三年的实施，大多数企业已将 C-NCAP 的安全星级作为产品的开发目标，自主品牌在 C-NCAP 试验中的成绩也迅速提高，多数车型达到五星级评价。为继续发挥 C-NCAP 安全分级的评价功能，C-NCAP 管理中心根据中国车辆乘坐特点，对《C-NCAP 管理规则（2006 年版）》进行了修改、完善和补充，形成《C-NCAP 管理规则（2009 年版）》。与《C-NCAP 管理规则（2006 年版）》相比，《C-NCAP 管理规则（2009 年版）》的主要差异如下：在正面 100% 重叠刚性壁障碰撞试验中的第二排右侧位置增加 P 系列 3 岁儿童假人；原第二排右侧放置的 Hybrid III 型第 5 百分位女性假人放置在第二排左侧位置；在侧面碰撞试验中的第二排被撞击侧增加 SID-IIs（D 版）假人并使用安全带；引入了儿童乘车安全的概念，增加了对便于安装车用儿童安全座椅的刚性固定装置——ISOFIX 的加分要求；对安全带提醒装置的加分由 2 分调整为 1.5 分。《C-NCAP 管理规则（2009 年版）》于 2010 年 1 月 1 日起实施。

与《C-NCAP 管理规则（2009 年版）》相比，《C-NCAP 管理规则（2012 年版）》在评分办法和试验项目上变化较大，对汽车安全性能的要求全面提高，主要表现如下：后排假人的评价定量化，即对于三项碰撞试验中的后排成年女性假人，依据每个假人的指标给予最高 2 分的评分；正面 40% 重叠可变形壁障碰撞试验速度由 56km/h 提高到 64km/h；增加低速后碰撞颈部保护试验（即“鞭打试验”），并给予 4 分的评分；增加对于汽车电子稳定性控制系统的 1 分加分；评价总分由 51 分修改为 62 分，星级划分标准也进行了修改。《C-NCAP 管理规则（2012 年版）》于 2012 年 7 月 1 日起实施。

二　C-NCAP 推动了中国汽车安全性能的提升

（一）车身结构耐撞性能大幅提升

C-NCAP 实施 8 年来，对中国汽车行业产生了较大的影响，国产汽车的碰撞安全性能明显提升，主要体现在以下几个方面：首先是车身结构的耐撞性能得到了明显地提升。众所周知，车身结构耐撞性能是车辆碰撞安全的基础。碰撞时耐撞性能良好的车身结构，一方面可以保证车内乘员有足够的生存空间，另一方面可以减小车内乘员与车辆内部结构的相对运动。为了追求更好的车辆安全星级，提升企业品牌形象，国内汽车生产企业通过自主研发、人才引进以及与国内外的技术服务公司深度合作，使得车身结构耐撞性能的开发能力大幅度提升，并已接近国际先进水平。在前期设计阶段就有能力充分考虑车辆在碰撞工况下的载荷分解和能量管理，形成了自主的开发流程与设计标准。因此，可以说中国汽车生产企业随着 C-NCAP 要求的升级，在车身结构耐撞性能开发方面经历了逆向、半逆向以及正向设计的过程。从起初简单模仿到现在的可以做前期规划、设计控制、仿真分析以及虚拟验证。

目前国内汽车生产企业在进行车身设计时和国际汽车企业一样，通常为车辆前结构设计三条传递路径：一是沿着水箱横梁传递给翼子板加强板，然后经 A 柱传递给驾驶舱；二是由前纵梁经下弯纵梁，再由前地板纵梁传给车身下部；三是由副车架传给车身纵梁，进而传给车身下部。

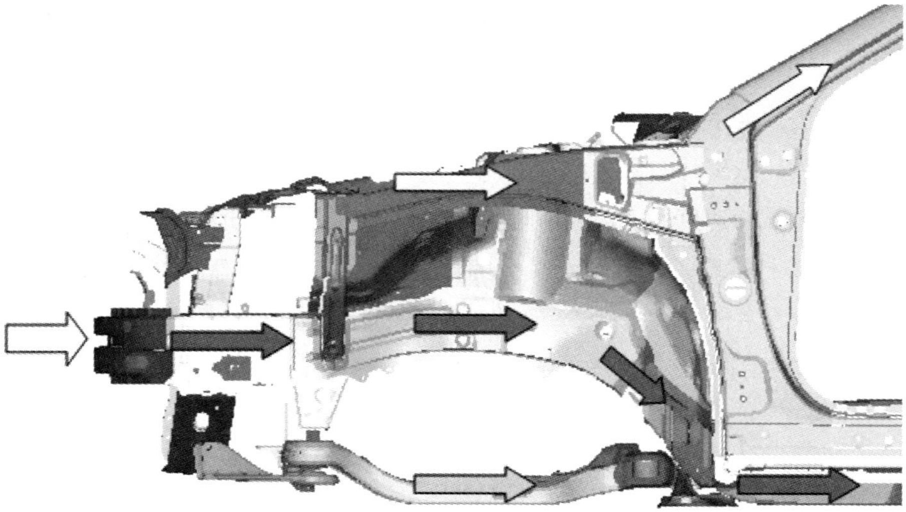

图 1　正碰车体传递路径

前纵梁是最主要的一条传递路径。前纵梁的结构特性直接影响车辆前部碰撞时的安全性能。因此，关于如何设计前纵梁，国内汽车安全工程师开展了大量的研究工作，而且针对不少研究成果也在各种技术研讨会上进行了交流讨论。目前车辆前纵梁的设计与分析方法已经成熟，工程师可以根据不同的车型，选用不同的结构形式和材料，使纵梁强度从前到后逐级压溃。通常纵梁前段设置诱导槽或者孔式结构等来诱导纵梁变形，使之更易压溃吸能。纵梁中端一般不易被压溃，往往被设计成在碰撞中变形折弯来吸收碰撞的能量，纵梁末端靠近前围板附近通过设计加强结构，使之不易变形，防止纵梁变形挤压前围板造成前围板入侵。

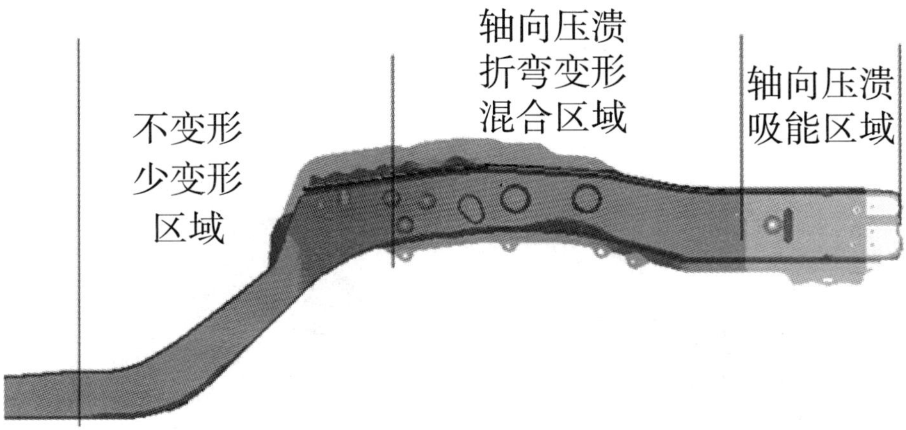

图 2　某车型纵梁设计

在《C-NCAP 管理规则（2006 年版）》推出以前，业内通常认为车内乘员距离车辆侧面结构空间较小，侧面碰撞对人的伤害非常大，侧面结构设计非常困难。经过国内汽车工程师的大量研究与工程实践，掌握了在侧面碰撞工况下车身结构抗撞设计的方法。目前在车身结构设计时，通常为车门增加防撞横梁，且采用高强度钢板。有的车型为了保证车辆侧面足够的强度，甚至设计两个防撞梁。同时地板横梁和座椅的安装支架都有明显的加强。

通过与国外工程师以及技术服务机构的交流与合作，国内汽车安全工程师吸收了国际上先进的车身设计理念，具有了对车身整车结构规划设计的能力。现在越来越多的车型采用 3H 车身设计，以提高安全性。3H 车身结构分别置于两侧车门框架和车顶部位，形似三个字母“H”，3H 车身结构为加强车身结构，能保证在车辆发动机前舱和其他部位变形后乘员舱空间不致侵袭变形，以最大程度保护车内乘员的人性化安全设计。

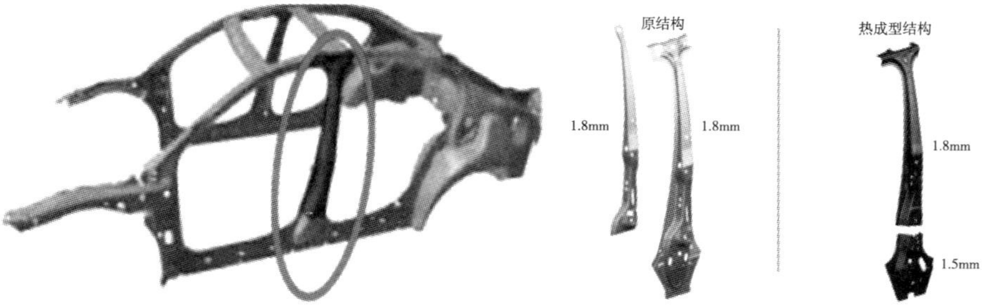

图 3　某车型 B 柱内加强板结构

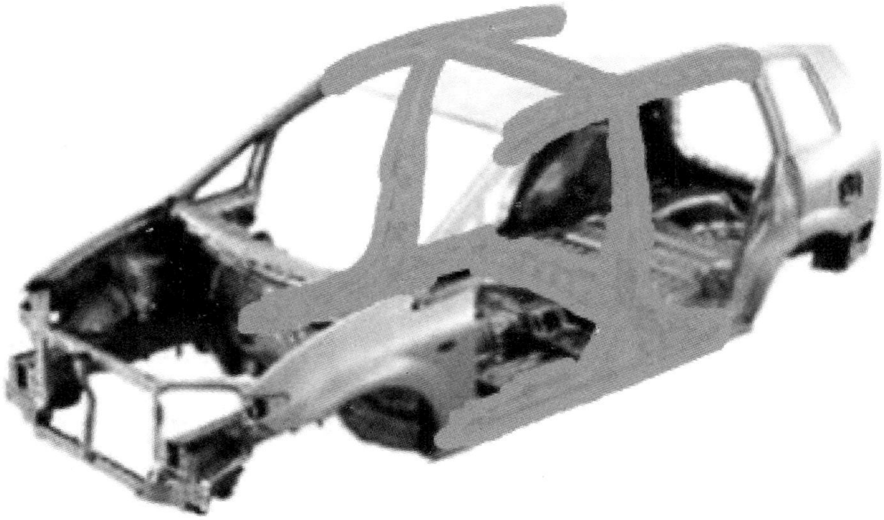

图 4　某车型 3H 车身示意

在进行汽车安全性能开发的同时，需要考虑车辆的动力性和经济性。钢铁企业为了适应市场的需求，纷纷推出了新的钢板。在 2006 年以前，屈服强度超过 300 的钢板都可以称为高强度钢板，短短几年的时间，现在屈服强度超过 300 的钢板已经成为车身结构设计选材中最普通的钢板，得到了广泛的应用。在图 5 所示的车型中，原车材料分布中，39% 为高强度钢板，为了提高其耐撞性能，换代后该车高强度钢板的比例提高到了 48% 。这不仅大大提高了车身的碰撞安全性能，也在一定程度上降低了车身重量，从而改善了燃油经济性。

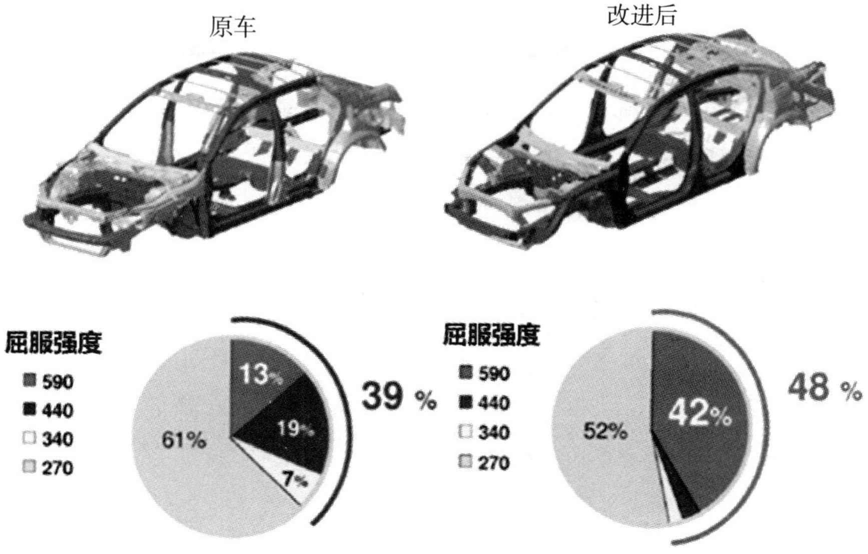

图 5　某车型换代前后车身材料分布对比

（二）约束系统的研发与应用更受重视

汽车安全性能不仅与车身结构耐撞性能相关，而且同样也与约束系统密切相关。约束系统主要包括安全带、安全气囊、座椅和转向管柱等用来约束乘员运动，防止乘员在车辆碰撞过程中与车辆内部零部件发生接触（即所谓的"二次碰撞"）的安全装置，因此约束系统是防止乘员伤害的直接因素。C-NCAP的实施，引起了汽车生产企业的高度重视，对约束系统供应商提出了更多的技术要求。同时约束系统供应商为了满足主机厂的要求，增加了对约束系统性能开发的投入。

在 C-NCAP 公布之前，中国对于约束系统的要求只有公安部于 1992 年 11 月 15 日颁布的通告，规定自 1993 年 7 月 1 日起，所有小客车（包括轿车、吉普车、面包车、微型车）驾驶人和前排座乘员必须使用安全带。对于车辆碰撞安全性能的要求只有基本的强检项目，如正面碰撞标准 GB 11551、侧面碰撞标准 GB 11552 以及后碰碰撞标准 GB 20072 等。汽车生产企业很容易就能满足标准要求，对约束系统的要求较低，甚至有些车型不配安全气囊。

在 C-NCAP 公布实施后，汽车生产企业为了使车辆获得较高的安全星级，纷纷提高约束系统的配置。为了降低乘员的伤害值，前排从采用普通安全带到限力式安全带和肩带预紧式安全带，部分车型甚至采用双预紧式安全带（肩带预紧和腰部预紧同时起作用）。《C-NCAP 管理规则（2012 年版）》对后排乘员的考核进行了量化，这直接导致后排安全带的升级换代。与前排安全带类似，原来采用常见的普通三点式安全带，现在越来越多的汽车生产企业开始采用限力式安全带和肩带预紧式安全带。

相对于安全带，安全气囊的变化更为明显。C-NCAP 对乘员的头部伤害提出了更为苛刻的要求，头部伤害指标要求从原来的 1000 降低到 650。如果没有安全气囊，HIC 很难降低到 650 以下。而且 C-NCAP 对于头部的得分是采用乘员侧和驾驶员侧两者头部得分的最低分，这迫使汽车生产企业不仅要配置驾驶员安全气囊，还要为前排乘员配置安全气囊，以提高车辆在碰撞过程中的头部得分。另外，C-NCAP 侧面碰撞对车内乘员的头部、胸部、腹部以及骨盆都有明确的要求。《C-NCAP 管理规则（2009 年版）》中也明确规定，对于配置有侧面安全气囊和侧面安全气帘的车辆，若该气囊和气帘在可变形移动壁障侧面碰撞试验中能正常展开，则可得 1 分的加分。这条规定促使汽车生产企业为车辆匹配侧面安全气囊和侧面安全气帘，尤其是希望获得 C-NCAP 五星级评价的车辆。而部分汽车生产企业为了获得更高的安全星级，甚至在前排使用膝部气囊，以进一步降低大腿和小腿的伤害值。如吉利全球鹰 GX718 车型，获得《C-NCAP 管理规则（2009 年版）》的最高分（50.3 分），获得了“五星 +”的评价。该车型因配置了膝部气囊，进一步降低了对大腿和小腿的伤害，从而获得满分。

2006 年以前，国内汽车座椅结构简单，结构强度低。在整车碰撞过程中经常发生座椅变形过大，无法支撑车内乘员的剧烈运动。《C-NCAP 管理规则（2012 年版）》将正面 40% 重叠可变形壁障碰撞试验的速度由原来的 56km/h 提高到 64km/h，车内乘员与座椅之间的相对运动更为剧烈，持续时间更长。同时又增加了对座椅的鞭打性能的要求，在总分中占到 4 分，促使汽车生产企业开始重视对座椅安全性能的开发。汽车企业对座椅靠背的刚度、吸能性能、头枕的几何形状等都进行了优化，后面碰撞时对乘员的保护作用大大增强。同时为了防止座椅在正面碰撞或偏置碰撞过程中发生乘员“下潜”，增大乘员额外的伤害，座椅生产企业提高了对座椅强度的要求。现在乘员座椅多采用的防“下潜”支架，就是加强座椅强度的典型结构。

（三）企业逐渐关注开发周期与研发成本控制

随着 C-NCAP 的公布，汽车生产企业不但开始重视汽车安全性能的研发，而且开始关注车辆的开发周期与研发成本的控制。如果按照汽车传统开发流程，采用“试验—改进—试验”的方法进行汽车安全性能开发，所需要的开发周期将大幅度地延长，所需要的试验量也会成倍增加，这使得汽车生产企业难以承受，而且前期设计如不能满足项目开发目标，后期更改将大幅度增加成本和时间周期。所以国内汽车研发机构都引入计算机仿真分析技术。与传统的设计分析方法相比，汽车碰撞安全仿真技术具有灵活、方便、快捷的特点，可在产品设计阶段对汽车安全性能做出预先评估，从而大大降低新产品开发的风险，提高产品安全性能，缩短开发周期。

国际著名汽车公司如德国宝马汽车公司、德国奔驰汽车公司、美国福特汽车公司、日本丰田汽车公司等都有汽车碰撞安全仿真团队，在车辆设计阶段实现对汽车安全性能的虚拟验证。国内汽车企业和研发机构为了在 C-NCAP 试验中得到好的成绩，同时降低研发成本，2006 年以后也纷纷成立了各自的虚拟仿真部门，并在车辆安全开发中广泛应用。计算机辅助工程（CAE）仿真分析技术可以真实地模拟实车碰撞时零部件的变形状态，有助于设计人员快速找到改善车身结构耐撞性的方法，在设计环节就发现并改正车身结构的不足之处，缩短产品的开发周期。

除了汽车生产企业大力发展计算机仿真分析技术以外，以中国汽车技术研究中心为代表的国内各大科研机构、工程公司都在积极研发计算机仿真分析技术。目前，CAE 仿真分析技术已经成熟，建立和完善了分析流程与设计手册。可以在设计阶段模拟车辆在 C-NCAP 各种碰撞工况下的结构变形，冲击载荷的传递路径，外部结构向乘员舱内部入侵的过程以及空间分布。在前期的分析过程中，实现对车辆在各种工况下的载荷规划和能量管理。对整车安全性能目标的设定与分解，不仅可以实现整车安全性能开发的过程控制，而且还可以平衡车辆有不同碰撞工况和不同性能之间的需求矛盾，优化整车性能。

图6　某车型碰撞 CAE 分析

除了对车身结构耐撞性能的仿真分析以外，国内汽车安全工程师同样掌握了乘员伤害分析的核心技术，建立和完善了基于 MADYMO 及 DYNA 的乘员伤害分析流程与手册。全面仿真乘员在各种工况下的运动姿态，与车内各零部件之间的相互作用。实现车身结构与约束系统的同步开发，同时对车辆各子系统的安全性能提出设计目标。

为了提高计算机仿真分析的精度，充分发挥计算机仿真技术高效、灵活的特点，拓宽仿真分析在汽车安全性能开发中的应用范围，近年来国内开展了大量围绕车辆碰撞安全相关的基础性研究，如对汽车材料在中、低应变率下的力学行为研究，但研究重点都集中在应变速率 1000/s 以上，而汽车碰撞的应变速率集中在 100 ~ 1000/s。由于缺少必要的试验手段，试验测试存在困难，而且材料动态力学性能测试是专业性非常强的技术领域，其高技术性没有受到足够的重视，但是在 C-NCAP 以及汽车安全性能开发市场需求的刺激下，材料动态力学性能的研究热情被释放。国内对于汽车材料在中、低应变速率下的力学行为的研究成为热点。中国汽车技术研究中心最先引进了先进的材料动态力学性能试验机，组成了以材料学博士和力学博士为成员的材料动态力学性能研究小组，建立了汽车材料动态力学性能数据库。另外，清华大学、北京大学、中国科技大学、北京理工大学和宁波大学等高校都增加了对汽车材料在中、低应变速率下的力学行为的测试设备和研究。

在 C-NCAP 试验时，经常发生焊点失效的情况，有时甚至严重影响到车辆的安全星级。为了在正式的 C-NCAP 试验中取得好的成绩，必须提高车辆碰撞性能的鲁棒性。但是一辆普通的汽车车身，有多达 4000 个左右的焊点，要想保证每个焊点在碰撞过程中都不失效是非常困难的。汽车安全工程师们通过研究焊点特性，将焊点力学特性曲线代入整车碰撞分析模型中，对碰撞安全相关的关键区域进行失效预测，对有失效风险的区域进行焊点优化。

总的来说，C-NCAP 的实施提升了汽车生产企业和消费者对于汽车安全性能的重视程度，加深了对汽车安全性能的理解，提高了消费者对汽车安全性能的关注度。一项关于消费者购车影响因素的调查表明：2004 年，用户购车的顺序是价格、品牌、省油、功能、售后等，而安全排到最后一位。而 2008 年对该内容重新调查显示，用户购车的顺序中安全上升到第三位，排在了省油和价格之后。

从 C-NCAP 测评成绩中也可以看到，在测评车型中获五星级评价的汽车比例由 2006 年的 8.3% 上升到了 2012 年的 73%，自主品牌占五星级评价的比例由 2006 年的 0 上升到了 2012 年的 37%。在 2013 年 C-NCAP 第三季度公布的 7 个车型中，有 5 个车型获得五星级评价，2 个车型获得了四星级评价。其中，自主品牌的比亚迪速锐获得了本轮试验的最高分，而获得四星级评价的两个车型分别是东南菱致 V5 和雷诺风朗。这说明在 C-NCAP 的推动下，国内汽车的安全性能开发的某些领域已经赶上国际汽车发达国家水平。

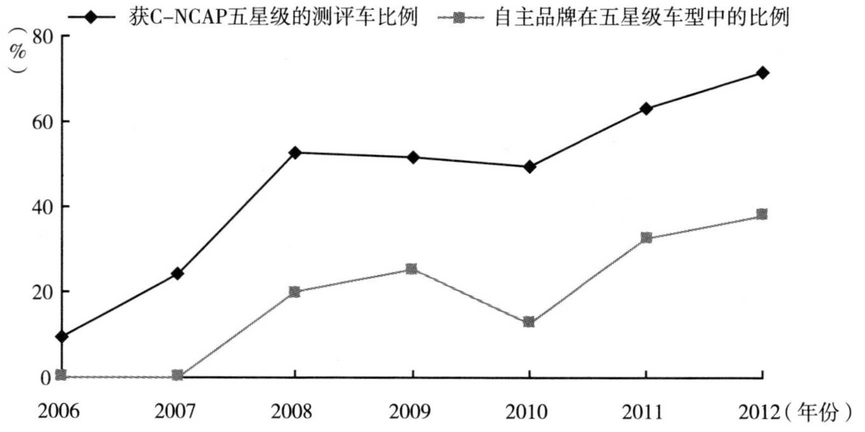

图 7　C-NCAP 评测五星级评价统计

目前中国汽车安全性能开发集中于被动安全性能的开发，即交通事故无法避免时，通过车身结构与约束系统的共同作用，保护车内乘员或车外行人的安全，但是现在汽车的安全大多指汽车在小于一定速度行驶时被碰撞后或碰撞他车时其保护乘员的能力，超过这个极限速度时汽车的该项“安全”能力显著下降，而且并非所有情况下这种安全都能得到保证。另外，随着汽车保有量的增加，交通越来越拥堵，任何一起交通事故都会抵消掉一部分汽车给人们带来的便利。因此，如何设计出一辆永远不会发生碰撞的汽车，成为汽车安全工程师追求的目标。国际上最新的汽车安全理念是一体化的概念，也就是主被动安全的集成开发。在汽车电子技术的帮助下，正常行驶时实现对车辆的辅助驾驶甚至是自动驾驶，减少驾驶员的疲劳，在出现危险时，可以对驾驶员进行提醒，对危险源避让、制动等，取得车辆的控制权。在碰撞无法避免时，各种被动安全装置会提前起作用，保护车内外的道路交通参与者。

C-NCAP 密切与国际接轨，对主动安全性能也做了相应的要求。2012 年实施的 C-NCAP 中就明确地提出了对主动安全性能方面的要求。《C-NCAP 管理规则（2012 年版）》中规定测试车辆装备电子稳定性控制系统将在评价中获得 1 分的加分，主动安全成为 C-NCAP 鼓励发展的另一目标。2012 年进行了两批共 12 个车型的评测，其中有 5 个车型装备了电子稳定性控制系统，装备率为 42%。而 2013 年进行的三批共 25 个车型的测评中，有 14 个车型装备了电子稳定性控制系统，装备率达到 56%。虽然对于主动安全方面C-NCAP的鼓励及刺激措施刚刚实施，但已经有明显的效果，2013 年前三个季度与 2012 年下半年相比，电子稳定性控制系统装备率提高了 14 个百分点，说明各大汽车企业通过 C-NCAP 开始关注以电子稳定性控制系统为代表的主动安全配置。

同时，各大汽车企业也将电子稳定性控制系统作为中高端车型的标准配置。可以预见，在 C-NCAP 规则的刺激与鼓励下，无论是从评价方面还是市场方面来看，越来越多的车型将装备电子稳定性控制系统等主动安全模块。

三　对提升汽车安全性能开发的建议

随着 C-NCAP 的实施、升级及在全国范围内的巡展，为广大消费者带来了最直观的专业指导与科普教育，提高了消费者对汽车安全性能的认知水平。目前消费者不仅重视汽车在各国 NCAP 中取得的安全星级，还会从更广阔的视野审视整车的安全性能以及汽车在实际交通中的表现。因此，汽车生产企业应着眼于满足消费者的需求，除了应对各国 NCAP 的碰撞工况，提高汽车在各国 NCAP 中的安全星级以外，要从更全面的角度开发整车安全性能。

首先，国内汽车生产企业应扩大汽车被动安全的研究领域，建立与完善符合中国国情的被动安全开发策略。目前汽车企业的被动安全开发主要围绕国标强检项目以及 NCAP 的标准工况，技术上依赖约束系统供应商，参考或照搬国外的试验矩阵，缺少对交通事故和交通事故参与者行为习惯的研究。随着广大消费者对汽车安全性能了解的深入，国内汽车企业应根据具体车型的目标市场和适应人群，考虑具体的交通状况及道路情况，从而制定合适的安全开发策略。扩大被动安全的研究内容，不仅包含车内乘员的安全，还要包含车外的行人、非机动车辆的安全，兼顾车辆在维修、拆解、报废等领域的安全。

其次，增加对车辆主动安全的研发投入。目前 C-NCAP 已经给装备电子稳定性控制系统的车型额外加 1 分，鼓励汽车生产企业增加车辆的主动安全配置，未来可能还会鼓励汽车企业装备更多的主动安全模块。但是，目前主动安全模块主要由德国博世公司、德国大陆公司等国外零部件供应商作为黑匣子件提供，汽车生产企业对于模块的工作原理和控制策略知之甚少，无法根据自己具体的车型制定主动安全模块的技术要求，研究主动安全模块与自己车型的匹配度，也无法对后期消费者的疑问或投诉给出满意的解答。因此，汽车生产企业应增加这方面的投入，了解其工作原理，有能力设计模块与车辆标定的试验工况，准确判断车辆行驶过程中出现的危险情况，向驾驶人提出警告，辅助驾驶或暂时获得车辆的控制权，减少汽车参与交通事故的机会。同时根据所装备的主动安全模块，加强对消费者驾驶习惯的规范教育，完成对驾驶人日常驾驶行为的监控与数据积累，归纳出驾驶人的正常认识、判断和操作逻辑行为。一旦在驾驶人出现误操作，辅助系统能给出警告和提出纠正策略。

B.9

中国缺陷汽车产品召回管理与效果分析

摘　要：

自从2004年我国实施缺陷汽车产品召回以来，相关部门对汽车召回的管理力度逐年加大。本文对2012年10月颁布的《缺陷汽车产品召回管理条例》进行简要解读，对历年缺陷汽车产品召回情况进行统计分析，同时对美国、欧洲、日本等主要国家或地区的汽车召回制度做出对比分析，最后对完善中国缺陷汽车产品召回制度提出针对性建议。

关键词：

缺陷汽车　召回管理　召回制度

一　中国缺陷汽车产品召回制度概述

2004年3月，国家质量监督检验检疫总局（以下简称“国家质检总局”）等四部门联合发布了《缺陷汽车产品召回管理规定》，自此，我国开始实行缺陷汽车产品召回制度。该项制度在保证汽车产品使用安全、促使生产者高度重视并不断提高汽车产品质量等方面发挥了重要作用。同时，从实践来看，该项规定在召回程序、监管措施等方面还需要进一步完善，尤其是作为部门规章，受立法层级低的限制，对隐瞒汽车产品缺陷、不实施召回等违法行为的处罚过低（最高为3万元罚款），威慑力明显不足，从而影响召回制度的有效实施。为此，在认真总结实践经验的基础上，将部门规章上升为行政法规，进一步加强和完善我国缺陷汽车产品召回管理，保障汽车产品的使用安全十分必要。

2012年10月10日，国务院第219次常务会议通过《缺陷汽车产品召回管理条例》（以下简称《条例》），自2013年1月1日起施行。由此，我国缺陷产品召回制度的进程又向前迈了一大步。召回程序是否明确具体、是否具有针对性和可操作性，是确保生产者履行召回责任的前提。对此，《条例》从以下三个方面作了规定。

1. 明确了召回启动程序

生产者获知汽车产品可能存在缺陷的，应当立即组织调查分析；确认汽车产品存在缺陷的，应当立即停止生产、销售、进口缺陷汽车产品，并实施召回；国务院产品质量监督部门经缺陷调查认为汽车产品存在缺陷的，也应当通知生产者实施召回。生产者认为其汽车产品不存在缺陷的，可以在规定期限内向国务院产品质量监督部门提出异议，国务院产品质量监督部门应当组织有关专家进行论证、技术检测或者鉴定。生产者既不按照通知实施召回又不在规定期限内提出异议的，或者经国务院产品质量监督部门组织论证、技术检测或者鉴定确认汽车产品存在缺陷的，国务院产品质量监督部门应当责令生产者实施召回，生产者应当立即停止生产、销售、进口缺陷汽车产品，并实施召回。

2. 规定了召回实施程序

生产者应当按照国务院产品质量监督部门的规定制定召回计划，并按照计划实施召回。对实施召回的缺陷汽车产品，生产者应当及时采取修正或者补充标识、修理、更换、退货等措施来消除缺陷。国务院产品质量监督部门应当对召回实施情况进行监督，并组织与生产者无利害关系的专家对生产者消除缺陷的效果进行评估。

3. 规定了召回报告程序

生产者应当按照国务院产品质量监督部门的规定提交召回阶段性报告和召回总结报告。①

---

① 《国务院法制办、质检总局负责人就〈缺陷汽车产品召回管理条例〉答记者问》，新华网，最后访问日期：2012年10月30日。

表 1　中国缺陷汽车产品召回制度发展历程

时间	事件
2004 年 3 月	国家质检总局联合国家发改委、商务部和海关总署颁布了《缺陷汽车产品召回管理规定》,并于 2004 年 10 月开始实施
2004 年 9 月	国家质检总局缺陷产品管理中心正式成立
2006 年 2 月	国家质检总局发布《关于对 M_2 和 M_3 类车辆实施缺陷召回管理的公告(2006 年第 23 号)》,从 2006 年 8 月起对 M_2、M_3 类车辆(9 座以上客车)实施召回管理
2009 年 3 月	国家质检总局发布《关于对 N 类和 O 类车辆实施召回管理的公告(2009 年第 24 号)》,从 2009 年 9 月起将 N 类(载货汽车)、O 类(挂车)车辆纳入召回管理范围
2010 年 7 月 2 日	国家质检总局就《汽车产品召回监督管理条例(征求意见稿)》公开征求意见
2012 年 2 月 3 日	国务院法制办就《缺陷汽车产品召回管理条例(征求意见稿)》公开征求意见
2012 年 10 月 10 日	国务院常务会议通过《缺陷汽车产品召回管理条例》,10 月 30 日《缺陷汽车产品召回管理条例》全文发布,自 2013 年 1 月 1 日起施行

二　中国缺陷汽车产品召回情况

根据国家质检总局缺陷产品管理中心的统计数据显示，从 2004 年我国实施汽车召回以来，截至 2013 年 12 月 31 日，国内总共召回车辆 1475 万辆，召回次数达 668 次。

近十年，无论是汽车召回的次数还是召回的数量，均呈现出逐年上升的趋势。2004 年是实施汽车召回的初始年，当年汽车召回活动仅为 13 次、召回 33.17 万辆；2013 年，汽车召回次数已经上升到 133 次，召回数量超过 531 万辆，年均增长率为 36%。通过对比历年数据可以看出，国家相关部门对汽车召回的管理力度正在逐渐加大。

从行业和企业角度来看，召回制度是促进行业技术进步的重要推力，也是激发企业技术改进的内在动力，有助于产业发展和技术进步。近年来，我国汽车产销量迅速增加，召回增加是符合销量发展规律的。一方面，对于召回制度本身，消费者变得更加宽容和理解，消费者正逐步改变“召回产品等于劣质产品”的观念。另一方面，召回制度对企业提升产品质量有积极的促进效应。每次实施召回都是对汽车企业质量管理工作的全面梳理和提升，不仅提高了产品的质量，还完善了企业管理体系。

从 2013 年各月的汽车召回情况来看，3 月、8 月、11 月、12 月发布的召

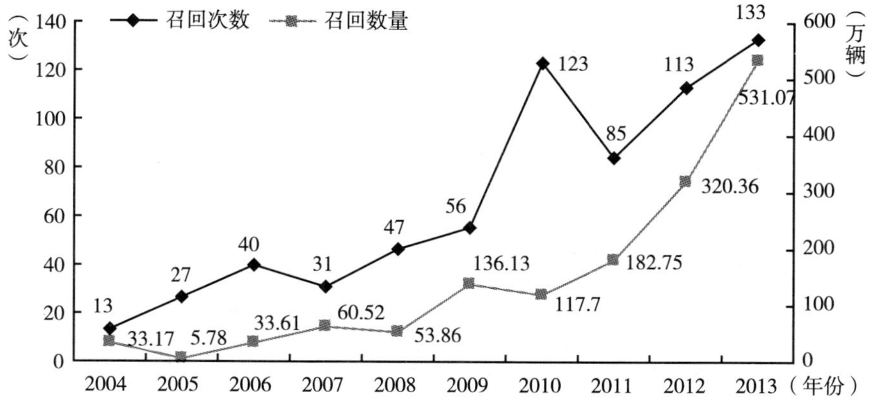

图1　2004～2013年缺陷汽车产品召回情况

资料来源：国家质检总局缺陷产品管理中心。

回事件较为集中，尤其是“3·15”国际消费者权益日后，很多企业召回速度明显加快。

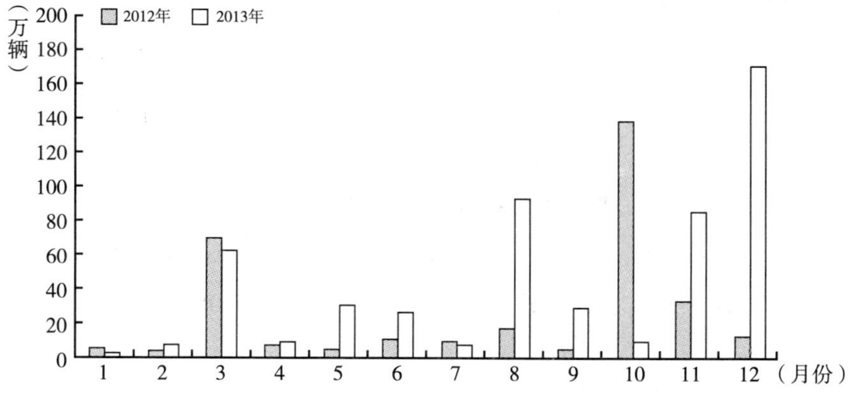

图2　2012～2013年汽车召回数量月度走势

资料来源：国家质检总局缺陷产品管理中心。

三　中外汽车召回制度对比分析

美国是世界上第一个实施缺陷汽车召回管理的国家。1966年，美国出台了《国家交通和机动车安全法》，建立了缺陷汽车产品召回制度，召回主管部门是 NHTSA。NHTSA 内设执法局，负责技术法规符合性调查和汽车产品缺陷调查，对不符合安全标准或者即使符合安全标准但存在潜在安全风险的汽车产品实施召回。如果汽车制造商对 NHTSA 调查结果不予认可，NHTSA 将提请法院召开听证会，并强制制造商实施召回。

欧洲国家从 20 世纪 70 年代开始，逐步针对部分产品出台了产品安全指令，欧盟于 2001 年出台《通用产品安全指令》。召回主管部门是欧盟委员会企业与工业总司及各成员国交通或车辆安全部门、市场监管部门。欧盟在缺陷调查工作中的主要作用是制定统一的汽车产品安全规章、工作程序、指南、框架等指导性文件，确保欧盟各国在汽车召回执法工作上公平、公开和一致性，并对各成员国的执行情况进行监督。

日本于 1969 年出台了《道路运输车辆法》，依据法律相继建立起缺陷汽车产品召回制度，召回主管部门及执行主体是日本国土交通省。由日本国土交通省组织开展缺陷调查，收集来自汽车制造商、消费者、相关政府部门等渠道的信息，组织开展验证性试验和风险评估并出具技术分析报告，据此向制造商发出召回建议并可向社会进行公布，如制造商仍不认可将强制其实施召回，同时根据情节对企业进行经济处罚并追究管理人员刑事责任。

与发达国家相比，我国的缺陷汽车召回制度建设刚刚起步，很多制度还需要进一步完善，相关的理论研究都尚未形成统一。

据统计，我国缺陷汽车产品的召回比例与国际相比属于偏低水平。从 2007 ~ 2012 年中美汽车召回次数比例来看，已经由 2007 年的1∶19 下降至

表 2　2007 ~ 2012 年中美汽车召回次数及数量对比

单位：万辆

年份	中国		美国		比值	
	召回次数	召回数量	召回次数	召回数量	次数比	数量比
2007	31	60. 52	587	1482. 29	1∶19	1∶24
2008	47	53. 86	684	1010. 42	1∶15	1∶19
2009	56	136. 13	492	1656. 59	1∶9	1∶12
2010	123	117. 70	648	2007. 04	1∶5	1∶17
2011	85	182. 75	597	1551. 19	1∶7	1∶8
2012	113	320. 36	581	1635. 88	1∶5	1∶5

资料来源：国家质检总局缺陷产品管理中心、美国国家公路交通安全管理局。

2012年的1∶5；从召回数量比例来看，已经由2007年的1∶24下降至2012年的1∶5。可见，中美差距在逐渐缩小。

四　对完善中国缺陷汽车产品召回制度的建议

1. 提升缺陷判定的权威性

由于召回是指汽车在设计、制造等方面出现的缺陷，因此牵涉技术认证问题，需要承担召回技术工作的机构提升对于缺陷产品调查和认定的权威性和公正性，督促企业认真执行召回决定。

2. 完善信息反馈体系

缺陷汽车产品的管理需要一个信息平台，使消费者了解到目前已经发生过哪些问题，而哪些问题又涉及自身合法权益。消费者通过信息平台可以很快了解到其所购买的汽车是否属于召回范围，并清楚知道召回后制造商会在哪些方面进行改进。

3. 提高汽车产品各项标准要求

目前，我国汽车产品国家标准不健全、要求偏低、可操作性不强，少数企业钻制度空子以压低成本，造成同一型号汽车在国外生产的不需要召回而在我国生产的需要召回。因此，需要尽快完善国家各项标准要求，与国际标准保持同步。

4. 树立消费者利益至上的理念

从短期来看，召回确实会给企业的经济效益和品牌形象带来一定影响，但从长期来看，召回有缺陷的产品能有效避免消费者因汽车本身的质量问题而受到伤害，促使制造商更加关注产品质量，有助于企业进一步提高品牌价值。

技术调查篇

Technology Survey Report

B.10

国内外汽车安全技术发展现状与趋势

摘　要：

乘员约束系统、行人保护技术、安全车身的仿真模拟技术、被动安全集成技术、更多碰撞工况的研究与应用、新型假人的开发应用及特殊人群的保护等被动安全技术的应用使交通事故中产生的人员伤亡情况得到了明显改善。底盘主动控制技术、驾驶员辅助控制技术、自动驾驶控制技术等汽车主动安全技术能有效避免交通事故的发生。未来，应加大对基础共性技术、基于人—车—路协同的智能交通技术、主被动安全一体化技术、一般安全技术、功能安全技术等先进汽车安全技术的研究与应用，最终达到零伤害，实现自动驾驶。

关键词：

被动安全技术　主动安全技术　一体化　自动驾驶

随着人均汽车保有量的不断提升，交通事故的发生率也逐年上升，汽车交通事故已成为世界各国面临的重要课题。汽车交通事故的参与者主要有人、车、路和环境，这四者在交通事故中扮演着不同角色，但大众的聚焦点往往在车上，所以汽车安全技术的研究与发展成为世界各国汽车高新技术发展的主题之一。

一　汽车安全技术的研究与发展

汽车安全技术由被动安全技术和主动安全技术组成，其发展趋势如图 1 所示。主被动安全系统在事故发生前、中及后期起到不同的作用，最终的目的是达到零交通事故，实现自动驾驶。

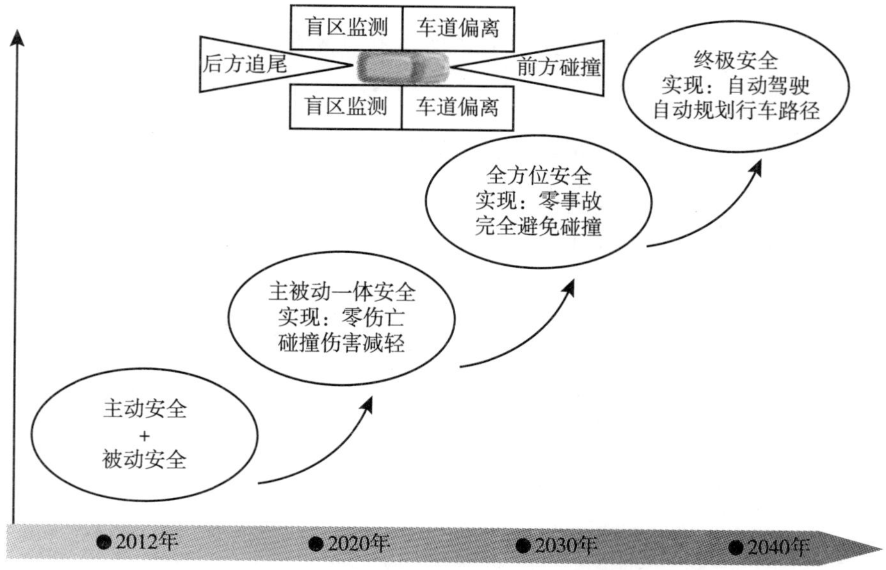

图 1　汽车安全技术发展趋势

（一）汽车被动安全技术

汽车被动安全技术主要体现在车身结构设计、约束系统匹配、行人保护技术和被动安全零部件设计方面，如何实现各个系统的有效集成及系统间的相互协同是被动安全技术的关键所在。被动安全技术的应用使交通事故中产生的人员伤亡情况得到了明显改善。

1. 乘员约束系统

乘员约束系统能够在碰撞发生时，减少乘员伤害，有效提高车辆被动安全性能。乘员约束系统主要包括安全带、安全气囊、转向系统、座椅及附件等在碰撞过程中能够对乘员进行约束的车内部件，通过对内饰造型、乘员布置空间的校核以及乘员约束系统性能参数的优化匹配，使高速碰撞中的车内乘员得到最优保护，同时兼顾考虑低速碰撞的乘员保护。

（1）安全带

安全带是在汽车发生急转弯或碰撞时，将乘员约束在座椅上，防止乘员身体与转向盘、仪表板等发生碰撞，减轻对乘员的伤害。安全带是最早普及的被动安全装置，也是为数不多的3C件之一，已成为汽车标配安全装置。在普通三点式安全带基础上，限力式安全带、预紧限力式安全带等具备更多功能的安全带已得到应用。

目前国内的安全带生产企业超过30家，产值较大的企业主要有南京奥托立夫汽车安全系统有限公司、长春奥托立夫汽车安全系统有限公司、上海天合汽车安全系统有限公司、高田（上海）汽配制造有限公司、无锡理昌科技有限公司等。独资或合资品牌产品以限力式及预紧限力式安全带为主，自主品牌的产品以普通安全带为主。目前自主品牌基本掌握了核心的预紧技术和限力技术，但在预紧量与限力一致性、生产的一致性等方面需要进一步提升。自主品牌企业的主要关注点还在于安全带的安全性能及成本方面，对安全带的舒适性及有效的佩戴方面需要进一步研究与提升。

（2）安全气囊

安全气囊是辅助的乘员约束系统装置，通过气袋的排气节流阻尼吸收乘员的动能，使猛烈的二次碰撞得以缓冲，以达到保护乘员的目的。除了驾驶员正面安全气囊和副驾驶员正面安全气囊外，后排前碰撞安全气囊、膝部安全气囊、侧面安全气囊、侧面安全气帘、翻滚气袋也在中高档车型上得到应用，以达到在正面碰撞、侧面碰撞和翻滚等情况下很好地保护乘员的目的；新型安全气囊（如防滑座椅气囊、头胸臂一体式保护侧面安全气囊、一体式正面碰撞保护气囊、制动辅助气囊等）技术扩大了安全气囊的应用形式。

随着标准法规对碰撞速度和碰撞形式要求的提升及改变，车身结构设计需要越来越耐撞击，单纯靠安全带去约束乘员的产品设计已经很难满足法规的要求。与安全带相比，安全气囊的零部件数量较少，核心部件是气体发生器。我国绝大多数气体发生器由合资企业生产或进口。安全气囊模块的设计难度较低，但匹配技术难度较高、投入资金较多。目前，国内安全气囊主流生产企业有高田（上海）汽配制造有限公司、延锋百利得（上海）汽车安全系统有限公司、锦州锦恒汽车安全系统有限公司、上海奥托立夫汽车安全系统有限公司、上海天合汽车安全系统有限公司等。安全气囊的另一核心技术是控制器技术，主要集中在国外零部件企业，如瑞典奥托立夫公司、美国天合公司、日本高田公司、德国博世公司及德国大陆公司等少数企业。

（3）转向系统

转向系统主要包括转向盘和压溃式转向管柱。转向盘的安全性能研究主要是刚度优化，使用支撑力足够的辐条造型、新型轻量化材料和尽量软化的转向盘塑胶覆盖层，能够使其在满足转向刚性要求的前提下，尽量降低抵抗驾驶员的碰撞刚度。压溃式转向管柱的主要功能要求是当转向盘受到的碰撞力达到一定值时，转向管柱能顺利地产生位移（被压溃），从而将转向盘提供的碰撞阻力限制在一定的峰值以内，其配合安全气囊的使用能有效保护乘员在事故发生时承受最小的伤害（见图 2）。转向管柱的下端压溃模式能最大限度防止车身的变形后移通过转向管柱传给驾驶员。①

（4）座椅与附件

汽车座椅和驾驶舱内饰组件同样可以有效降低汽车碰撞中的二次碰撞造成的人体伤害。汽车座椅的可靠性、防鞭打功能等方面是其安全性能的重要考察内容，座椅溃缩吸能结构、主动防鞭打头枕及智能自动调节座椅等是汽车安全座椅的研发方向。安全仪表板和安全车门内饰已在大多数汽车设计中得到应用，工程师也在不断探索新的吸能式内饰件衬垫材料、组合式安全仪表板等。

① 赵福全、吴成明、潘之杰、刘卫国、刘巍：《中国汽车安全技术的现状与展望》，《汽车安全与节能学报》2011 年第 2 期。

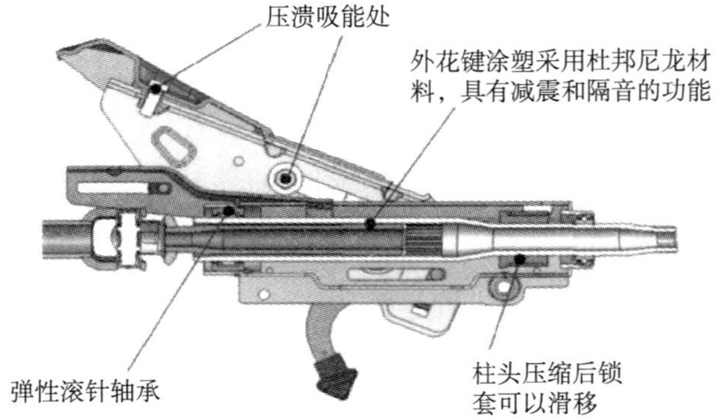

图 2　压溃吸能式转向管柱

鉴于儿童乘员伤亡问题，在法规的推动下，儿童乘车保护装置愈加受到重视。整车的儿童保护设计、儿童约束系统的使用已在现代汽车设计中得到体现，有效地降低了交通事故中儿童乘员的伤亡率。国内的儿童座椅生产企业较多，但是前期主要注重成本及外观，对座椅本身的安全性能及材料性能方面的关注还不够，对这方面的关注将随着法规标准的出台而逐渐提高。

2. 行人保护技术

汽车交通事故导致大量的人员伤亡，发达国家已经开始重视汽车对行人的危害，并对行人安全保护进行了相关研究，欧洲、澳大利亚、日本、中国等国家和地区也已经将行人保护性能纳入 NCAP 中。

针对行人保护法规及 NCAP 要求开发的行人保护被动安全装置主要分为腿部碰撞吸能装置和头部碰撞吸能装置两类。目前腿部碰撞吸能装置多采用前横梁缓冲块或者前横梁钢制吸能板加小腿下支撑结构。前横梁缓冲块结构采用 EPP 泡沫材料，能有效地吸收小腿碰撞能量，从而降低小腿胫骨加速度值。小腿下支撑结构由一个支撑横梁和四个支座构成其主体结构，能够有效地防止小腿部向里弯曲，从而降低腿部和膝部弯曲角值。头部碰撞吸能装置主要包括吸能式发动机罩、吸能式翼子板结构、吸能式发动机罩铰链结构、压溃式大灯结构、可压溃式雨刮结构等。通过这些结构上的吸能设计可以有效吸收头部碰撞能量，从而降低头部碰撞伤害值。

随着研究的不断深入，欧美出现了一些行人保护新技术，如发动机盖弹升技术和行人保护安全气囊等。发动机盖弹升技术能够在汽车发生碰撞时瞬间弹起发动机罩后端，增大发动机罩与机舱内部硬点间距，降低行人头部碰撞伤害。有两种先进的安全气囊可以在碰撞发生时对行人进行保护，一是前围安全气囊，二是发动机罩气囊。前围安全气囊是为了防止二次碰撞的发生，减少行人被甩到发动机罩后部后被前窗底部碰伤的伤害。发动机罩气囊位于保险杠上方，紧靠保险杠处展开，发动机罩气囊的折叠模式和断面设计保证了气囊展开时能与汽车前端的轮廓吻合，保护成人腿部和儿童头部。这些新技术的出现不仅解决了某些车型由于发动机舱空间不足而造成的伤害值超标问题，而且还解决了A柱及发动机罩铰链等关键硬点区域的伤害值超标问题，更全方位地保护了行人安全，这些新技术在一些高端车型上得到了应用。

3. 安全车身及仿真模拟

安全车身的设计理念起源于德国，其结构设计主要包含乘员舱稳固性、不同工况碰撞下的兼容性和低速碰撞的可维护性三个方面。出于不同的设计理念，高强度车身和溃缩吸能已成为安全车身设计的两个主要方向，分别在欧美和日本车辆设计中占据主导地位。随着节能减排意识的不断增强及汽车新材料的不断应用，两种设计理念逐渐融合发展，并成为汽车安全车身的发展趋势，丰田GOA车身技术和本田G－CON车身理念所开发出的车型是这种趋势的代表。通过引进国外先进的安全车身优化技术，中国在发动机舱布置、车门防撞梁设计、前纵梁吸能和优化、高强度钢应用、高强度乘员舱设计等方面取得了显著成果。

同时，车身结构轻量化技术也得到了快速发展。汽车的节能减排要求在很大程度上依赖于汽车的轻量化设计，在兼顾车身结构安全性能的前提下，实现轻量化的方法主要有车身结构的优化设计与创新、轻质高强度材料的应用以及新工艺的应用。高强度钢的使用比例逐年增加，汽车耐撞性也随之得到提高。在国产车型上，热成型钢技术开始逐渐得到应用与推广。目前，热成型钢主要应用于B柱、前横梁、车门防撞梁等关键部位（见图3）。在新工艺应用方面，激光焊接技术由于其焊接质量好，可以获得更高的精度和效率，且可以在不同材料、不同厚度之间保证焊接的特性，得到了深入的研究和广泛的应用。这一技术能够大幅提高车身的刚度和强度，在提升车辆安全性的同时降低了行驶噪声，提高了安全性和舒适性。

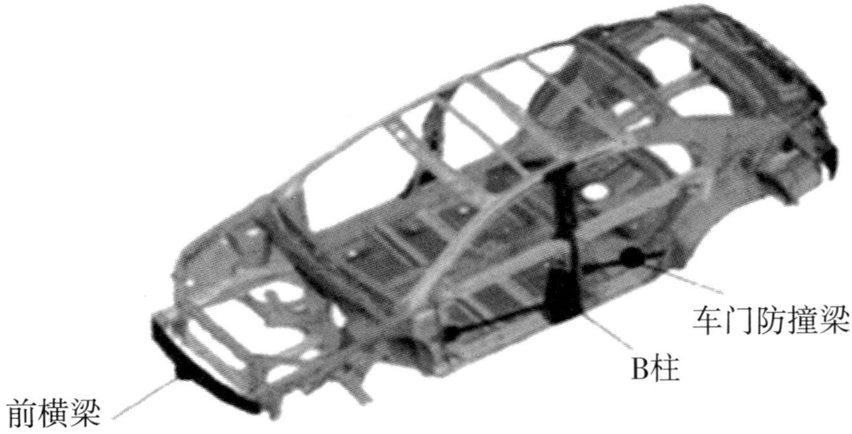

图 3　热成型钢的应用

汽车碰撞是一个十分复杂的过程，实车碰撞试验需要投入大量的人力、物力进行开发工作。相反，CAE 仿真分析技术能最大限度地减少上述投入并缩短研发周期。早期的 CAE 仿真分析大多采用多刚体系统动力学和机械振动学方法进行分析，未考虑到汽车车体结构的变形特性是影响汽车安全性能预测的关键因素。近年来，有限元方法（FEA）逐渐成熟，并被应用到汽车碰撞仿真的研究当中，能够尽早发现并解决问题，从而缩短开发周期，降低样车试验费用。常用的仿真模拟软件有 MADYMO、DYNA 和 ISIGHT 等，能够进行车身结构碰撞大变形模拟和标准假人在碰撞过程中的动态响应分析，还可以对法规碰撞试验进行仿真。这些软件在安全车身开发、碰撞受害者保护措施优化、人体生物力学、碰撞试验用标准假人开发等工作中发挥了重大作用。①

4. 被动安全集成技术

整车的所有性能都需要进行集成匹配，因此整车的技术集成是最核心的技术。碰撞安全技术集成涵盖的系统较多，基本上包含造型、总布置、车身内外

---

① 赵福全、吴成明、潘之杰、刘卫国、刘巍：《中国汽车安全技术的现状与展望》，《汽车安全与节能学报》2011 年第 2 期。

饰、底盘、电器、约束系统等，既要考虑成本，还要考虑重量。所以，性能、成本和重量在安全集成技术方面是研究开发的三大重点。

被动安全技术集成的核心是策划，有些关键的因素可能在后期无法进行优化，因此在前期设计中要避免潜在的伤害因素。造型及车体固化后，能调整的仅有安全带和安全气囊。所以，安全带和安全气囊的后期匹配是碰撞安全集成最后的“救命稻草”。

目前国内主要的自主品牌企业已经具备整车安全集成的能力。但有一些规模较小的企业还是要依托外部的设计公司或安全气囊的供应商去完成该项工作。虽然一些大的安全气囊供应商具有一些团队在进行系统的集成，但这些技术人员往往侧重于安全带与安全气囊的系统集成，对内饰的造型、机舱总布置以及其他与气囊系统无关的性能参数考虑不是很全面，最终的整体效果不会很理想。因此，被动安全的集成技术必须掌控在整车企业手里。

5. 更多碰撞工况的研究与应用

为了能够更全面地去考察和评价新开发车辆在事故中的安全表现，除了典型工况的碰撞评价外，今后还应该考虑更多类型的碰撞形式以模拟真实的交通事故。目前已经逐步引入的有25%重叠的小偏置碰撞、带角度的侧面柱撞，侧碰壁障也采用了欧洲先进的移动可变型障碍物（AE-MDB），更接近实际碰撞物体形态。今后还应该将带角度的正面碰撞、车对车碰撞、多车连环碰撞等引入汽车安全性能工程化开发的领域，真实地反映新开发车型在实际碰撞中的安全表现。

6. 新型假人的开发应用及特殊人群的保护

随着生物力学研究不断深入，国际已经成功研制并投入使用了更接近人体生物模型的碰撞模块。如行人碰撞已经引入了柔性小腿模型，该模型能够较真实地模拟小腿碰撞时十字韧带所承受的伤害并且更全面地反映出行人胫骨在碰撞时的弯矩。全球统一侧碰假人——WorldSID假人不久后也将被引入，以替换目前使用的ES-Ⅱ，现在美国多个机构已经开始引入了THOR假人来研究正面碰撞中人体所受伤害，将来THOR假人也会应用到中国正面碰撞的评价中。日本早已开始了对特殊人群交通事故中安全保护的研究。由此看出，对汽车安全性能的评价会以更接近真人的生物力学模型为基础，评价将更为真实、精准。

（二）汽车主动安全技术

汽车主动安全技术是使用先进的技术和装备，主动预防、避免或减少碰撞事故的发生或降低碰撞伤害。主动安全技术能够避免人员及车辆的损失，尤其是可以避免事故发生所引起的间接经济损失。主动安全技术的研发是未来一段时期汽车安全发展的重点所在。

1. 底盘主动控制技术

底盘主动控制技术的应用最早始于防抱死制动系统，随着电子稳定性控制系统投入市场，底盘主动控制技术进入快速发展阶段。

电子稳定性控制系统在底盘主动控制技术中具有里程碑地位，可以分别自动控制左右轮制动扭矩的方式产生正确的偏移力矩，限制车辆转向过度或转向不足，提升车辆行驶稳定性，进而减少交通事故。美国已规定在2012年之后所有出售的轻型乘用车必须装备电子稳定性控制系统。

基于一体化控制的理念，电子稳定性控制系统集成了防抱死制动系统，并加入了电子制动力分配系统、制动辅助系统、牵引力控制系统等多个功能。中国目前已掌握了自主的防抱死制动系统产业化技术，但是电子稳定性控制系统技术仍基本掌控在德国博世公司、美国天合公司、日本电装公司、德国大陆公司、美国德尔福公司等技术实力雄厚的国际零部件供应商手中。

随着汽车电子技术和控制技术的发展，底盘一体化控制技术成为底盘主动控制技术的主要发展方向。主流的集成方案分为电子稳定系统集成控制方案和动力性管理集成方案，底盘一体化控制系统通过计算汽车在三维空间内的自由度来达到控制汽车各子系统、改善汽车各性能的目的（见图4）。

2. 驾驶员辅助控制技术

据统计，由于驾驶员注意力不集中而导致的事故占到事故总体的60%，追尾碰撞事故的88%是由于驾驶员注意力不集中和跟车过近所致。驾驶员辅助控制技术能够通过多种传感器实时监控车辆行驶状态，当发现潜在碰撞危险时，使用声光或触觉方式向驾驶员报警。当碰撞不可避免且驾驶员未采取规避动作时，会采用主动介入、主动控制车辆制动或转向的方式避免碰撞或降低碰撞速度，进而降低碰撞中的人员伤害。因此，随着市场对交通事故导致人员伤

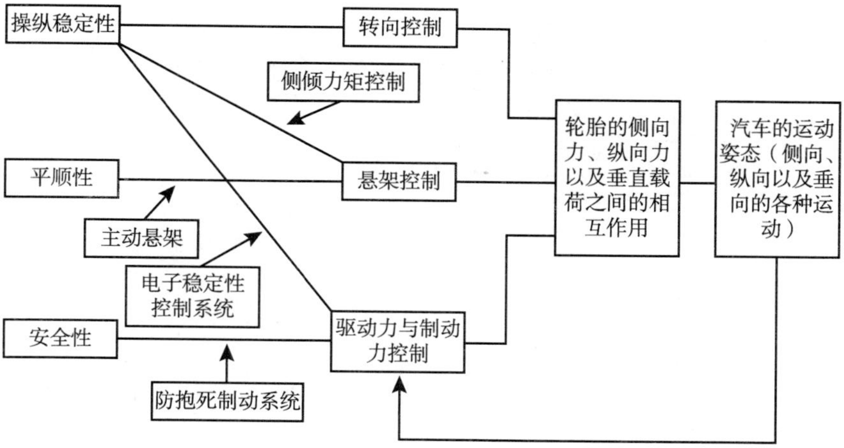

图4　底盘一体化控制系统

害和财产损失的重视及环境传感器技术的日益成熟，驾驶员辅助控制技术被广泛地研发并正在各国市场迅速普及。

各国汽车制造商纷纷推出各自的驾驶员辅助控制理念，瑞典沃尔沃汽车公司的 Human Safety 和 Animal Safety 技术、日本马自达汽车公司的 Sensor Car 技术、日本丰田汽车公司汽车防碰撞安全系统（PSS）是其中的代表。

图5说明了驾驶员辅助控制技术在不同驾驶状态时的作用：在安全状态下，自适应巡航控制系统与车道保持辅助系统将辅助驾驶员更加轻松地保持安全驾驶的状态；在安全状态向危险状态过渡的过程中，前碰撞预警系统、车道偏离预警系统、变道预警系统等将会及时通过视觉、听觉、触觉的报警手段通知驾驶员及时避免事故的发生；当行驶状态达到无法避免碰撞发生时，自动紧急制动系统或自动紧急转向系统将会主动激活车辆制动机构或转向机构，避免或减少碰撞带来的危害。

随着市场与行业的发展，驾驶员辅助控制技术的重要性日益提高。2014年版 Euro NCAP 以及美国国家公路交通安全管理局分别推出了紧急制动系统、车道偏离预警系统等的测试要求。同时，C-NCAP 也在组织讨论于2015年版的测试规范中新增主动安全系统相关的评价事宜。在未来一段时期，第三方机构制定的优劣性评定指标将对驾驶员辅助控制技术的发展起到积极的推动作用。

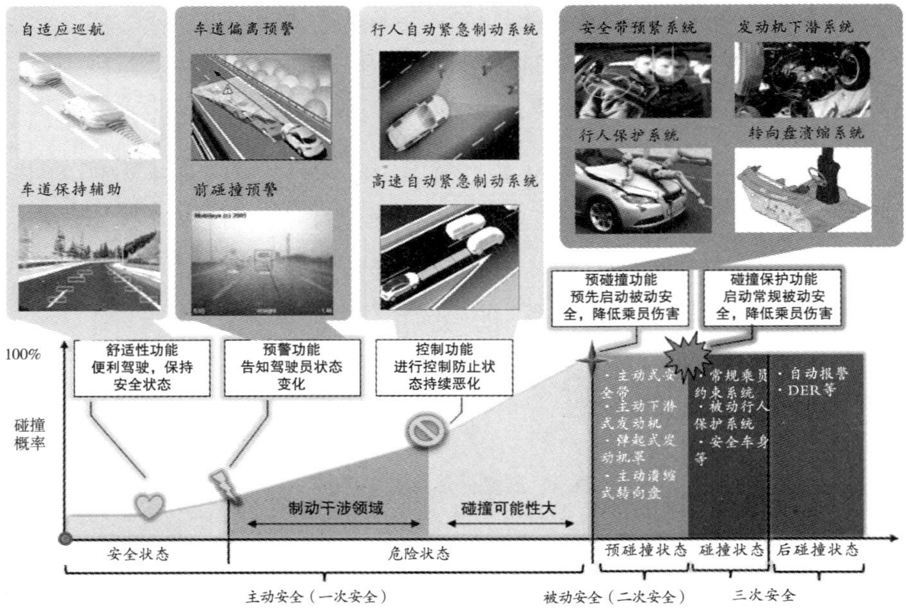

图 5　驾驶员辅助控制系统及主被动安全集成系统

3. 自动驾驶控制技术

随着驾驶员辅助控制技术的发展以及传感器融合技术的提升，未来自动驾驶控制技术将会实现并逐渐被市场认可和接受。比如，瑞典沃尔沃汽车公司、日本日产汽车公司、日本丰田汽车公司、德国戴姆勒汽车公司等均宣布将在2020 年前后实现全车速自动驾驶汽车。瑞典沃尔沃汽车公司已经确定将在2014 年率先推出具备在低速交通堵塞状况下和高速工况下实现半自动驾驶功能的汽车。

目前，美国加州政府已经批准自动驾驶汽车上路行驶。美国谷歌公司从2010 年开始致力于汽车自动驾驶技术的研究与开发，并已经拥有 10 辆自动驾驶汽车的测试团队。美国谷歌公司自动驾驶汽车采用一个 360 度视野的环视激光雷达传感器，以及摄像头、毫米波雷达等其他各类传感器配合其工作（见图 6）。

2013 年 9 月在德国举行的“第 65 届法兰克福车展”上，德国戴姆勒汽车公司也宣布自主开发的自动驾驶汽车 S500（见图 7）在交通状况复杂的公路

图 6　美国谷歌公司自动驾驶汽车

上进行了测试。从德国的曼海姆开到了霍芬海姆，行驶距离约为 100 公里。这证明，即使不是在高速公路和测试道路上也能实现自动驾驶。S500 为了能 360 度掌握周边情况，配备了一个立体摄像头、两个单眼摄像头、10 个毫米波雷达。德国戴姆勒汽车公司今后会继续在德国开展公路试验，以保证其自动驾驶系统的可靠性与安全性。

自动驾驶技术能极大降低驾驶员操作强度和疲劳程度，同时对降低交通事

图 7　德国戴姆勒汽车公司自动驾驶汽车 S500

故率、降低交通事故伤害和财产损失、缓解交通堵塞、提高燃油经济性等起到积极的作用。

二　汽车安全技术发展思考与展望

先进的汽车安全技术集成了整车安全性设计、被动安全技术和主动安全技术，不仅能够有效预防交通事故的发生并能显著降低交通事故中人员伤亡和财产损失，同时也是高效安全交通运输系统的必要基础。目前国内安全技术还处于发展阶段，很多自主品牌企业还没有形成有效的研发体系，国内安全技术还需要较长一段时期的发展。但综观全球，随着传感器技术与控制技术的迅速发展，汽车安全发展的终极目标是实现自动驾驶。在实现自动驾驶之前，必须对以下汽车安全技术方向进行研究与应用。

（一）基础共性技术的研究

汽车安全技术的发展离不开共性技术的研究。交通事故统计分析数据能够为现有汽车安全结构和形式的改进措施与未来安全技术的发展指引方向，同时提供验证新技术和新方法的实际工况。欧美已建成了完整的交通事故深度调查体系，中国在该方面研究较为落后。由国家质检总局牵头组建的中国交通事故深度调查体系仍在组建中；上海联合道路交通安全科学研究中心已进行了部分研究，但仍存在事故数据少等问题。

乘员和行人作为交通事故中的重要参与者，其生物力学模型和假人系统的开发是汽车安全技术的重点研发方向之一。驾驶员行为特征是制定驾驶员辅助系统控制策略的重要依据，驾驶员行为习惯的研究对主动安全技术的发展而言是必不可少的。

人机交互界面（HMI）的设计对驾驶员辅助系统的性能具有重要的影响，在很大程度上决定了驾驶员对系统的接受度。人机交互界面的评价方法、驾驶员在使用人机交互界面时产生的额外负担和驾驶舒适程度、人机交互界面的可用性以及人机交互界面对驾驶员驾驶行为的影响及其表现形式同样是今后的研究方向。

基础共性技术的研究必须考虑到技术应用的地区差异性，特别是针对不同地区的交通事故特点、驾驶员行为习惯和人的身体结构特征要进行区域化的深入研究。

（二）基于人—车—路协同的智能交通系统

智能交通系统是将先进的信息技术、通信技术、自动控制技术、传感技术、计算机处理技术等有效集成在一个交通管理体系中。随着智能交通技术和汽车先进安全技术的不断发展，智能交通系统与汽车安全技术的融合应用越来越广泛。将汽车安全技术与智能交通系统、道路基础设施进行有效集成，形成一个公共开放的数据平台，实现人—车—路一体化协同发展。

（三）汽车主被动安全一体化技术的研究

现有汽车主被动安全技术是依据碰撞时刻进行划分的，主动安全技术发生在碰撞之前，被动安全技术发生在碰撞过程中。由于碰撞持续时间非常短，一般只有 100～200ms，对于碰撞传感器的信号传输速度、约束系统动作判定时间和动作执行时间要求非常高，带来了线束布置凌乱、误判概率高、必须使用火药点火等缺点。主动安全技术使用车外传感器技术能够预先判断能否避免碰撞以及碰撞目标的属性，但是其输出信息仍未被被动安全装置有效利用。

汽车主被动安全一体化技术可以将主动安全的传感器信息加入被动安全装置的判断机制中，提高被动安全装置的性能甚至改变其判断和动作方式。

现有的法规和标准对于汽车安全性能的评价是按不同安全子系统分别进行的，制定能考核汽车主被动安全集成性能的测试方案是法规和标准的研究方向之一，这同样能够推动汽车主被动安全技术的一体化进程。

（四）一般安全技术需求发展

影响行车安全的因素较多，目前公众及行业把目光更多地聚焦在主被动安全技术上，但很多看似不重要的因素也往往会导致事故的发生。降低驾驶员操作疲劳、灯光的合理应用、特殊环境下的辅助工具、车辆电路引起自燃等预防技术的应用同样对事故的发生起到一定的预防作用。汽车企业应该在一般安全技术方面进行深入研究。

（五）应重视汽车上的功能安全技术

在汽车工业漫长的历史中，绝大部分的功能都是由机械机构所实现的。然而，近年来随着汽车的电器化、电动化发展，迅速诞生了大量的电子控制单元，电子技术发展迅速且控制系统愈加复杂，由于电子零部件故障所造成的系统故障也越来越频繁地发生，类似于驾驶员辅助系统等高度智能化系统的误工作所导致的交通事故也越来越引起社会的重视。因此，将更高性能、更高集成、更低成本的产品更快地提供给市场的理念与“安全第一”的宗旨出现了对立。为了更好地实现功能开发与安全保障之间的平衡，将功能安全理念导入汽车开发的所有环节就显得越发急迫。

总之，随着社会的发展，人们对汽车产品的安全性能越来越关注。目前，汽车主被动安全技术已不再泾渭分明，界限趋于模糊，呈现一体化的趋势。汽车安全是一项全方位的系统工程，涉及机械、材料、结构、电子和控制，更涉及设计开发、集成匹配、工艺和产品一致性，也涉及人员、道路和交通管理，既需要基础理论和应用技术的系统研究，也需要对人员、交通等数据进行综合分析。未来多学科、多领域一起进行深入研究和积极互动，将成为汽车安全技术开发的趋势和关键。通过共同努力，汽车安全技术将会取得更大的进步，最终实现“零伤害”的目标，让汽车更好地为人类服务。

B.11

中国汽车被动安全产品发展调查报告

摘　要：

调研的11家整车企业均在不同的车型中实现了安全带、安全气囊、ISOFIX、乘员头颈保护系统、碰撞自动解锁等被动安全产品的装备。安全带是最早普及的被动安全产品，行业标准管理不断完善，性能要求更加严苛，但产品以外资为主，本土企业亟待加强对安全带的技术研发和市场开拓，未来安全带在佩戴舒适性、满足特殊群体需求等方面将有显著发展。近年来，安全气囊的国产化程度已经得到较大提高，但是核心技术仍需引进，智能化、多安全气囊成为安全气囊的发展趋势。国内儿童安全座椅的使用率不高，一线城市仅为5%，市场需求不足，且国内生产的儿童安全座椅多以出口为主，儿童安全座椅的发展受制于政策缺失等的影响。未来，儿童安全座椅的安装将更加便捷，适用范围更广，安全性能也会更加完善。

关键词：

安全带　安全气囊　儿童安全座椅

一　汽车被动安全产品装备情况

根据调研，得到了11家整车企业的被动安全产品装备情况。所有调研企业均装备了安全带、安全气囊等被动安全产品，部分企业实现了ISOFIX、乘员头颈保护系统、碰撞自动解锁等被动安全产品的装备，个别合资品牌汽车企业还将紧急救援呼叫服务（SYNC连接服务）作为重要配置。

（一）上海大众汽车有限公司

上海大众汽车有限公司车型装备的被动安全产品主要有安全带、安全气囊、碰撞自动解锁、Whiplash 保护、ISOFIX 等。其中，Whiplash 保护是乘员头颈保护系统的一种，主要用于减少后碰颈部挥鞭伤害；碰撞自动解锁由上海实业交通电器有限公司提供；ISOFIX 和 Whiplash 保护由上海延锋江森座椅有限公司提供。

表 1　上海大众汽车有限公司被动安全产品装备情况

车型	车型上装备的主要被动安全产品	被动安全产品主要配套供应商
帕萨特	安全带、安全气囊	上海奥托立夫汽车安全系统有限公司、高田(上海)汽配制造有限公司、延锋百利得(上海)汽车安全系统有限公司
	ISOFIX、Whiplash 保护	上海延锋江森座椅有限公司
途观	安全带、安全气囊	上海奥托立夫汽车安全系统有限公司、高田(上海)汽配制造有限公司、延锋百利得(上海)汽车安全系统有限公司
	碰撞自动解锁	上海实业交通电器有限公司
	ISOFIX、Whiplash 保护	上海延锋江森座椅有限公司
朗逸	安全带、安全气囊	上海奥托立夫汽车安全系统有限公司、高田(上海)汽配制造有限公司、延锋百利得(上海)汽车安全系统有限公司
	碰撞自动解锁	上海实业交通电器有限公司
	ISOFIX、Whiplash 保护	上海延锋江森座椅有限公司

（二）长安福特汽车有限公司

长安福特汽车有限公司车型装备的被动安全产品主要有安全带、安全气囊、紧急救援呼叫服务、ISOFIX 等。其中，前排主要装备预紧限力式安全带，后排主要装备三点式安全带，新型的气囊式安全带也装备在蒙迪欧车型上。正面安全气囊、侧面安全气囊、侧面安全气帘等安全气囊产品装备在车型的不同部位，紧急救援呼叫服务分进口和国产两种。

表 2　长安福特汽车有限公司被动安全产品装备情况

车型	车型上装备的主要被动安全产品	被动安全产品主要配套供应商
翼虎	前排侧面安全气囊	上海奥托立夫汽车安全系统有限公司
	前排正面双安全气囊	上海天合汽车安全系统有限公司(驾驶员)、上海奥托立夫汽车安全系统有限公司(副驾驶员)
	前排预紧限力式安全带	南京奥托立夫汽车安全系统有限公司
	后排三点式安全带	上海天合汽车安全系统有限公司
	前排安全带提醒装置	埃意(廊坊)电子工程有限公司
	儿童安全门锁	凯毅德汽车系统(常熟)有限公司
	膝部安全气囊	上海奥托立夫汽车安全系统有限公司
	侧面安全气帘	上海奥托立夫汽车安全系统有限公司
	紧急救援呼叫服务	德国大陆公司、新加坡伟创力公司
	ISOFIX	李尔汽车系统(重庆)有限公司
蒙迪欧	前排侧面安全气囊	上海奥托立夫汽车安全系统有限公司
	前排正面双安全气囊	高田(上海)汽配制造有限公司(驾驶员)、上海奥托立夫汽车安全系统有限公司(副驾驶员)
	前排预紧限力式安全带	延锋百利得(上海)汽车安全系统有限公司
	前排安全带提醒装置	依博汽车部件(北京)有限公司
	后排三点式安全带	延锋百利得(上海)汽车安全系统有限公司
	后排气囊式安全带	Key Safety Systems, Inc.
	儿童安全门锁	凯毅德汽车系统(常熟)有限公司
	驾驶员膝部安全气囊	TRW POLSKA Sp. z o. o.
	侧面安全气帘	上海奥托立夫汽车安全系统有限公司
	紧急救援呼叫服务	大陆汽车系统(天津)有限公司
	ISOFIX	李尔汽车系统(重庆)有限公司
福克斯	侧面安全气帘	瑞典奥托立夫公司
	前排侧面安全气囊	上海奥托立夫汽车安全系统有限公司
	前排双安全气囊	上海天合汽车安全系统有限公司(驾驶员)、上海奥托立夫汽车安全系统有限公司(副驾驶员)
	前排爆燃预紧限力式安全带	上海奥托立夫汽车安全系统有限公司
	前排安全带提醒装置	美国江森自控公司
	后排三点式安全带	上海天合汽车安全系统有限公司
	儿童安全门锁	凯毅德汽车系统(常熟)有限公司
	ISOFIX	重庆延峰江森座椅有限公司
翼搏	前排双安全气囊	上海天合汽车安全系统有限公司
	前排侧面安全气囊	上海天合汽车安全系统有限公司
	侧面安全气帘	上海天合汽车安全系统有限公司
	前排预紧限力式安全带	上海天合汽车安全系统有限公司
	前排安全带提醒装置	美国伟世通公司
	前排安全带高度可调	上海天合汽车安全系统有限公司
	后排可缩进三点安全带	上海天合汽车安全系统有限公司
	儿童安全门锁	凯毅德汽车系统(常熟)有限公司
	ISOFIX	李尔汽车系统(重庆)有限公司
	紧急救援呼叫服务	大陆汽车系统(天津)有限公司

（三）长城汽车股份有限公司

长城汽车股份有限公司车型装备的被动安全产品主要有安全带、安全气囊等，主要配套商为长春奥托立夫汽车安全系统有限公司。

表 3　长城汽车股份有限公司被动安全产品装备情况

车型	车型上装备的主要被动安全产品	被动安全产品主要配套供应商
长城 C30	安全带	长春奥托立夫汽车安全系统有限公司
	安全气囊	长春奥托立夫汽车安全系统有限公司
长城 C50	安全带	长春奥托立夫汽车安全系统有限公司
	安全气囊	长春奥托立夫汽车安全系统有限公司
哈弗 H6	安全带	长春奥托立夫汽车安全系统有限公司
	安全气囊	长春奥托立夫汽车安全系统有限公司

（四）浙江吉利控股集团有限公司

浙江吉利控股集团有限公司车型装备的被动安全产品主要有安全带、安全气囊等。其中，安全带多为技术较为先进的预紧限力式安全带，安全气囊安装的部位也较多。

表 4　浙江吉利控股集团有限公司被动安全产品装备情况

车型	车型上装备的主要被动安全产品	被动安全产品主要配套供应商
EC7	驾驶员正面安全气囊	奥托立夫（上海）汽车安全系统研发有限公司
	副驾驶员正面安全气囊	
	前排侧面安全气囊	
	侧面安全气帘	
	前排左侧预紧限力式安全带	
	前排右侧预紧限力式安全带	
	前排左侧安全带锁扣总成（带安全指示器）	
	前排右侧安全带锁扣总成（带安全指示器）	
	前排安全带高度调节器	
	安全带高度调节器装饰罩	
	后排左侧安全带总成	
	后排右侧安全带总成	

续表

车型	车型上装备的主要被动安全产品	被动安全产品主要配套供应商
EC7	后排中间安全带总成	奥托立夫(上海)汽车安全系统研发有限公司
	后排左侧安全带锁扣总成	
	后排右侧安全带锁扣总成	
	安全气囊电子控制单元(ACU)	奥托立夫(中国)电子有限公司
	正面碰撞传感器	
	侧面碰撞传感器	
EC8	驾驶员正面安全气囊	奥托立夫(上海)汽车安全系统研发有限公司
	副驾驶员正面安全气囊	
	前排侧面安全气囊	
	侧面安全气帘	
	前排左侧预紧限力式安全带	
	前排右侧预紧限力式安全带	
	前排左侧安全带锁扣总成(带安全指示器)	
	前排右侧安全带锁扣总成(带安全指示器)	
	前排安全带高度调节器	
	安全带高度调节器装饰罩	
	后排左侧安全带总成	
	后排右侧安全带总成	
	后排中间安全带总成	
	后排左侧安全带锁扣总成	
	后排右侧安全带锁扣总成	
	安全气囊电子控制单元	奥托立夫(中国)电子有限公司
	侧面碰撞传感器	
GX7	驾驶员正面安全气囊	高田(上海)汽配制造有限公司
	副驾驶员正面安全气囊	
	前排侧面安全气囊	
	侧面安全气帘	
	膝部安全气囊	
	前排左侧预紧限力式安全带	
	前排右侧预紧限力式安全带	
	前排安全带高度调节器	
	前排安全带锁扣总成	
	第二排左侧安全带总成	
	第二排右侧安全带总成	
	第二排中间安全带总成	
	第二排左侧安全带锁扣总成	
	第二排右测安全带锁扣总成	
	第二排左中安全带锁扣总成	
	第二排右中安全带锁扣总成	

续表

车型	车型上装备的主要被动安全产品	被动安全产品主要配套供应商
GX7	安全气囊电子控制单元	高田汽车电子(上海)有限公司
	正面碰撞传感器	
	侧面碰撞传感器	
	后排左侧安全带总成	浙江顶立添翼汽车部件有限公司
	后排右侧安全带总成	
	后排中间安全带总成	
	后排左侧安全带锁扣总成	
	后排右侧安全带锁扣总成	
熊猫	驾驶员正面安全气囊	锦州锦恒汽车安全系统有限公司
	副驾驶员正面安全气囊	
	前排侧面安全气囊	
	侧面安全气帘	
	前排左侧预紧限力式安全带	高田(上海)汽配制造有限公司
	前排右侧预紧限力式安全带	
	前排左侧安全带锁扣总成(带安全指示器)	
	前排右侧安全带锁扣总成(带安全指示器)	
	前排安全带高度调节器	
	安全带高度调节器装饰罩	
	后排左侧安全带总成	浙江顶立添翼汽车部件有限公司
	后排右侧安全带总成	
	后排中间安全带总成	
	后排左侧安全带锁扣总成	
	后排右侧安全带锁扣总成	
	安全气囊电子控制单元	博世汽车部件(苏州)有限公司
	侧面碰撞传感器	

(五)天津一汽丰田汽车有限公司

天津一汽丰田汽车有限公司车型装备的被动安全产品主要有安全带和安全气囊，其中安全带主要由无锡理昌科技有限公司提供，而安全气囊全部由天津丰田合成有限公司提供。

表5 天津一汽丰田汽车有限公司被动安全产品装备情况

车型	车型上装备的主要被动安全产品	被动安全产品主要配套供应商
花冠	安全带	无锡理昌科技有限公司
	安全气囊	天津丰田合成有限公司
威驰	安全带	无锡理昌科技有限公司
	安全气囊	天津丰田合成有限公司
锐志	安全带	广州奥托立夫汽车安全系统有限公司
	安全气囊	天津丰田合成有限公司
皇冠	安全带	无锡理昌科技有限公司
	安全气囊	天津丰田合成有限公司
卡罗拉	安全带	无锡理昌科技有限公司
	安全气囊	天津丰田合成有限公司
RAV 4	安全带	无锡理昌科技有限公司
	安全气囊	天津丰田合成有限公司

（六）东风本田汽车有限公司

东风本田汽车有限公司车型装备的被动安全产品主要有安全带、安全气囊、ISOFIX、乘员头颈保护系统、碰撞自动解锁等。其中，ISOFIX 由本田汽车用品（广东）有限公司提供，乘员头颈保护系统由武汉提爱思全兴汽车零部件有限公司和武汉泰极江森汽车座椅有限公司提供，碰撞自动解锁由惠州住润电装有限公司提供。

表6 东风本田汽车有限公司被动安全产品装备情况

车型	车型上装备的主要被动安全产品	被动安全产品主要配套供应商
CR-V	安全带	广州奥托立夫汽车安全系统有限公司
	安全气囊	高田(上海)汽配制造有限公司(驾驶员)、中山富拉司特工业有限公司(副驾驶员)
	ISOFIX	本田汽车用品(广东)有限公司
	乘员头颈保护系统	武汉提爱思全兴汽车零部件有限公司
	碰撞自动解锁	惠州住润电装有限公司
思域	安全带	高田(上海)汽配制造有限公司
	安全气囊	高田(上海)汽配制造有限公司
	ISOFIX	本田汽车用品(广东)有限公司
	乘员头颈保护系统	武汉提爱思全兴汽车零部件有限公司
	碰撞自动解锁	惠州住润电装有限公司

续表

车型	车型上装备的主要被动安全产品	被动安全产品主要配套供应商
思铂睿	安全带	高田(上海)汽车安全装置有限公司
	安全气囊	广州奥托立夫汽车安全系统有限公司(驾驶员)、高田(上海)汽车安全装置有限公司(副驾驶员)
	ISOFIX	本田汽车用品(广东)有限公司
	乘员头颈保护系统	武汉泰极江森汽车座椅有限公司
	碰撞自动解锁	惠州住润电装有限公司
思铭	安全带	高田(上海)汽配制造有限公司
	安全气囊	上海奥托立夫汽车安全系统有限公司(驾驶员)、高田(上海)汽车汽配制造有限公司(副驾驶员)
	乘员头颈保护系统	武汉提爱思全兴汽车零部件有限公司
	碰撞自动解锁	惠州住润电装有限公司
艾力绅	安全带	高田(上海)汽配制造有限公司
	安全气囊	高田(上海)汽车配件制造有限公司
	ISOFIX	本田汽车用品(广东)有限公司
	乘员头颈保护系统	武汉提爱思全兴汽车零部件有限公司
	碰撞自动解锁	惠州住润电装有限公司

（七）广汽丰田汽车有限公司

广汽丰田汽车有限公司车型装备的被动安全产品主要有安全带、安全气囊、ISOFIX 等。其中，安全带的配套企业是无锡理昌科技有限公司。

表 7　广汽丰田汽车有限公司被动安全产品装备情况

车型	车型上装备的主要被动安全产品	被动安全产品主要配套供应商
凯美瑞	安全带	无锡理昌科技有限公司
	安全气囊	上海奥托立夫汽车安全系统有限公司
汉兰达	安全带	无锡理昌科技有限公司
	安全气囊	富士通天国际贸易(天津)有限公司广州分公司
逸致	安全带	无锡理昌科技有限公司
	安全气囊	上海奥托立夫汽车安全系统有限公司
雅力士	安全带	无锡理昌科技有限公司
	安全气囊	上海奥托立夫汽车安全系统有限公司

（八）一汽轿车股份有限公司

一汽轿车股份有限公司车型装备的被动安全产品主要有安全带、安全气囊、碰撞自动解锁等，睿翼车型还装备了乘员头颈保护系统。

表 8 一汽轿车股份有限公司被动安全产品装备情况

车型	车型上装备的主要被动安全产品
奔腾 B50	安全带 安全气囊 碰撞自动解锁
奔腾 B70	安全带 安全气囊 碰撞自动解锁
奔腾 B90	安全带 安全气囊 碰撞自动解锁
马自达 6	安全带 安全气囊 碰撞自动解锁
睿翼	乘员头颈保护系统 安全带 安全气囊 碰撞自动解锁

（九）安徽江淮汽车股份有限公司

安徽江淮汽车股份有限公司车型装备的被动安全产品主要有安全带、安全气囊、碰撞自动解锁、ISOFIX、乘员头颈保护系统等。其中，安全带主要采用技术较为先进的预紧限力式安全带；驾驶员正面安全气囊、副驾驶员正面安全气囊、侧面安全气囊、侧面安全气帘等安全气囊产品得到了全面装备。碰撞自动解锁的配套商主要为联合汽车电子有限公司；ISOFIX 的配套商为云鹤江森汽车座椅有限公司；乘员头颈保护系统也装备在部分车型中，供应商为云鹤江森汽车座椅有限公司。

表 9　安徽江淮汽车股份有限公司被动安全产品装备情况

车型	车型上装备的主要被动安全产品	被动安全产品主要配套供应商
宾悦	驾驶员正面安全气囊、副驾驶员正面安全气囊	延锋百利得汽车安全系统有限公司
	预紧限力式安全带	
	碰撞自动解锁	联合汽车电子有限公司
同悦	驾驶员正面安全气囊、副驾驶员正面安全气囊	延锋百利得汽车安全系统有限公司
	预紧限力式安全带	
	安全带提醒装置	廊坊金色时光科技发展有限公司
	ISOFIX	云鹤江森汽车座椅有限公司
	碰撞自动解锁	联合汽车电子有限公司
悦悦	驾驶员正面安全气囊、副驾驶员正面安全气囊	锦州锦恒汽车安全系统有限公司
	预紧限力式安全带	浙江赛凯车业有限公司
	碰撞自动解锁	联合汽车电子有限公司
和悦	驾驶员正面安全气囊、副驾驶员正面安全气囊	延锋百利得汽车安全系统有限公司
	侧面安全气囊、侧面安全气帘	
	预紧限力式安全带	
	安全带提醒装置	廊坊金色时光科技发展有限公司
	碰撞自动解锁	联合汽车电子有限公司
	ISOFIX	云鹤江森汽车座椅有限公司
瑞风 S5	驾驶员正面安全气囊、副驾驶员正面安全气囊	奥托立夫(上海)汽车安全系统研发有限公司
	侧面安全气囊、侧面安全气帘	
	预紧限力式安全带	
	安全带提醒装置	廊坊金色时光科技发展有限公司
	乘员头颈保护系统	云鹤江森汽车座椅有限公司
	碰撞自动解锁	联合汽车电子有限公司
	ISOFIX	云鹤江森汽车座椅有限公司
和悦 A30	乘员头颈保护系统	云鹤江森汽车座椅有限公司
	ISOFIX	
	驾驶员正面安全气囊、副驾驶员正面安全气囊	
	侧面安全气囊、侧面安全气帘	延锋百利得汽车安全系统有限公司
	预紧限力式安全带	
	安全带提醒装置	廊坊金色时光科技发展有限公司
新能源轿车第五代	驾驶员正面安全气囊、副驾驶员正面安全气囊	上海东方久乐汽车安全气囊有限公司
	侧面安全气囊、侧面安全气帘	
	预紧限力式安全带	
	乘员头颈保护系统	云鹤江森汽车座椅有限公司

（十）重庆力帆乘用车有限公司

重庆力帆乘用车有限公司的车型装备的被动安全产品主要有安全带和安全气囊，被动安全产品的供应商多为本土的零部件企业。

表 10　重庆力帆乘用车有限公司被动安全产品装备情况

车型	车型上装备的主要被动安全产品	被动安全产品主要配套供应商
520	安全带	重庆光大产业有限公司
	安全气囊	太航常青汽车安全设备(苏州)有限公司
620	安全带	重庆光大产业有限公司、浙江赛凯车业有限公司
	安全气囊	锦州锦恒汽车安全系统有限公司
SUV	安全带	重庆光大产业有限公司、浙江赛凯车业有限公司
	安全气囊	高田(上海)汽配制造有限公司
720	安全带	重庆光大产业有限公司、浙江赛凯车业有限公司、高田(上海)汽配制造有限公司
	安全气囊	高田(上海)汽配制造有限公司
320	安全带	重庆光大产业有限公司、浙江赛凯车业有限公司
	安全气囊	太航常青汽车安全设备(苏州)有限公司、东方久乐汽车安全设备有限公司

（十一）东风裕隆汽车有限公司

东风裕隆汽车有限公司车型装备的被动安全产品主要有安全带、安全气囊、ISOFIX 等，主要装备车型有纳智捷大 7 SUV、纳智捷大 7 MPV、纳智捷 MASTER CEO、纳智捷 5 Sedan 等。

表 11　东风裕隆汽车有限公司被动安全产品装备情况

车型	车型上装备的主要被动安全产品
纳智捷大 7 SUV	安全气囊(正面安全气囊、侧面安全气囊、侧面安全气帘) 三点式安全带 ISOFIX
纳智捷大 7 MPV	安全气囊(正面安全气囊、侧面安全气囊、侧面安全气帘) 三点式安全带 ISOFIX

续表

车型	车型上装备的主要被动安全产品
纳智捷 MASTER CEO	安全气囊（正面安全气囊、侧面安全气囊、侧面安全气帘） 三点式安全带 ISOFIX
纳智捷 5 Sedan	安全气囊（正面安全气囊、侧面安全气囊、侧面安全气帘） 三点式安全带 ISOFIX

二　汽车被动安全产品发展现状及趋势分析

（一）安全带

1. 技术发展

最初的汽车安全带是由瑞典人发明的，20 世纪 50 年代安全带成为美国通用汽车公司别克轿车的标准配置，随后美国将使用安全带确定为强制法规，以促进安全带的普及。

按固定方式的不同，可将安全带分为腰带式安全带、肩带式安全带、三点式安全带、四点式安全带四种。

腰带式安全带是横跨在佩戴者骨盆部位前方的两点式安全带。在撞车时，腰带式安全带对防止乘员甩出车外的效果很好，但对上体的保护不够，因此单独使用效果不大理想。现在主要在乘用车后排座椅、载货汽车、大型客车上使用。

肩带式安全带又称斜式安全带，是从臀部斜跨前胸至另一侧肩部的安全带。这种安全带在欧洲使用得较多。由于在撞车时容易发生下半身向前方挤出等不良的情况，在日本、澳大利亚等不允许采用这种安全带。但是在美国，一种与膝部保护装置并用以弥补原有缺点的肩带式安全带也得到了认可。

三点式安全带是目前使用最广泛的安全带，它是由腰带式安全带和肩带式安全带组合而成，是大多数车辆的标准装备。乘员保护性能优良，实用性也较高。目前，中国乘用车驾驶员安全带全部采用三点式安全带。

四点式安全带又称为全背带式安全带，乘员保护性能最好，但在实用性方面还存在一定问题，目前仅限于特殊用途，如赛车等。

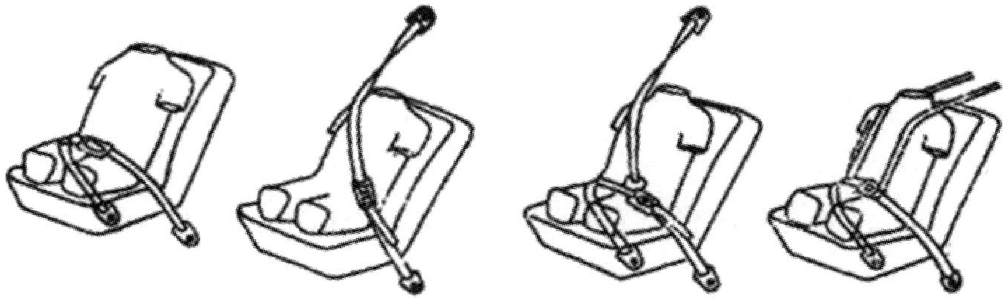

（a）腰带式安全带　（b）肩带式安全带　（c）三点式安全带　（d）四点式安全带

图1　安全带的种类

按功能的不同，安全带可分为普通安全带、限力式安全带和预紧限力式安全带等。

普通安全带对人体的保护效果有限，目前只应用在一些低价位的乘用车和商用车上；限力式安全带是在普通安全带的卷收器中增加了限力装置，可以将作用于安全带的力限定在一定范围内，缓解安全带给乘员胸部带来的冲击，目前这种安全带在一些中低档的乘用车中使用；预紧限力式安全带是在限力式安全带中增加了预紧装置，能在发生碰撞时拉紧安全带织带，减少安全带松弛量，目前预紧限力式安全带已经在中高档车型中广泛使用。

2. 市场发展

（1）安全带标准管理逐渐完善，对安全带的性能要求更加严苛

从20世纪90年代开始，中国开始出台与安全带相关的国家标准，如GB 14166-1993《汽车安全带性能要求和试验方法》、GB 8410-1994《汽车内饰材料的燃烧特性》、GB 14167-1993《汽车安全带安装固定点》和汽车行业标准QC 244-1997《汽车安全带动态性能要求和试验方法》。在这个阶段，只要求乘用车第一排座位必须安装安全带。

21世纪以来，中国在2003年11月1日开始实施GB 14166-2003《机动车成年乘员用安全带和约束系统》，有效地解决了标准与产品不统一的问题。

2004 年 5 月 1 日发布的《机动车辆类（汽车安全带产品）强制性产品认证实施规则》，规定汽车安全带产品必须符合强制性产品认证规则的规定并加施认证标志后方可出厂、进口、销售，这使得安全带成为第一个也是唯一需要 3C 认证的安全装置，促使安全带产品更加安全可靠。2006 年，中国出台了 GB 14167-2006《汽车安全带安装固定点》，对 1993 年制定的相关标准进行修订和改进。在这个阶段，法规要求 M_1 类汽车前后排座位必须安装安全带，M_2 类和 M_3 类汽车前排座位必须安装安全带。

近年来，儿童乘车伤亡率不断提高，儿童乘车保护装置越来越受到重视。2011 年发布了 GB 27887-2011《机动车儿童乘员用约束系统》，于 2012 年 7 月 1 日起实施，这是我国第一部儿童乘车安全的强制性国家标准。

2013 年，发布的 GB 14166-2013《机动车乘员用安全带、约束系统、儿童约束系统和 ISOFIX 儿童约束系统》，除了对 2003 年制定的相关标准进行修订外，还规定 M 类和 N 类车辆都应当装备安全带或约束系统、M_1 车辆的后排中间座椅要配置带卷收器的三点式安全带、M_1 类车辆驾驶员位置应配置一个满足标准要求的安全带提醒装置。同年发布的 GB 14167-2013《汽车安全带安装固定点、ISOFIX 固定点系统及上拉带固定点》，对 2006 年制定的相关标准进行了修订，主要增加了对 M_1 类和 N_1 类车辆的儿童约束系统的 ISOFIX 固定点系统及上拉带固定点的性能要求，规定所有 M_1 类车辆应配置至少两个 ISOFIX 固定点，所有 M_1 类车辆后排安全带固定点数量由两个或三个变更为三个。由此可以看出，安全性能更好的三点式安全带将逐步取代以往的两点式安全带，并广泛应用在 M_1 类车辆的后排座椅中（尤其是后排中间座椅）。

（2）汽车安全带产品基本能够满足国内汽车行业发展的需要

在 20 世纪 90 年代之前，由于技术落后、市场需求较小，国内汽车安全带生产企业不多，大多数是从军工和航天航空机构转制而来的，主要生产一些普通安全带产品，技术含量较高的安全带产品主要依靠进口。

20 世纪 90 年代开始，乘车安全越来越受重视，汽车安全带的需求也越来越大。跨国大型汽车安全带生产企业如奥托立夫、天合、高田等纷纷在中国成立合资或独资企业，投资建厂，实现了本土化生产；同时，国内本土企业尤其是民营资本开始进入汽车安全带领域，中国汽车安全带产能基本能够满足国内汽车行业发展需求。

（3）产品以外资为主，本土企业亟待加强技术研发和市场开拓

目前，汽车安全带产品形成了本土企业、外资企业齐头并进的行业格局，分别占据中低档、中高档产品市场主要份额。未来这种市场格局可能有所变化，但是外资企业占据中高档产品大部分市场份额的局面很难改变。

据《中国汽车工业年鉴》的统计，2012 年，安全带产量为 2076.85 万套（11 家合计），其中，外资企业产量为 1678.05 万套（6 家合计），外资集中度超过 80%。

表 12　2001～2012 年汽车安全带生产规模

类别	2001 年	2002 年	2003 年	2004 年	2005 年	2006 年
生产规模（套）	2085326	6733947	6577216	5880169	8729015	8974256
企业数（家）	6	10	11	7	8	10
外资企业生产规模（套）	1041994	3833856	3282958	3328293	5322043	5050481
外资企业数（家）	2	4	4	3	4	5
外资集中度（%）	50	57	50	57	61	56
类别	2007 年	2008 年	2009 年	2010 年	2011 年	2012 年
生产规模（套）	12504546	15198639	21906923	29544038	30302839	20768474
企业数（家）	7	9	9	11	11	11
外资企业生产规模（套）	8628058	11593600	16417083	20914274	20297029	16780474
外资企业数（家）	4	6	5	5	6	6
外资集中度（%）	69	76	75	71	67	81

资料来源：《中国汽车工业年鉴》。

在安全带市场竞争格局方面，2012 年，前 10 家安全带生产企业的市场份额达到 80% 以上，市场集中度较高。其中，南京奥托立夫汽车安全系统有限公司的市场占比超过 20%，长春奥托立夫汽车安全系统有限公司和上海天合汽车安全系统有限公司的市场份额都超过了 10%。2012 年，国内生产乘用车安全带的企业有 30 余家，其中，本土企业数量不足 1/3，多于 2/3 的企业为外资企业，而外资企业的总销量占国内乘用车安全带总销量的 70% 左右，其

中，瑞典奥托立夫公司保持着安全带市场的领先地位。本土企业的市场表现不佳，多数企业规模较小，产量较低。前 10 家安全带生产企业中，仅有两家是本土企业——重庆光大产业有限公司和天津市益中汽车安全带厂，这两家本土企业产品的市场份额总和不足 10%。

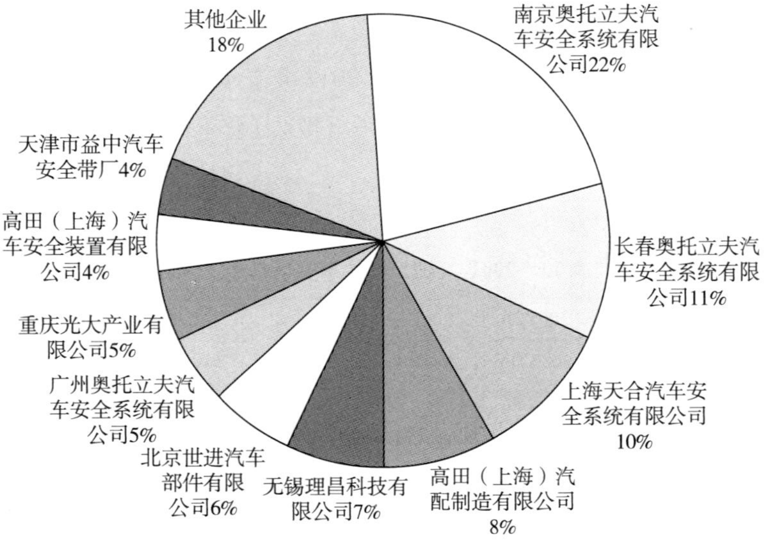

图 2　2012 年乘用车安全带配套量前 10 家生产企业市场份额

近年来，随着汽车安全带需求的不断旺盛，本土企业的规模也在不断扩大，但是与此同时，国外集团也加大了抢占中国汽车安全带市场的力度，投资逐渐朝着独资化的方向发展。以瑞典奥托立夫公司为例，在 20 世纪 90 年代，与南京宏光空降装备厂合资成立了南京宏光－奥托立夫汽车安全装备有限公司，但 2007 年以后，瑞典奥托立夫公司不断增加控股比例，目前这家企业已成为外商独资公司，并改名为“南京奥托立夫汽车安全系统有限公司”。

在产品方面，装备在中高档车型中的预紧限力式安全带的核心技术被外资企业掌握，本土企业主要集中生产和销售普通安全带。个别本土企业如重庆光大产业有限公司于 2013 年初才完成了对预紧限力式安全带的技术研发。

表 13　部分安全带外资企业情况

外资方	序号	成立时间	外商合资或独资企业名称	企业性质
瑞典奥托立夫公司	1	1990 年	南京奥托立夫汽车安全系统有限公司	外商独资
	2	2002 年 6 月	长春奥托立夫汽车安全系统有限公司	外商独资
	3	2005 年 5 月	广州奥托立夫汽车安全系统有限公司	外商独资
	4	1994 年	长春宏光-奥托立夫汽车安全装备有限公司	外商合资
	5	2008 年	北京奥托立夫汽车安全系统有限公司	外商独资
	6	1999 年	上海奥托立夫汽车安全系统有限公司	外商独资
美国天合公司	7	1997 年 7 月	上海天合汽车安全系统有限公司	外商合资
日本高田公司	8	2002 年 5 月	高田(上海)汽车安全装置有限公司	外商独资
	9	2003 年 9 月	高田(上海)汽配制造有限公司	外商独资
	10	2010 年 1 月	高田(天津)汽配制造有限公司	外商独资
日本东海理化电机公司和台湾信昌国际投资公司	11	2001 年 3 月	无锡理昌科技有限公司	外商合资
韩国三松公司	12	2003 年	北京世进汽车部件有限公司	外商独资
美国百利得公司	13	2004 年 5 月	延锋百利得(上海)汽车安全系统有限公司	外商合资
美国德尔福公司	14	2006 年 11 月	北京德尔福汽车安全产品有限公司	外商合资
	15	1995 年 12 月	德尔福电子(苏州)有限公司	外商独资
日本芦森公司	16	2006 年	芦森科技(无锡)有限公司	外商独资

在配套方面，外资企业除了已经实现了对国内合资整车企业的配套之外，还加入本土整车企业（如长城汽车、吉利汽车等）的配套体系。而本土安全带生产企业的配套仅限于国内有限的几家整车企业，且主要供给中低档车型。可见，本土企业还需在市场开拓方面加大力度。2012 年，配套量前 10 家的安全带生产企业配套情况如表 14 所示。

表 14　2012 年主要乘用车安全带生产企业配套情况

序号	安全带生产企业	主要配套企业
1	南京奥托立夫汽车安全系统有限公司	上海大众汽车有限公司、神龙汽车有限公司、长安福特汽车有限公司、上海通用东岳汽车有限公司、上海通用(沈阳)北盛汽车有限公司、奇瑞汽车股份有限公司、上汽通用五菱汽车股份有限公司、长城汽车股份有限公司、浙江吉利汽车有限公司
2	长春奥托立夫汽车安全系统有限公司	一汽-大众汽车有限公司、长城汽车股份有限公司
3	上海天合汽车安全系统有限公司	上海大众汽车有限公司、上海通用汽车有限公司、长安福特汽车有限公司、上海汽车集团股份有限公司

续表

序号	安全带生产企业	主要配套企业
4	高田（上海）汽配制造有限公司	广汽本田汽车有限公司、东风汽车有限公司
5	无锡理昌科技有限公司	天津一汽丰田汽车有限公司、广汽丰田汽车有限公司
6	北京世进汽车部件有限公司	北京现代汽车有限公司、东风悦达起亚汽车有限公司
7	广州奥托立夫汽车安全系统有限公司	东风汽车有限公司东风日产乘用车公司、东风本田汽车有限公司
8	重庆光大产业有限公司	比亚迪汽车有限责任公司、重庆长安汽车股份有限公司、浙江吉利控股集团有限公司
9	高田（上海）汽车安全装置有限公司	上海通用汽车有限公司、中国第一汽车集团公司、一汽-大众汽车有限公司
10	天津市益中汽车安全带厂	天津一汽夏利汽车股份有限公司、东南（福建）汽车工业有限公司

3. 发展趋势

（1）后排全三点式安全带在中低档乘用车车型中的安装率将得到提升

目前在大部分乘用车车型中，中间乘客配备的是普通的两点式腰带式安全带，在发生事故时由于上身前倾而存在安全隐患。后排全三点式安全带极大地提高了后排乘客，尤其是中间乘客的安全性。目前后排全三点式安全带主要应用于中高档车型。随着安全意识的不断提升，一些中低档车型也有望在后排所有座椅中安装全三点式安全带。

（2）安全带佩戴舒适性问题有待进一步研究与提升

汽车安全带的设计既要满足安全性的要求也要满足舒适性的要求。有研究表明，舒适性的提高能有效提高实际佩戴率。伴随着安全带的技术发展，安全带佩戴舒适性的需求越来越强烈。国外已经针对乘客佩戴前、佩戴时、佩戴后的佩戴位置，卷收器噪声、安全带拉出、回收力等相关舒适性问题进行研究和改进。而国内目前尚处于关注安全带的安全性能和成本阶段，对佩戴舒适性等问题还有待进一步研究与提升。

（3）将出现针对特殊人群的安全带产品

未来，先进的安全带技术将会兼顾儿童、孕妇、过度肥胖者等弱势群体的特殊需求。目前，奥托立夫已经发布了一款全新自适应安全带，主要针对 4 ~

12 岁儿童设计。这款全新的安全带能够大幅降低安全带对儿童身体施加的载荷，同时还增强了对成年人的保护，其纯粹的机械结构方案可根据所佩戴人员身体的体积进行自适应载荷变化。

（4）更加安全的安全带产品不断涌现

气囊式安全带是一种借鉴了气囊特性的安全带产品（见图 3）。美国福特汽车公司已经研发出全球首款气囊式安全带，这款安全带被用于后座位置。新式安全带的独特之处是，气囊内置在安全带的带扣到乘客肩膀的位置，一旦发生碰撞，汽车就会发出信号释放气囊，此时安全带气囊与人体躯干的接触面积比未展开气囊时提升 5 倍，大大增加了受力面积，使得安全带在束缚躯干惯性前冲时身体所受的压强大大降低，防止安全带在束缚中引起的二次伤害。此款产品尚未实际投产。

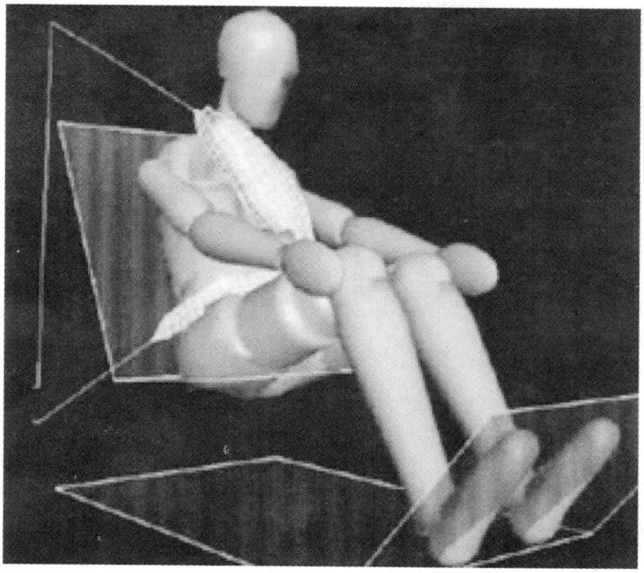

图 3　气囊式安全带

对处于疲劳驾驶状态的驾驶员来说，安全带预卷功能的提醒效果要远远大于声音的提醒。因此，未来带预卷功能的安全带将成为发展趋势。这种安全带将主动安全技术和被动安全技术进行融合，当驾驶员身体与安全带之间的间距小于某一数据值，安全带将自动收紧，达到提醒驾驶员的目的。

（二）安全气囊

1. 技术发展

汽车安全气囊最早应用于美国和欧洲，后来发展到日本和韩国，而中国对汽车安全气囊的研究起步更晚。20 世纪 80 年代末，中国的汽车碰撞安全和军工专家才开始关注汽车安全气囊的研究和发展。随着中国经济和汽车产业的发展，中国汽车安全气囊市场也有了很大的提升。

汽车安全气囊系统主要由控制装置、气体发生器和气袋组成。其中，控制装置包括传感器和控制器，其工作原理为：在发生碰撞事故时，传感器感受汽车碰撞强度并传给控制器，控制器接收并处理传感器信号，当判断有必要打开气袋时，立即发出点火信号触发气体发生器，气体发生器收到信号后迅速产生大量气体并充满气袋，使得乘员能够扑在气袋上。

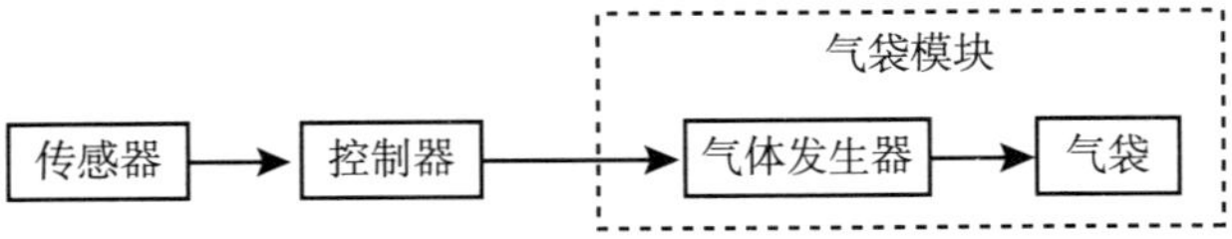

图 4　汽车安全气囊系统组成

汽车安全气囊按照气囊数目可以分为单气囊、双气囊和多气囊；按照控制方式可以分为电子式和机械式；按照不同撞车方位和保护乘员的不同部位可以分为正面安全气囊、侧面安全气囊、膝部安全气囊、腿部安全气囊和足部安全气囊等。

表 15　汽车安全气囊分类

气囊分类	图片	安装位置
驾驶员正面安全气囊	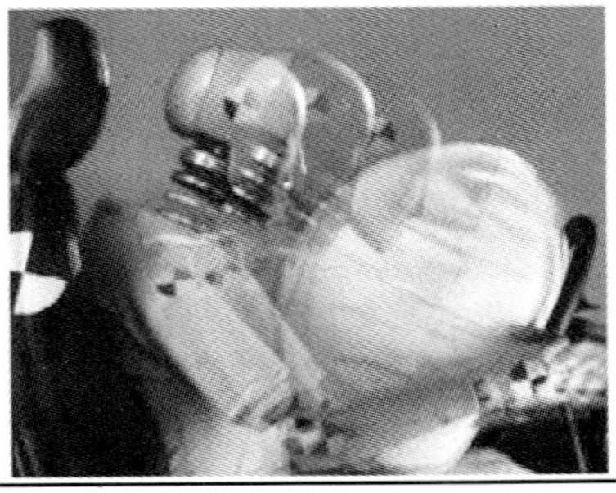	内嵌到方向盘中间

续表

气囊分类	图片	安装位置
副驾驶员正面安全气囊		正前方的仪表板
侧面安全气帘	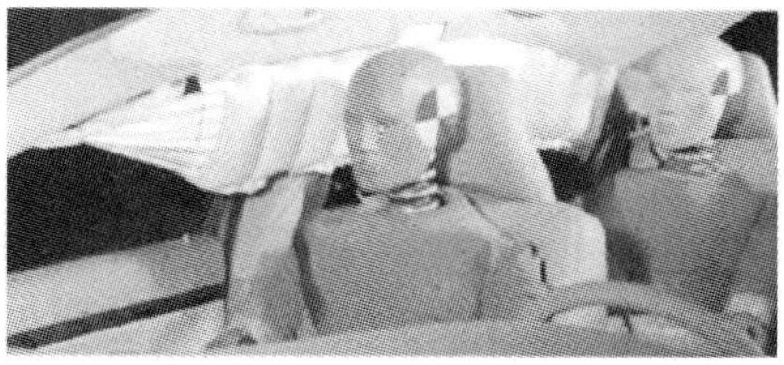	A 柱至 C 柱之间
侧面安全气囊	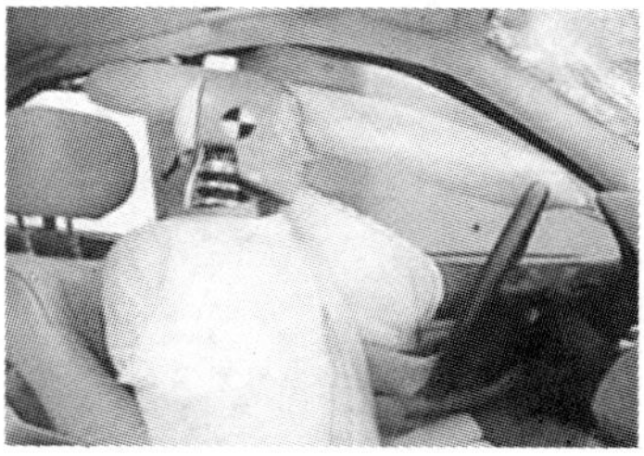	座椅外侧或侧门框上方
膝部安全气囊	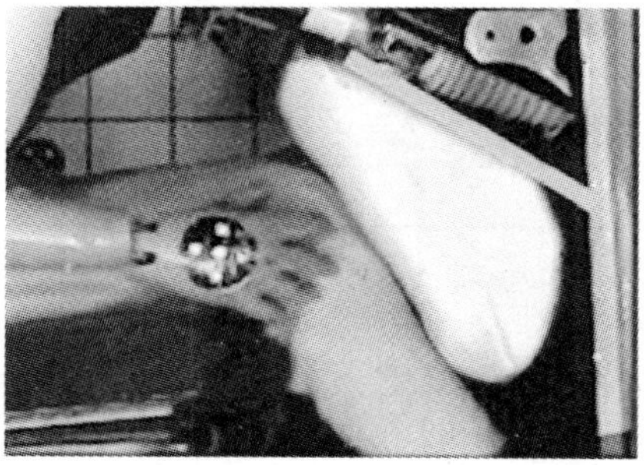	仪表板的下方

续表

气囊分类	图片	安装位置
安全带式气囊	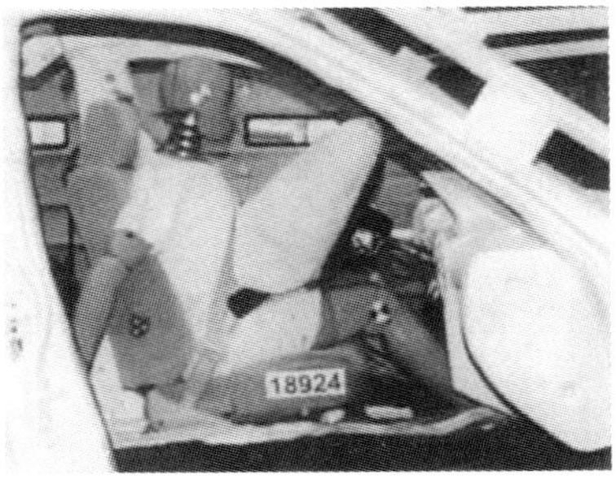	安全带上
腿部安全气囊		驾驶员座椅下方
足部安全气囊	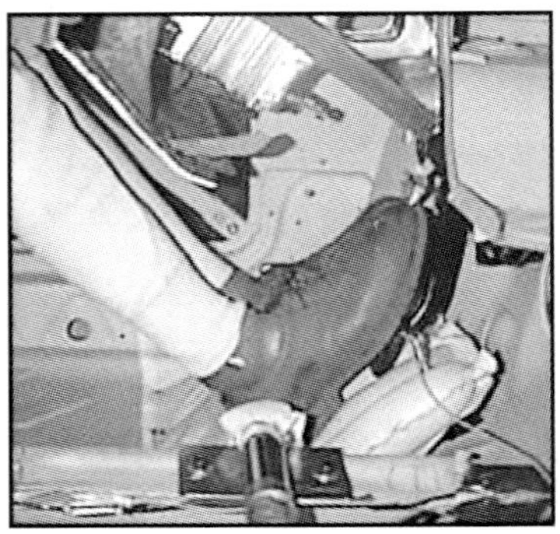	—

2. 市场发展

据《中国汽车工业年鉴》的统计，2012 年中国汽车安全气囊产量达到 2498 万套（9 家合计），同比增长 75.82%。其中，外资企业产量达到 2429 万套，同比增长 87.74%，占整体的 97%。由此可见，外资企业所占比重非常高。随着交通状况的不断恶化，为应对中国消费者对安全零部件需求的增加，外资企业正积极推出新产品、投资建厂、扩充产能并加强与当地汽车及零部件企业的技术合作等。但是，在外资企业积极参与安全气囊市场的同时，中国自主品牌在产能与研发能力提升方面较为缓慢。虽然近年来中国汽车安全气囊的国产化程度进一步提高，但是在安全气囊核心技术方面主要还是依靠引进国外技术。

表 16　2001～2012 年中国汽车安全气囊生产规模

年份	2001	2002	2003	2004	2005	2006
生产规模(套)	18116	95630	357626	432358	359859	2032178
企业数(家)	1	3	6	4	3	6
外资企业生产规模(套)	0	0	173464	370573	139859	1695778
外资企业数(家)	0	0	2	2	1	5
外资集中度(%)	0	0	49	86	39	83
年份	2007	2008	2009	2010	2011	2012
生产规模(套)	2253923	2926377	6160638	11475112	14208759	24982364
企业数(家)	6	6	7	7	6	9
外资企业生产规模(套)	1563409	2926377	6160638	10274343	12937300	24287864
外资企业数(家)	4	6	7	5	4	6
外资集中度(%)	69	100	100	90	91	97

资料来源：《中国汽车工业年鉴》。

中国汽车安全气囊市场需求量方面，国内为乘用车配套的安全气囊生产企业在 40 家左右，市场集中度较高。2012 年，配套量前 10 家的生产企业市场份额合计达到 82%，其中高田（上海）汽配制造有限公司、延锋百利得（上海）汽车安全系统有限公司、锦州锦恒汽车安全系统有限公司和上海奥托立夫汽车安全系统有限公司前 4 家累计市场份额占据半壁江山，另外 6 家企业单一市场份额均在 10% 以下。

2012 年，配套量前 10 家的安全气囊生产企业配套情况如表 17 所示。

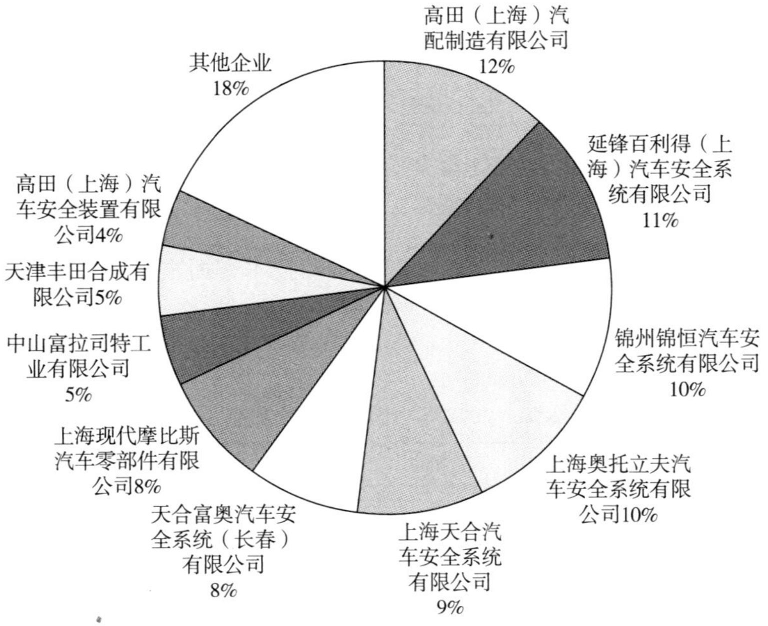

图 5　2012 年乘用车安全气囊配套量前 10 家生产企业市场份额

表 17　2012 年主要乘用车安全气囊生产企业配套情况

序号	安全气囊生产企业	主要配套企业
1	高田(上海)汽配制造有限公司	上海大众汽车有限公司、上海通用(沈阳)北盛汽车有限公司、东风本田汽车有限公司、东风汽车有限公司东风日产乘用车公司、上海通用东岳汽车有限公司、上海通用汽车有限公司、长安福特汽车有限公司
2	延锋百利得(上海)汽车安全系统有限公司	上海大众汽车有限公司、上海通用汽车有限公司、上海通用东岳汽车有限公司、上海汽车集团股份有限公司、安徽江淮汽车股份有限公司、上汽通用五菱汽车股份有限公司、上海通用(沈阳)北盛汽车有限公司
3	锦州锦恒汽车安全系统有限公司	奇瑞汽车股份有限公司、天津一汽夏利汽车股份有限公司、重庆长安汽车股份有限公司、东南(福建)汽车工业有限公司、东风柳州汽车有限公司、上海华普汽车有限公司、神龙汽车有限公司、安徽江淮汽车股份有限公司
4	上海奥托立夫汽车安全系统有限公司	广汽丰田汽车有限公司、神龙汽车有限公司、上海通用汽车有限公司、北京现代汽车有限公司、东风汽车有限公司东风日产乘用车公司、长安福特汽车有限公司
5	上海天合汽车安全系统有限公司	上海大众汽车有限公司、长安福特汽车有限公司

续表

序号	安全气囊生产企业	主要配套企业
6	天合富奥汽车安全系统(长春)有限公司	一汽-大众汽车有限公司
7	上海现代摩比斯汽车零部件有限公司	北京现代汽车有限公司、东风悦达起亚汽车有限公司
8	中山富拉司特工业有限公司	东风汽车有限公司东风日产乘用车公司、广汽本田汽车有限公司
9	天津丰田合成有限公司	天津一汽丰田汽车有限公司、重庆长安铃木汽车有限公司
10	高田(上海)汽车安全装置有限公司	中国第一汽车集团公司、上海大众汽车有限公司、一汽-大众汽车有限公司

3. 生产与配套情况

（1）上海天合汽车安全系统有限公司

2012 年，上海天合汽车安全系统有限公司安全气囊实现产能 300 万套，主要为上海大众汽车有限公司、长安福特汽车有限公司、上海汽车集团股份有限公司乘用车公司等企业配套。

表 18　上海天合汽车安全系统有限公司安全气囊产品生产与配套情况

单位：万套

安全产品名称	2012 年该安全产品产能	配套企业	配套车型
安全气囊	300	上海大众汽车有限公司	明锐、昊锐、朗逸、帕萨特
		长安福特汽车有限公司	福克斯
		上海汽车集团股份有限公司	荣威、名爵

（2）奥托立夫（上海）汽车安全系统研发有限公司

奥托立夫（上海）汽车安全系统研发有限公司主要为上海通用汽车有限公司、神龙汽车有限公司、奇瑞汽车股份有限公司等企业配套。

（3）高田（上海）汽配制造有限公司

2012 年，高田（上海）汽配制造有限公司安全气囊实现产能 2138 万套，主要为上海大众汽车有限公司、东风本田汽车有限公司、上海通用汽车有限公司等企业配套。

表 19　高田（上海）汽配制造有限公司安全气囊产品生产与配套情况

单位：万套

安全产品名称	2012 年该安全产品产能	配套企业	配套车型
安全气囊	2138	上海大众汽车有限公司 东风本田汽车有限公司 上海通用汽车有限公司	朗逸 CR-V 科鲁兹

4. 发展趋势

随着科学技术的发展和人们汽车安全意识的提高，近年来安全气囊技术发展迅速，智能化、多安全气囊成为今后整体安全气囊系统的发展趋势。

（1）智能安全气囊

智能安全气囊是在普通安全气囊的基础上增加传感器，并改进安全气囊电子控制单元的程序实现。增加的乘员质量传感器能感知座位上的乘员是成人还是儿童；红外线传感器能探测出座椅上是人还是物体；超声波传感器能探明乘员的存在和位置等。安全气囊电子控制单元则能根据乘员的身高、体重、所处的位置、是否系安全带以及汽车碰撞速度及碰撞程度等，及时调整气囊的膨胀时机、膨胀方向、膨胀速度及膨胀程度，以便安全气囊对乘员提供最合理和最有效的保护。

（2）将各部件的防撞特性协调统一，提高安全气囊的保护功能

安全气囊不仅要设法增加乘员的保护部位，如颈部、膝盖等，减小气囊的体积和重量，优化气囊的充气时间、折叠方式和触发时刻，还要将转向柱、座椅、头枕、车窗玻璃、内饰、安全带等各部件的防撞特性协调统一，共同提高智能化安全气囊的保护功能。

（3）网络技术的应用是安全气囊系统的发展方向

在汽车网络中，有一种应用面比较窄，但是非常重要的网络即 Safe-By-Wire。Safe-By-Wire 是专门用于汽车安全气囊系统的总线，旨在通过综合运用多个传感器和控制器来实现安全气囊系统的细微控制。Safe-By-Wire Plus 总线标准是由汽车电子供应商和部件供应商（如荷兰飞利浦公司、美国德尔福公司）提出。与整车系统常用的 CAN、Flex Ray 等总线相比，Safe-By-Wire 的优势在于它是专门面向安全气囊系统的汽车 LAN 接口标准。为了保证系统在汽

车出事故时也不受破坏，Safe-By-Wire 中嵌入多重保护功能。例如，即使线路发生短路，安全气囊系统也不会因出错而起动。预计未来几年内，Safe-By-Wire 技术将会在汽车安全气囊系统中获得更广泛的应用。①

（三）儿童安全座椅

1. 技术发展

20 世纪 60 年代初，瑞典沃尔沃汽车公司设计制作了首款儿童安全座椅，旨在保护儿童乘车的安全。灵感来自航天器中的宇航员座椅，这种座椅可以承受太空舱升空和降落时产生的巨大力量，从而使宇航员免受伤害。瑞典沃尔沃汽车公司根据这一原理，提出了后向式儿童安全座椅的概念。事实证明，使用儿童安全座椅能最大限度地降低儿童在汽车发生紧急制动或者意外碰撞情况下所受到的伤害。因此，儿童安全座椅很快被消费者接受，并且逐渐在全世界得到推广。

起初的儿童安全座椅结构单一，只是通过后向乘坐对儿童进行保护，当时也有五点式安全带，但没有对儿童进行侧面保护的结构。后来基于对儿童乘车事故的调查数据研究，人们逐渐认识到侧面保护对儿童安全的重要性，开始对儿童安全座椅进行不断的改进，在儿童头部、身体两侧及小腿部位等都添加了反弹护垫，背部着力面更加柔软、舒适，从而可以对儿童进行全方位的保护。同时，适应不同年龄段儿童体型的安全座椅也相继出现。②

随着产品发展的多元化和新材料的应用，人们使用儿童安全座椅也由自发使用转向被强制使用。如澳大利亚自 1976 年起便强制 8 岁以下且体重小于 18kg 的儿童必须使用儿童安全座椅；瑞典要求在用汽车应装配保护 7 岁以下儿童安全的装置；意大利和法国更是将年龄要求在 10 岁以下；德国、荷兰和日本甚至将年龄提高到 12 岁以下。

此外，欧洲、美国等国家和地区根据各自的不同情况，都制定了儿童安全

① 薛振光：《汽车安全气囊发展趋势分析》，《黑龙江科技信息》2008 年第 28 期。

② 《安全座椅常识》，http：//wenku. baidu. com/view/19faec4f2e3f5727a5e962d5. html。

座椅的检测方法。美国对座椅织物的耐磨强度、耐光强度以及带微生物强度都提出了具体要求，还要进行盐雾试验用来考察抗腐蚀能力。欧洲对儿童安全座椅的能量吸收性、抗翻滚能力、耐高温性以及安全带的调节和卷收功能也有严格限制。在欧洲，儿童安全座椅已经成为大部分整车出厂的标配，普及率相当高。然而中国使用儿童安全座椅的比例还很低。不过从 2009 年开始，C-NCAP 增加了儿童安全座椅方面的测试内容，对儿童安全座椅的发展起到巨大的促进作用。此外，2012 年 7 月 1 日实施的《机动车儿童乘员用约束系统》规定，国产汽车必须安装座椅接口和安全锁，儿童安全座椅今后必须经检验合格后才能上市，这成为保障儿童乘车安全的又一项重要措施。

表 20　儿童安全座椅分类

类别	分类及适用范围	特点	图片
座椅的固定方式	欧洲标准的 ISOFIX 固定方式	具有两个与儿童座椅进行硬链接的固定接口	—
	美国标准的 LATCH 固定方式	连接方式并不是硬链接而是同时挂钩方式连接，并且固定点比 ISOFIX 多一个	—
	安全带固定方式	使用汽车安全带固定	—
儿童的年龄和体重	新生儿至 15 个月的儿童或体重在 13kg 以内的儿童	这类儿童安全座椅一般都装有可摇摆的底部，且还有把手，可作手提篮用	
	新生儿至 4 岁儿童或体重在 2.2 ~ 18kg 的儿童	这类儿童安全座椅虽然没有摇摆、便携及与手推车合用的功能，但可固定在车内并能长久使用	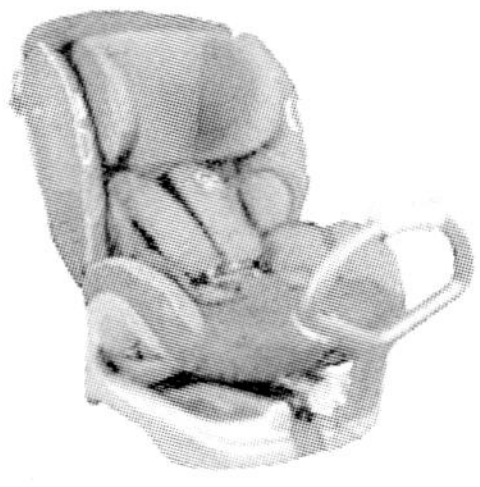

续表

类别	分类及适用范围	特点	图片
儿童的年龄和体重	1~4岁儿童或体重在9~18kg的儿童	这类儿童安全座椅设计简单,功能也较少,适合年龄稍大的儿童使用	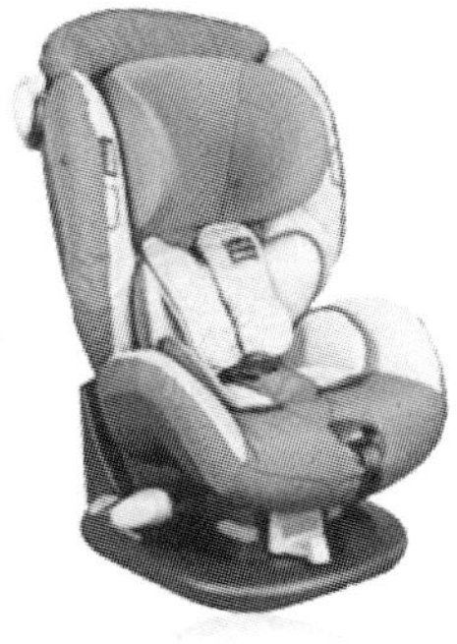
	1~12岁儿童或体重在9~36kg的儿童	既是一种专为蹒跚学步儿童(1~4岁)准备的座椅,又可拆除座椅本身的安全带而直接使用大人的安全带	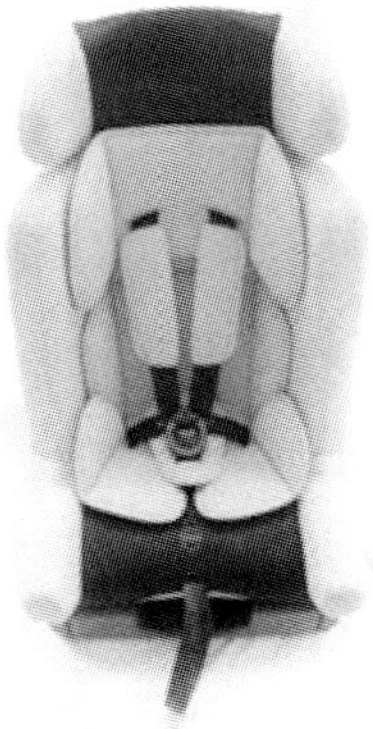
	3~12岁儿童或体重在15~36kg的儿童	这类儿童安全座椅拥有更多的侧面和头部保护,头枕的高度可根据儿童的身高调整	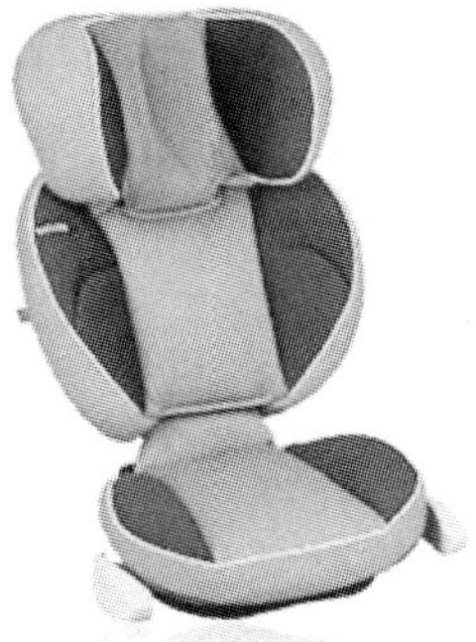

2. 市场发展

欧洲、美国等主要发达国家和地区的汽车文化历史积淀深厚，道路安全及汽车安全法规较为完善，驾驶员及乘员的安全意识非常强。汽车的智能保护装置，如防抱死制动系统、电子稳定性控制系统、行车保护装置等高端智能设备应用非常广泛，但这些国家和地区依然强制推行儿童安全座椅的法律法规。究其原因，车辆的保护措施设置的主要对象还是以成人为主，但是儿童被保护装置二次伤害的比例非常高，儿童安全座椅的提出就解决了这一问题。例如，美国田纳西州自 1978 年起强制推行儿童安全座椅法规后，儿童安全座椅使用率从 8% 提高到 30%，儿童乘员死亡率下降 50% 以上；德国自 1993 年起推行儿童安全座椅法规后，儿童安全座椅使用率达 95%，2011 年全年由交通事故直接导致死亡的儿童仅有 76 人；日本 2000 年执行新的道路交通法后，儿童安全座椅使用率从 12% 提高到 60%，儿童发生交通事故的死亡率下降到原来的 20%。而据相关数据显示，中国一线城市的儿童安全座椅使用率仅为 5%。国内生产的儿童安全座椅产品中，有 95% 为出口，国内销售仅占 5%。

目前国内儿童安全座椅的市场格局主要由欧美独资企业和国内大企业把控。欧美的知名企业，如德国 KIDDY 集团等企业的儿童安全座椅强势进军中国市场。国内生产儿童安全座椅的知名企业，如好孩子集团等大部分企业也已经具备了儿童安全座椅的生产资质、研发能力及相应的产能。然而，国内的市场需求不足，市场态势不甚明朗，国内企业生产的大部分产品多转为出口；同时，国内一直缺乏相应的法规、试验等方面的技术支持和政策导向，在一定程度上制约了儿童安全座椅的发展。

此外，销售点分布比较分散也限制了儿童安全座椅市场的发展。较为集中的地区主要在南方，尤其以上海市、广州市等一些经济发达的城市为主，北方地区销售点相对较少，主要分布在北京和大连等城市，这主要是由国内消费者购买量决定的。儿童安全座椅的销售点一般集中在大中型商场或者专卖店中，小型商场和普通营销点较少。

3. 生产与配套情况

（1）上海车当家投资管理有限公司

2012 年，上海车当家投资管理有限公司儿童安全座椅产品和吸能式儿童安全座椅安全带分别实现产能 15 万台和 50 万套，分别销售 11 万台和 30 万套。

表 21　上海车当家投资管理有限公司儿童安全座椅产品生产与销售情况

单位：万台，万套

安全产品名称	2012 年该安全产品产能	2012 年该安全产品销量
儿童安全座椅	15	11
吸能式儿童安全座椅安全带	50	30

（2）基德儿童用品贸易（上海）有限公司

2012 年，基德儿童用品贸易（上海）有限公司儿童安全座椅实现产能 150 万台，销售 90 万台。

表 22　基德儿童用品贸易（上海）有限公司儿童安全座椅产品生产与销售情况

单位：万台

安全产品名称	2012 年该安全产品产能	2012 年该安全产品销量
儿童安全座椅	150	90

（3）宁波贝安宝儿童用品有限公司

2012 年，宁波贝安宝儿童用品有限公司儿童安全座椅产品 BAB001、BAB003 和 BAB005 分别实现产能 5 万台、3 万台和 2 万台，分别销售（不含外销）2 万台、1 万台和 2 万台。

表 23　宁波贝安宝儿童用品有限公司儿童安全座椅产品生产与销售情况

单位：万台

安全产品名称	2012 年该安全产品产能	2012 年该安全产品销量
BAB001	5	2
BAB003	3	1
BAB005	2	2

4. 发展趋势

（1）儿童安全座椅与手推车相结合的多功能座椅

在中国，手推车的使用率要比儿童安全座椅高得多。原因之一是大多数家长认为年龄较小的儿童尽量不要选择乘车出行，即使要乘车，由家长抱在怀中最为安全。这体现了中国父母在儿童乘车安全意识方面的缺乏。原因之二是儿童安全座椅昂贵。家长普遍认为儿童安全座椅的实用性不强，使用时间很短。相比之下手推车价格较为低廉，大多数家庭更能接受。因此，这些看法催生了儿童安全座椅与手推车相结合的多功能座椅的市场需求，这类儿童安全座椅成为中国家庭的首选。

目前，国外这种多功能儿童安全座椅包括以下两种类型：一种是手推车与婴儿提篮相结合的组合式座椅，以美国葛莱儿童用品的安全座椅为代表，适合4岁以下的儿童（见图6）。该座椅装配了可固定在汽车后座上的座椅机座，提篮可以从推车或汽车中取放固定。与手推车配合使用时，将其直接放入推车支架，支架可以通过折叠方式放入后备厢中，无须考虑因体积过大而导致携带不方便的问题。

图6　美国葛莱儿童用品的手推车与婴儿提篮相结合的组合式座椅

资料来源：http：//www. bbpkl. com. cn/aioph/16151597671. html。

另一种是集座椅、手推车、航空座、就餐座等功能为一体的组合式多功能儿童安全座椅。作手推车时，机座轮子打开并锁止，座椅靠背上方有可调节手柄高度的手推装置。座椅配有五点式安全带和可根据儿童身高调整的安全带穿槽，可以最大限度地保障儿童安全。作儿童安全座椅时，可以采用 LATCH 固定，后向安装和前向安装分别适合体重 9.9kg 和体重 9.1～18.1kg 的儿童，适用年龄范围为新生儿至 4 岁。这款座椅的优点除了集多功能为一体外，手推车的功能能使儿童乘坐更稳固，不易倾倒；缺点则是外形较为笨重，手推车手柄不够稳固，易导致左右晃动、头枕高度不可调节的情况出现。

（2）整体式增高座椅

整体式增高座椅（内置型增高座椅）是安全带定位式增高座椅的一种。与传统的增高座椅相比，整体式增高座椅当初就设计为汽车座椅的一部分，可以直接使用成人安全带，因此无须加外挂式安全座椅，也不需要其他安全装置固定。另外，它可以让儿童一直保持直坐状态，由于提供更合适的大腿支撑，儿童不会因腿部位置不舒服而从座椅上向前滑脱。自 1991 年以来，瑞典沃尔沃汽车公司已经在汽车后排座椅上使用整体式增高座椅。虽然该款儿童安全座椅避免了安装上的错误和携带的不方便，但其不便拆卸和导致成人乘坐空间变小的缺点限制了该款儿童安全座椅的发展和普及。

随着开发技术的升级，瑞典沃尔沃汽车公司后来又推出了内置式座椅，也称为一体式双阶段增高座椅（见图 7），代表车型为沃尔沃 V70 和 XC70。该款座椅可通过调节座椅坐垫下部装置逐级升高坐垫（共两级），以保证不同身高的儿童调至与安全带耦合的位置，使儿童乘坐更为安全、舒适，视野更开阔。此外，这种位置可以调整的安全带也增加了儿童使用年龄的范围。

德国大众汽车公司生产的帕萨特也设计出最新一代的整体式儿童安全座椅，适用年龄范围为 3～12 岁。如图 8 所示，座椅侧面装配适应不同体型的儿童的尺寸调节装置，在侧面撞击中更好地保护儿童的身体。这款座椅的优点之一在于其头部保护装置对面向儿童头部和颈部的撞击起到了最大的缓冲作用。同时，这款座椅也可以有效防止儿童在车内入睡时由于身体侧倾而产生危险的情况出现。优点之二在于能够有效抑制儿童在座椅上向下滑脱，始终保证儿童的乘车安全。此外，它安装简单的特点可同时满足儿童和成人之间的快速转换。乘坐儿童时，仅需装上侧向的缓冲架并将椅面升高；乘坐成人时，将所有设计恢复原状即可。

图 7　瑞典沃尔沃汽车公司的一体式双阶段增高座椅

资料来源：http：//news. cheshi. com/haiwai/200711/53693. shtml。

图 8　帕萨特的新型整体式儿童安全座椅

资料来源：曹立波、任锡娟、陈缓：《汽车儿童安全座椅的结构特点及发展趋势探讨》，《汽车零部件》2010 年第 3 期。

（3）适合不同年龄段使用的儿童安全座椅

由于中国大多数家庭仅有一个孩子，并且每个家庭的承受力有限，儿童在各个阶段又需要根据身高和体重的变化使用不同的儿童安全座椅，这为可适合不同年龄段使用的儿童安全座椅带来了新的市场商机。

目前，美国葛莱儿童用品已经拥有多款适合不同年龄段使用的儿童安全座椅，适用年龄范围为9个月至12岁。如图9所示，美国葛莱儿童用品的三合一儿童安全座椅安装有五点式安全带，头枕高度可随着儿童身高的变化调节。由于其头枕高度可调节、靠背可拆卸、支撑强度可扩展等结构上的设计特点，使其可以在五点式安全带的座椅（9～18kg）、拆除五点式安全带转而使用汽车安全带的座椅（15～36kg）和拆除靠背的座椅（22～36kg）之间转换，适用范围更广。

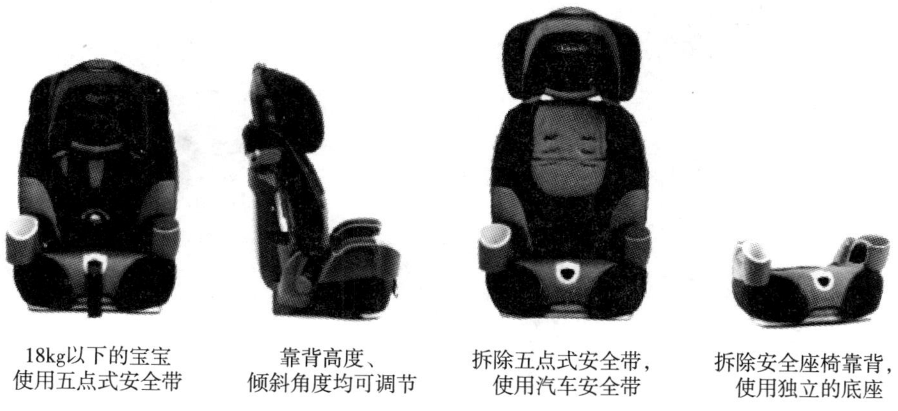

图9　美国葛莱儿童用品的三合一儿童安全座椅

资料来源：http：//item.jd.com/702000.html。

（4）增加360度转动调节功能的儿童座椅

除了从安全性能上进行材质及设计的改进之外，传统的儿童安全座椅在安装及使用的便捷性方面还有待提高。而日本艾乐贝贝公司酷乐多座椅能够允许儿童在座椅上时旋转90度使其面对父母，这样抱放儿童会更加方便，但并不是所有带360度转动的产品都允许这样操作。很多产品在说明书上都会提醒使用者，当儿童在汽车座椅上时不要旋转座椅。日本阿普丽佳公司Fladea经典系列的产品的360度转动就要求在正确的操作下才能实现，这款产品也是唯一能够让儿童完全舒展开形成平躺姿势的产品，然而这样的产品也有缺点，就是平躺需要占用很大的空间。如果车型不够宽敞，后排的空间会变得很小。但是综合利弊分析，360度的设计还是非常有用的，避免了以往需要将汽车座椅拔出再反向插上或是将座椅整体拆除的麻烦。未来符合新国标的汽车座椅普及后，这款能够从新生儿使用到4岁的座椅势必会因为安装和使用上的便捷而越来越受欢迎。

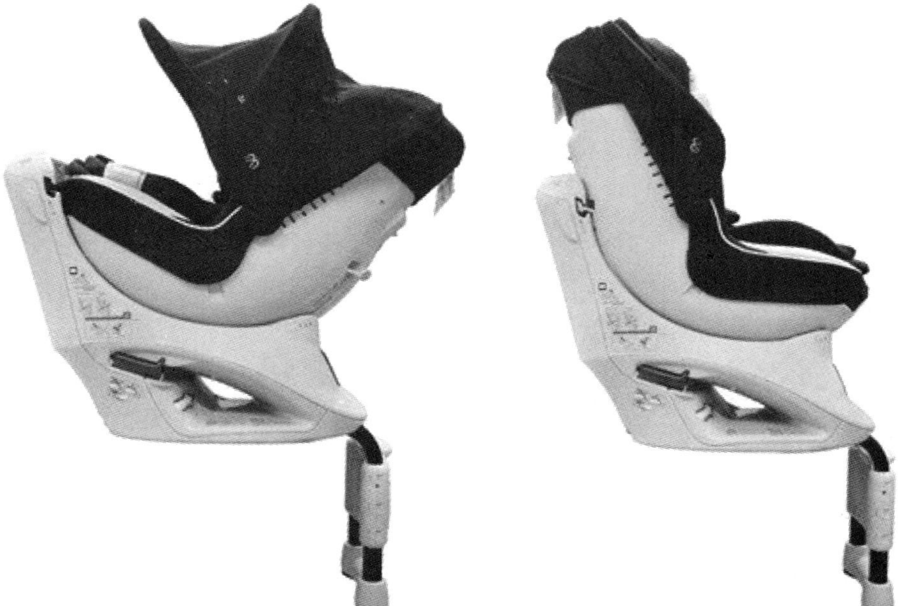

图10　酷乐多360度旋转式儿童安全座椅

资料来源：http：//product. cnetnews. com. cn/cp/zdnet/item-1352037. html。

总之，推广普及新型多功能的儿童安全座椅将成为适合中国国情的选择，同时合理选择使用儿童安全座椅能够保护不同年龄阶段的儿童。作为目前重点研究领域，儿童安全座椅的发展需要国家政府和企业更多的关注和投入。未来，儿童安全座椅的安装将更加便捷，适用范围更广，安全性能也会更加完善。儿童安全座椅在中国的汽车安全体系中将担起更为重要的责任和发挥更为突出的作用。

图 11　Fladea 经典系列平躺型婴幼儿安全座椅

资料来源：http：//www. amazon. cn/母婴用品/dp/B00FO46LSW。

B.12

中国汽车主动安全产品发展调查报告

摘　要：

调研的12家整车企业装备的主动安全产品主要包括防抱死制动系统、电子稳定性控制系统、胎压监测系统、自适应巡航控制系统、车道偏离预警系统等。对防抱死制动系统、制动辅助系统、牵引力控制系统、电子稳定性控制系统、胎压监测系统、自适应巡航控制系统这6个主动安全产品分别做出了发展现状及趋势分析。防抱死制动系统是最普及的主动安全产品，仅有少部分低价位车型因成本原因未装备。在防抱死制动系统的基础上，制动辅助系统、牵引力控制系统、电子稳定性控制系统得以发展。胎压监测系统的国家标准制定工作已经启动，将规范和引导胎压监测系统产业的健康发展。自适应巡航控制系统可以减少碰撞事故的发生，主要装备在高档车型上。主动安全产品中，除了防抱死制动系统以外，其他产品普及率偏低，但消费者日益提高的关注度将促进市场需求的增长。

关键词：

防抱死制动系统　制动辅助系统　电子稳定性控制系统
胎压监测系统　牵动控制系统　自适应巡航控制系统

一　汽车主动安全产品装备情况

根据调研，掌握了12家整车企业的主动安全产品装备情况。自主品牌汽车企业的大部分车型以装备防抱死制动系统、电子稳定性控制系统、胎压监测系统为主。合资汽车企业的车型底盘主动控制类产品装备较为齐全，部分车型装备的自适应巡航控制系统、车道偏离预警系统等驾驶员辅助控制类产品也很丰富。

（一）上海大众汽车有限公司

上海大众汽车有限公司的车型均装备了防抱死制动系统，该公司主动安全产品装备情况如表 1 所示。

表 1　上海大众汽车有限公司主动安全产品装备情况

车　型	车型上装备的主要主动安全产品	主动安全产品主要配套供应商
帕萨特	防抱死制动系统	上海汽车制动系统有限公司
途　观	防抱死制动系统	上海汽车制动系统有限公司
朗　逸	防抱死制动系统	上海汽车制动系统有限公司

（二）东风汽车有限公司东风日产乘用车公司

东风汽车有限公司东风日产乘用车公司的车型装备了防抱死制动系统、电子稳定性控制系统、胎压监测系统、牵引力控制系统等，其中天籁装备的主动安全产品较多。该公司主动安全产品装备情况如表 2 所示。

表 2　东风汽车有限公司东风日产乘用车公司主动安全产品装备情况

车　型	车型上装备的主要主动安全产品
天　籁	防抱死制动系统 电子稳定性控制系统 胎压监测系统 牵引力控制系统 制动辅助系统 陡坡缓降系统（HDC） 自适应巡航控制系统 车道偏离预警系统 盲点信息系统 环景监视系统（AVM）

续表

车　型	车型上装备的主要主动安全产品
楼　兰	防抱死制动系统 电子稳定性控制系统 胎压监测系统 牵引力控制系统 自适应巡航控制系统
奇　骏	防抱死制动系统 电子稳定性控制系统 侧倾稳定性控制系统 陡坡缓降系统

（三）长安福特汽车有限公司

长安福特汽车有限公司的车型装备的主动安全产品丰富，最多可达到 10 种以上。该公司主动安全产品装备情况如表 3 所示。

表 3　长安福特汽车有限公司主动安全产品装备情况

车　型	车型上装备的主要主动安全产品	主动安全产品主要配套供应商
翼　虎	防抱死制动系统	大陆泰密克汽车系统(上海)有限公司
	电子稳定性控制系统	大陆泰密克汽车系统(上海)有限公司
	牵引力控制系统	大陆泰密克汽车系统(上海)有限公司
	侧倾稳定性控制系统	大陆泰密克汽车系统(上海)有限公司
	制动辅助系统	大陆泰密克汽车系统(上海)有限公司
	自适应巡航控制系统	美国德尔福公司
	车道偏离预警系统	德国大陆公司
	自动泊车辅助系统	法雷奥汽车内部控制(深圳)有限公司
	盲点信息系统	法国法雷奥公司
	坡道辅助控制系统	大陆泰密克汽车系统(上海)有限公司
	低速行车安全系统(ACS)	大陆泰密克汽车系统(上海)有限公司
蒙迪欧	防抱死制动系统	德国大陆公司
	电子差速锁	德国大陆公司
	制动辅助系统	德国大陆公司
	电子制动力分配系统	德国大陆公司
	电子稳定性控制系统	德国大陆公司
	坡道辅助控制系统	德国大陆公司

续表

车　型	车型上装备的主要主动安全产品	主动安全产品主要配套供应商
蒙迪欧	牵引力控制系统 自适应巡航控制系统 低速行车安全系统 车道保持辅助系统 盲点信息系统 胎压监测系统	德国大陆公司 美国德尔福公司 德国大陆公司 德国大陆公司 法国法雷奥公司 英国 Schrader 公司
福克斯	防抱死制动系统 低速行车安全系统 盲点信息系统 制动辅助系统 电子制动力分配系统 电子稳定性控制系统 坡道辅助控制系统 牵引力控制系统	大陆泰密克汽车系统(上海)有限公司 德国大陆公司 法国法雷奥公司 大陆泰密克汽车系统(上海)有限公司 大陆泰密克汽车系统(上海)有限公司 大陆泰密克汽车系统(上海)有限公司 大陆泰密克汽车系统(上海)有限公司 大陆泰密克汽车系统(上海)有限公司
翼　搏	电子制动力分配系统 防抱死制动系统 制动辅助系统 牵引力控制系统 电子稳定性控制系统 坡道辅助控制系统	大陆泰密克汽车系统(上海)有限公司 大陆泰密克汽车系统(上海)有限公司 大陆泰密克汽车系统(上海)有限公司 大陆泰密克汽车系统(上海)有限公司 大陆泰密克汽车系统(上海)有限公司 大陆泰密克汽车系统(上海)有限公司

(四)长城汽车股份有限公司

长城汽车股份有限公司在长城 C30、长城 C50、哈弗 H6 车型上装备了电子稳定性控制系统、胎压监测系统。该公司主动安全产品装备情况如表 4 所示。

表 4　长城汽车股份有限公司主动安全产品装备情况

车型	车型上装备的主要主动安全产品	主动安全产品主要配套供应商
长城 C30	电子稳定性控制系统	博世汽车部件(苏州)有限公司
长城 C50	电子稳定性控制系统 胎压监测系统	大陆泰密克汽车系统(上海)有限公司 苏州驶安特汽车电子有限公司
哈弗 H6	电子稳定性控制系统 胎压监测系统	博世汽车部件(苏州)有限公司 苏州驶安特汽车电子有限公司

（五）浙江吉利控股集团有限公司

浙江吉利控股集团有限公司的车型装备了防抱死制动系统、电子稳定性控制系统、胎压监测系统、爆胎监测与安全控制系统（BMCS）。该公司主动安全产品装备情况如表5所示。

表5　浙江吉利控股集团有限公司主动安全产品装备情况

车型	车型上装备的主要主动安全产品	主动安全产品主要配套供应商
EC7	防抱死制动系统	博世汽车部件(苏州)有限公司
	电子稳定性控制系统	大陆泰密克汽车系统(上海)有限公司
	胎压监测系统	同致电子集团
	爆胎监测与安全控制系统	浙江智慧电装有限公司
EC8	防抱死制动系统	博世汽车部件(苏州)有限公司
	胎压监测系统	辉创电子科技(苏州)有限公司
	爆胎监测与安全控制系统	浙江智慧电装有限公司
GX7	防抱死制动系统	博世汽车部件(苏州)有限公司

（六）天津一汽丰田汽车有限公司

天津一汽丰田汽车有限公司的车型装备了防抱死制动系统、电子稳定性控制系统、牵引力控制系统、制动辅助系统、自动泊车辅助系统，其中锐志和皇冠装备的主动安全产品较多。该公司主动安全产品装备情况如表6所示。

表6　天津一汽丰田汽车有限公司主动安全产品装备情况

车型	车型上装备的主要主动安全产品	主动安全产品主要配套供应商
花冠	防抱死制动系统	爱德克斯(天津)汽车零部件有限公司
威驰	防抱死制动系统	爱德克斯(天津)汽车零部件有限公司
锐志	防抱死制动系统	—
	牵引力控制系统	—
	制动辅助系统	—
	自动泊车辅助系统	—
	电子稳定性控制系统	—

续表

车型	车型上装备的主要主动安全产品	主动安全产品主要配套供应商
皇冠	防抱死制动系统	—
	牵引力控制系统	—
	制动辅助系统	—
	自动泊车辅助系统	—
	电子稳定性控制系统	—
卡罗拉	电子稳定性控制系统	爱德克斯(天津)汽车零部件有限公司
	防抱死制动系统	爱德克斯(天津)汽车零部件有限公司
RAV4	电子稳定性控制系统	爱德克斯(天津)汽车零部件有限公司
	防抱死制动系统	爱德克斯(天津)汽车零部件有限公司

(七)广汽本田汽车有限公司

广汽本田汽车有限公司在雅阁上装备的主动安全产品多达10余种，装备情况如表7所示。

表7　广汽本田汽车有限公司主动安全产品装备情况

车型	车型上装备的主要主动安全产品	主动安全产品主要配套供应商
雅阁	盲点信息系统	松下电器机电(中国)有限公司
	碰撞缓解制动系统	日本富士通天公司、高田(上海)汽配制造有限公司
	自适应巡航控制系统	日本富士通天公司、高田(上海)汽配制造有限公司
	防抱死制动系统	中山日信工业有限公司
	电子制动力分配系统	中山日信工业有限公司
	制动辅助系统	中山日信工业有限公司
	牵引力控制系统	中山日信工业有限公司
	侧滑控制系统(SC)	中山日信工业有限公司
	电子稳定性控制系统	中山日信工业有限公司
	电子驻车制动系统	天合汽车零部件(上海)有限公司、日立电线(苏州)有限公司
	自动驻车系统(ABH)	天合汽车零部件(上海)有限公司
	主动转向照明系统(ACL)	广州斯坦雷电气有限公司
	坡道辅助控制系统	中山日信工业有限公司
	紧急制动警示系统(ESS)	日本本田汽车公司

(八)东风本田汽车有限公司

东风本田汽车有限公司的车型装备了防抱死制动系统、电子稳定性控制系统、牵引力控制系统、制动辅助系统、自适应巡航控制系统。该公司主动安全产品装备情况如表8所示。

表8　东风本田汽车有限公司主动安全产品装备情况

车型	车型上装备的主要主动安全产品	主动安全产品主要配套供应商
CR-V	防抱死制动系统	博世汽车部件(苏州)有限公司
	电子稳定性控制系统	博世汽车部件(苏州)有限公司
	牵引力控制系统	博世汽车部件(苏州)有限公司
	自适应巡航控制系统	东莞京滨汽车电喷装置有限公司
思域	防抱死制动系统	中山日信工业有限公司
	电子稳定性控制系统	中山日信工业有限公司
	牵引力控制系统	中山日信工业有限公司
	制动辅助系统	中山日信工业有限公司
	自适应巡航控制系统	东莞京滨汽车电喷装置有限公司
思铂睿	防抱死制动系统	大陆泰密克汽车系统(上海)有限公司
	电子稳定性控制系统	大陆泰密克汽车系统(上海)有限公司
	牵引力控制系统	大陆泰密克汽车系统(上海)有限公司
	自适应巡航控制系统	东莞京滨汽车电喷装置有限公司
思铭	防抱死制动系统	中山日信工业有限公司
	自适应巡航控制系统	东莞京滨汽车电喷装置有限公司
艾力绅	防抱死制动系统	中山日信工业有限公司
	电子稳定性控制系统	中山日信工业有限公司
	牵引力控制系统	中山日信工业有限公司
	制动辅助系统	中山日信工业有限公司
	自适应巡航控制系统	东莞京滨汽车电喷装置有限公司

(九)广汽丰田汽车有限公司

广汽丰田汽车有限公司的车型装备了防抱死制动系统、制动辅助系统、牵引力控制系统、电子稳定性控制系统。该公司主动安全产品装备情况如表9所示。

表 9　广汽丰田汽车有限公司主动安全产品装备情况

车型	车型上装备的主要主动安全产品	主动安全产品主要配套供应商
凯美瑞	防抱死制动系统	爱德克斯(广州)汽车零部件有限公司
	制动辅助系统	爱德克斯(广州)汽车零部件有限公司
汉兰达	防抱死制动系统	爱德克斯(广州)汽车零部件有限公司
	制动辅助系统	爱德克斯(广州)汽车零部件有限公司
	牵引力控制系统	电装(中国)投资有限公司
逸致	防抱死制动系统	爱德克斯(广州)汽车零部件有限公司
	电子稳定性控制系统	爱德克斯(广州)汽车零部件有限公司
	牵引力控制系统	电装(中国)投资有限公司
雅力士	防抱死制动系统	爱德克斯(广州)汽车零部件有限公司
	制动辅助系统	爱德克斯(广州)汽车零部件有限公司

（十）一汽轿车股份有限公司

一汽轿车股份有限公司的车型装备了防抱死制动系统、牵引力控制系统、电子稳定性控制系统、制动辅助系统。该公司主动安全产品装备情况如表 10 所示。

表 10　一汽轿车股份有限公司主动安全产品装备情况

车　型	车型上装备的主要主动安全产品
奔腾 B50	牵引力控制系统
	防抱死制动系统
奔腾 B70	牵引力控制系统
	防抱死制动系统
奔腾 B90	牵引力控制系统
	防抱死制动系统
	电子稳定性控制系统
	制动辅助系统
马自达 6	牵引力控制系统
	防抱死制动系统
睿　翼	牵引力控制系统
	防抱死制动系统
	制动辅助系统
	电子稳定性控制系统

（十一）安徽江淮汽车股份有限公司

安徽江淮汽车股份有限公司的车型装备了防抱死制动系统、胎压监测系统等，其中瑞风 S5 装备的主动安全产品较多。该公司主动安全产品装备情况如表 11 所示。

表 11　安徽江淮汽车股份有限公司主动安全产品装备情况

车型	车型上装备的主要主动安全产品	主动安全产品主要配套供应商
宾悦	防抱死制动系统	—
同悦	防抱死制动系统	—
悦悦	防抱死制动系统	—
和悦	防抱死制动系统	—
	胎压监测系统	深圳市航盛电子股份有限公司
瑞风 S5	电子稳定性控制系统	大陆泰密克汽车系统（上海）有限公司
	牵引力控制系统	大陆泰密克汽车系统（上海）有限公司
	陡坡缓降系统	大陆泰密克汽车系统（上海）有限公司
	防抱死制动系统	大陆泰密克汽车系统（上海）有限公司
	胎压监测系统	深圳市航盛电子股份有限公司
	电子驻车制动系统	天合汽车研发（上海）有限公司
和悦 A30	防抱死制动系统	—
	胎压监测系统	深圳市航盛电子股份有限公司
新能源轿车	防抱死制动系统	—

（十二）东风裕隆汽车有限公司

东风裕隆汽车有限公司的车型装备了变道影像系统、360 度全周影像系统、车道偏离预警系统等。该公司主动安全产品装备情况如表 12 所示。

表 12　东风裕隆汽车有限公司主动安全产品装备情况

车型	车型上装备的主要主动安全产品
纳智捷大 7 SUV	防抱死制动系统 电子制动力分配系统 电子稳定性控制系统

续表

车型	车型上装备的主要主动安全产品
纳智捷大7 SUV	变道影像系统 360度全周影像系统 车道偏离预警系统
纳智捷大7 MPV	防抱死制动系统 电子制动力分配系统 电子稳定性控制系统 变道影像系统 360度全周影像系统 车道偏离预警系统
纳智捷 MASTER CEO	防抱死制动系统 电子制动力分配系统 电子稳定性控制系统 变道影像系统 360度全周影像系统 车道偏离预警系统
纳智捷5 Sedan	防抱死制动系统 电子制动力分配系统 电子稳定性控制系统 变道影像系统 360度全周影像系统 车道偏离预警系统

二　汽车主动安全产品发展现状及趋势分析

（一）防抱死制动系统

1. 技术发展

良好的制动性能是汽车安全行驶的重要保障，防抱死制动系统能够改善制动性能，防止在制动过程中车轮抱死，从而保证汽车行驶的方向性和稳定性。

1936年，德国博世公司获得了防抱死制动系统的专利权。1978年，该公司推出了采用数字式电子控制装置的防抱死制动系统。20世纪80年代以来，电子技术得到快速发展，从而使防抱死制动系统的可靠性更加完善，促进了其广泛应用。1995 年，美国、德国和日本的乘用车防抱死制动系统装备比例分别达到了 55%、50% 和 85%。如今，在美国、欧洲和日本，防抱死制动系统是汽车的标准配置。我国大部分乘用车产品也已经装备了防抱死制动系统。

防抱死制动系统主要由轮速传感器、电子控制单元、制动压力调节器组成，通过重复地减少或增加制动力来保证车轮既受到制动又不完全抱死，把车轮滑移率控制在合适的范围内。防抱死制动系统可使轮胎获得与路面之间的最大纵向附着力，缩短制动距离并保持一定的横向附着力，能够有效克服紧急制动时的侧滑、甩尾等情况，防止车身失控，提高车辆的制动稳定性。但在轮胎与路面附着力较差的情况下，防抱死制动系统的作用并不明显。

目前，装备在汽车上最先进的是四传感器四通道防抱死制动系统，每个车轮都由独立的液压管路和电磁阀控制，这种结构能实现良好的防抱死功能。

防抱死制动系统可增加电子制动力分配系统，该系统计算出各个轮胎与路面之间的附着力大小，将制动力适当地分配至四个车轮，提高制动效能，配合防抱死制动系统提高制动稳定性。电子制动力分配系统并不增加新的硬件，而是通过软件来实现制动力的合理分配。

2. 市场发展

2012 年，在我国生产的乘用车中，防抱死制动系统的装备比例达到 90% 以上。为乘用车配套的防抱死制动系统生产企业有 10 余家，配套量前 10 家生产企业市场份额达到 96%，市场集中度较高。其中，博世汽车部件（苏州）有限公司市场份额约占 1/3，大陆泰密克汽车系统（上海）有限公司市场份额达到 22%，另外 8 家企业市场份额均在 10% 以下。

2012 年，配套量前 10 家防抱死制动系统生产企业配套情况如表 13 所示。

为乘用车配套的防抱死制动系统内资生产企业主要包括京西重工（上海）有限公司、浙江万向精工有限公司、浙江亚太机电股份有限公司等。在市场竞争格局中，内资企业市场份额偏低，未来需要进一步完善产品，加强市场开拓。

根据调研，2012 年，浙江亚太机电股份有限公司的防抱死制动系统具备产能 30 万套，配套的乘用车车型以 MPV、SUV 为主。

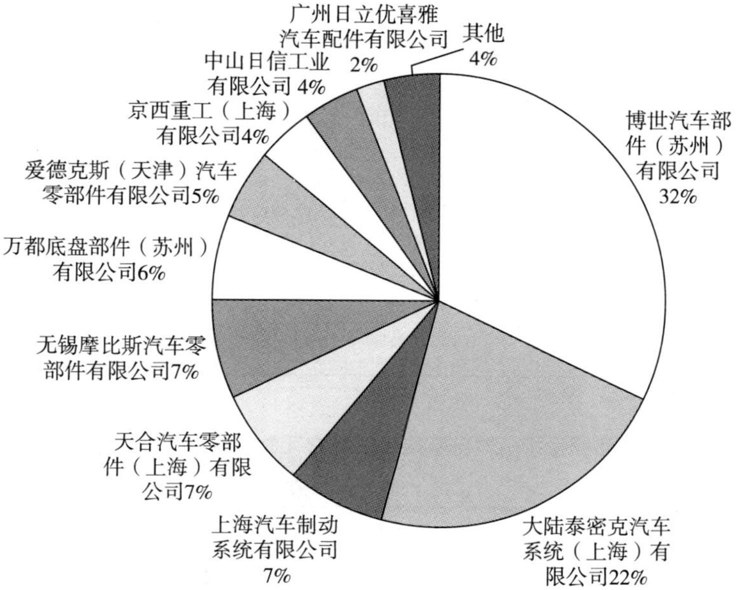

图 1　2012 年乘用车防抱死制动系统配套量前 10 家生产企业市场份额

表 13　2012 年主要乘用车防抱死制动系统生产企业配套情况

序号	防抱死制动系统生产企业	主要配套企业
1	博世汽车部件（苏州）有限公司	东风汽车有限公司东风日产乘用车公司、长城汽车股份有限公司、神龙汽车有限公司、比亚迪汽车有限责任公司、一汽-大众汽车有限公司、上海大众汽车有限公司、天津一汽夏利汽车股份有限公司、东风本田汽车有限公司、东风柳州汽车有限公司、一汽海马汽车有限公司
2	大陆泰密克汽车系统（上海）有限公司	上海大众汽车有限公司、长安福特汽车有限公司、一汽-大众汽车有限公司、上海通用（沈阳）北盛汽车有限公司、奇瑞汽车股份有限公司
3	上海汽车制动系统有限公司	一汽-大众汽车有限公司、上海大众汽车有限公司、浙江豪情汽车制造有限公司、奇瑞汽车股份有限公司、神龙汽车有限公司
4	天合汽车零部件（上海）有限公司	上海通用汽车有限公司、一汽-大众汽车有限公司、上海大众汽车有限公司、上海汽车集团股份有限公司、长安福特汽车有限公司
5	无锡摩比斯汽车零部件有限公司	北京现代汽车有限公司、东风悦达起亚汽车有限公司
6	万都底盘部件（苏州）有限公司	上海通用东岳汽车有限公司、东风悦达起亚汽车有限公司、奇瑞汽车股份有限公司、北京现代汽车有限公司

续表

序号	防抱死制动系统生产企业	主要配套企业
7	爱德克斯(天津)汽车零部件有限公司	天津一汽丰田汽车有限公司、中国第一汽车集团公司
8	京西重工(上海)有限公司	上海通用汽车有限公司、比亚迪汽车有限责任公司、重庆长安铃木汽车有限公司、江西昌河铃木汽车有限责任公司、东风裕隆汽车有限公司
9	中山日信工业有限公司	广汽本田汽车有限公司、东风本田汽车有限公司
10	广州日立优喜雅汽车配件有限公司	东风汽车有限公司东风日产乘用车公司

表 14　浙江亚太机电股份有限公司防抱死制动系统生产与配套情况

单位：万套

2012 年产能	主要配套企业	配套车型
30	郑州日产汽车有限公司	帅客、御轩
	湖南江南汽车制造有限公司	众泰 5008
	北汽福田汽车股份有限公司	蒙派克、迷迪

3. 发展趋势

（1）提高产品性能

防抱死制动系统电控部分向集成化方向发展，机械部分进一步优化结构设计、应用新材料，同时将研究更加完善的控制方法，使车轮在制动过程中保持最佳、稳定的滑移率，产品性能得到提高。

（2）减小体积及减轻质量

作为提高汽车安全性能的附加装置，防抱死制动系统的安装空间有限。提高系统的集成度，减小体积及减轻质量，有利于整车的轻量化并提高燃油经济性。

（3）与其他控制系统集成

随着汽车安全技术的发展，防抱死制动系统与制动辅助系统、牵引力控制系统、电子稳定性控制系统等越来越多地集成在一起应用，形成了更加综合的汽车控制系统。

（4）成为乘用车的标准配置

目前，在我国乘用车中仅有少数低价位车型没有实现全系装备防抱死制动系统。随着技术不断成熟及消费者对安全要求的提高，防抱死制动系统将成为乘用车的标准配置。

（二）制动辅助系统

1. 技术发展

在一些非常紧急的事件中，驾驶员往往不能及时踩下制动踏板或制动力度不足。制动辅助系统会监测驾驶员踩下制动踏板的情况，在紧急时刻对汽车施加更大的制动力。

欧洲从 2009 年开始，强制要求新生产的车型装备制动辅助系统，美国和日本的乘用车制动辅助系统普及率较高。我国大多数中高档车型也装备了该系统。

制动辅助系统通过驾驶员踩下制动踏板的速度和力度来判断制动的意图。对于正常情况下的制动，制动辅助系统判断后不会发生作用，由驾驶员自主决定制动力度。当制动辅助系统监测到驾驶员以较快的速度和较大的力度踩下制动踏板时，会判定为需要紧急制动，制动辅助系统发挥作用，将在不到 1s 的时间内把制动力增至最大，使汽车及时、有效地完成制动。制动辅助系统对于缩短制动距离，增强汽车行驶的安全性非常有利。对于高龄或女性这类脚踝及腿部力量不足的驾驶员来说，制动辅助系统的优势会体现得更加明显。装备制动辅助系统的车辆比未装备该系统的车辆在紧急制动时可减少约 45% 的制动距离，降低了事故发生的可能性。

制动辅助系统可分为机械式与电子式两类。机械式制动辅助系统是在普通真空助力器的基础上改造输入端结构，增加进气调节装置，结构简单、成本较低。电子式制动辅助系统由传感器、执行器和电子控制单元组成，核心的执行器是电子真空助力器。

2. 市场发展

我国制动辅助系统主要生产企业包括大陆泰密克汽车系统（上海）有限公司、中山日信工业有限公司、爱德克斯（广州）汽车零部件有限公司等。制动辅助系统在我国逐步普及，目前该系统在中高档车型中比较常见，部分低价位车型也有装备。装备制动辅助系统的主要车型如表 15 所示。

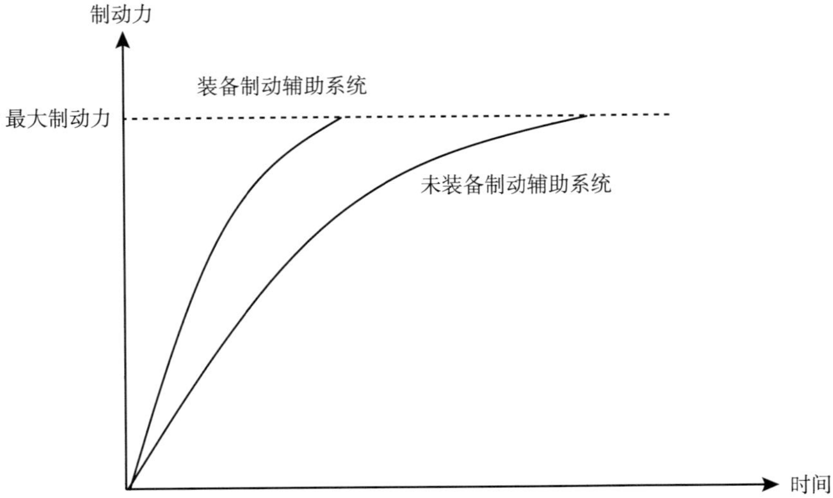

图 2　装备与未装备制动辅助系统的车辆紧急制动效果比较

表 15　装备制动辅助系统的部分车型

序号	企业名称	车型
1	上海通用汽车有限公司	昂科拉、别克 GL8、君威、君越、凯迪拉克、科鲁兹、科帕奇、林荫大道、迈锐宝、英朗 GT、英朗 XT
2	上海大众汽车有限公司	POLO、昊锐、朗行、朗逸、明锐、帕萨特、桑塔纳、途安、途观、昕锐、野帝
3	一汽-大众汽车有限公司	CC、奥迪 A4L、奥迪 A6L、奥迪 Q3、奥迪 Q5、宝来、高尔夫、捷达、迈腾、速腾
4	北京现代汽车有限公司	ix35、朗动、胜达、索纳塔
5	东风汽车有限公司东风日产乘用车公司	骊威、楼兰、玛驰、奇骏、骐达、启辰 D50、启辰 R50、天籁、逍客、轩逸、阳光
6	重庆长安汽车股份有限公司	长安 CS35、睿骋、逸动、悦翔 V5
7	长安福特汽车有限公司	S-MAX、福克斯、嘉年华、蒙迪欧、沃尔沃 S80L、翼搏、翼虎
8	长城汽车股份有限公司	长城 M4、哈弗 H5、哈弗 H6、长城 C20R、长城 C50
9	神龙汽车有限公司	爱丽舍、标致 3008、标致 307、标致 308、标致 408、标致 508、世嘉、雪铁龙 C4L、雪铁龙 C5
10	东风悦达起亚汽车有限公司	起亚 K3、起亚 K5、赛拉图、智跑
11	浙江吉利控股集团有限公司	帝豪 EC7、帝豪 EC8
12	天津一汽丰田汽车有限公司	RAV4、皇冠、卡罗拉、普锐斯、锐志、威驰
13	比亚迪汽车有限责任公司	比亚迪 G6、思锐、速锐
14	奇瑞汽车股份有限公司	艾瑞泽 7、东方之子、奇瑞 A3、瑞麒 G5、瑞麒 G6

续表

序号	企业名称	车型
15	广汽本田汽车有限公司	奥德赛、歌诗图、凌派、雅阁
16	东风本田汽车有限公司	CR-V、艾力绅、杰德、思铂睿、思域
17	广汽丰田汽车有限公司	汉兰达、凯美瑞、雅力士、逸致
18	华晨汽车集团控股有限公司	H530、骏捷、中华、中华 V5
19	一汽轿车股份有限公司	奔腾 B90、奔腾 X80、红旗 H7、马自达 8、睿翼
20	华晨宝马汽车有限公司	宝马 3 系、宝马 5 系、宝马 X1
21	安徽江淮汽车股份有限公司	宾悦、瑞风 S5
22	东风柳州汽车有限公司	景逸 XL、景逸 LV、景逸 X5
23	重庆长安铃木汽车有限公司	天语
24	北京汽车股份有限公司	绅宝
25	南京汽车集团有限公司	MG5、MG7、荣威 350、荣威 750、荣威 W5
26	北京奔驰汽车有限公司	奔驰 C、奔驰 E、奔驰 GLK
27	东南（福建）汽车工业有限公司	菱仕、菱致、翼神
28	一汽海马汽车有限公司	普力马、骑士、丘比特
29	广州汽车集团乘用车有限公司	传祺 GA3、传祺 GA5、传祺 GS5
30	上海汽车集团股份有限公司	MG3、MG6、荣威 550、荣威 950
31	东风汽车集团股份有限公司乘用车公司	风神 A60
32	长安马自达汽车有限公司	马自达 3 星骋、马自达 CX-5
33	郑州日产汽车有限公司	NV200、御轩
34	海马轿车有限公司	海马 M3
35	广汽菲亚特汽车有限公司	菲翔
36	广汽三菱汽车有限公司	劲畅、劲炫
37	江铃汽车股份有限公司	驭胜
38	东风裕隆汽车有限公司	纳智捷 5 Sedan、纳智捷 MASTER CEO、纳智捷大 7 MPV、纳智捷大 7 SUV
39	华泰汽车集团	宝利格、华泰 B11
40	四川一汽丰田汽车有限公司	兰德酷路泽、普拉多
41	福建奔驰汽车工业有限公司	凌特、威霆、唯雅诺

3. 发展趋势

通过对制动辅助系统在我国车型上的装备情况分析，可以预见，随着成本逐渐降低，制动辅助系统将在未来得到更加广泛的应用，有望像防抱死制动系统一样成为高普及率的主动安全产品。随着传感技术与控制技术不断完善，制动辅助系统的可靠性将进一步提高，响应速度也会更加快速。新型制动辅助系统将会出现，如预警式制动辅助系统，即通过预先监测可能发生的紧急情况，提供预制动，并在必要时提供更大的制动力。

（三）牵引力控制系统

1. 技术发展

牵引力控制系统的作用是防止汽车在起步、加速以及冰雪等光滑路面时出现的驱动轮打滑问题。

早在 1972 年，日本就研制了早期的牵引力控制系统，特点是通过停止发动机气缸点火来控制汽车的动力输出。这种系统通过传感器测定汽车驱动轮的瞬时加速度，然后与给定的轮胎和道路附着系数下的极限加速时间和加速度进行比较，如果传感器测定的瞬时加速度超过了极限加速度，就会对发动机发出停止气缸点火的信号。1978 年，德国注册了通过减少气缸供油来实现牵引力控制的装置，而美国在同年发明了通过在驱动轮上施加制动力矩的方式来实现牵引力控制的装置。之后，日本于 1981 年又发明一种通过调节离合器结合程度来实现牵引力控制的装置。而牵引力控制系统真正开始应用是在 1985 年，瑞典沃尔沃汽车公司将牵引力控制系统装配在 Volvo 760 Turbo 汽车上，这是世界上最早应用在实车上的牵引力控制系统。随后，美国通用汽车公司、德国奔驰汽车公司及德国博世公司相继推出了牵引力控制系统。进入 20 世纪 90 年代后，牵引力控制系统迅速普及，不仅仅是宝马、皇冠、凯迪拉克和奥迪等高级轿车将牵引力控制系统作为标准装备或选择装备，一些中级轿车甚至是紧凑型轿车也开始装备牵引力控制系统。

牵引力控制系统由转速传感器、电子控制单元和制动执行器组成。转速传感器将获得的车轮转速信号传递给电子控制单元，电子控制单元根据车轮转速信号确定车轮的滑转率，并与设定范围值进行比较，如果当前车轮的滑转率超过设定的范围，就发出指令给执行器调节发动机节气门开度、调节点火时间或减小油门等，降低发动机的输出扭矩，进而降低驱动力，防止驱动轮打滑。

2. 市场发展

中国对牵引力控制系统的研究起步较晚，目前还处于理论研究和探索阶段，尚无法实现牵引力控制系统的开发和生产。从国内市场来看，牵引力控制系统大部分来源于跨国零部件企业及其在国内的生产基地。主要的牵引力控制系统生产企业及配套情况如表16所示。

表16　主要牵引力控制系统生产企业及配套情况

序号	牵引力控制系统生产企业	主要配套企业	主要配套车型
1	博世汽车部件(苏州)有限公司	东风本田汽车有限公司	CR-V
2	大陆泰密克汽车系统(上海)有限公司	浙江吉利控股集团有限公司、东风本田汽车有限公司、长安福特汽车有限公司、浙江吉利控股集团有限公司、安徽江淮汽车股份有限公司	帝豪EC7、思铂睿、翼虎、蒙迪欧、福克斯、翼搏、瑞风S5
3	电装(中国)投资有限公司	广汽丰田汽车有限公司	汉兰达、逸致
4	中山日信工业有限公司	东风本田汽车有限公司、广汽本田汽车有限公司	思域、艾力绅、雅阁

国内车市来看，越来越多的车型开始装备牵引力控制系统。目前有超过100个品牌在其高配车型上装备牵引力控制系统，而在部分中高级车型上，牵引力控制系统已经成为全系标配系统。装备牵引力控制系统的主要车型如表17所示。

表17　装备牵引力控制系统的部分车型

序号	企业	车型
1	上海通用汽车有限公司	君威、君越、英朗XT、英朗GT、昂科拉、林荫大道、凯迪拉克、迈锐宝、科鲁兹、科帕奇
2	上海大众汽车有限公司	途观、POLO、昊锐、朗逸、桑塔纳、昕锐、朗行、野帝、晶锐、明锐、帕萨特领驭、途安
3	一汽-大众汽车有限公司	Q3、奥迪A4L、奥迪A6L、高尔夫、迈腾、捷达、CC、Q5、速腾、宝来
4	北京现代汽车有限公司	索纳塔、朗动、ix35、胜达、名图
5	东风汽车有限公司东风日产乘用车公司	天籁、奇骏、骐达、逍客、楼兰
6	重庆长安汽车股份有限公司	逸动、睿骋
7	长安福特汽车有限公司	福克斯、嘉年华、翼虎、蒙迪欧、翼搏
8	长城汽车股份有限公司	哈弗H5、哈弗H6、哈弗派、长城C50
9	神龙汽车有限公司	C5、C4L、爱丽舍、标致301、标致308、标致408、标致508、标致3008、凯旋

续表

序号	企业	车型
10	东风悦达起亚汽车有限公司	K3、智跑、狮跑、赛拉图、K5、福瑞迪
11	浙江吉利控股集团有限公司	帝豪 EC7、帝豪 EC8
12	天津一汽丰田汽车有限公司	RAV4、皇冠、普拉多、普锐斯、锐志
13	比亚迪汽车有限责任公司	比亚迪 G6、速锐、思锐
14	奇瑞汽车股份有限公司	A3、瑞麒 G5、艾瑞泽 7
15	广汽本田汽车有限公司	歌诗图、雅阁、奥德赛、凌派
16	东风本田汽车有限公司	CR-V、杰德、思铂睿、思域、艾力绅
17	广汽丰田汽车有限公司	汉兰达、逸致、凯美瑞
18	华晨汽车集团控股有限公司	骏捷、H530、V5
19	一汽轿车股份有限公司	奔腾 B50、奔腾 B70、奔腾 B90、奔腾 X80、马自达 8、睿翼、红旗 V501、红旗 H7
20	华晨宝马汽车有限公司	宝马 3 系、宝马 5 系、宝马 X1、宝马 M12
21	安徽江淮汽车股份有限公司	瑞风 S5、瑞风
22	东风柳州汽车有限公司	景逸 X5
23	北京奔驰汽车有限公司	奔驰 C、奔驰 E、奔驰 S、奔驰 GLK
24	东南(福建)汽车工业有限公司	翼神
25	一汽海马汽车有限公司	骑士、M3
26	广州汽车集团乘用车有限公司	传祺 GA3、传祺 GA5、传祺 GS5
27	上海汽车集团股份有限公司	荣威 550、荣威 750、荣威 950、荣威 W5、MG6、MG7
28	长安马自达汽车有限公司	马自达 3 星骋、CX-5
29	广汽菲亚特汽车有限公司	菲翔
30	广汽三菱汽车有限公司	劲炫、帕杰罗、劲畅
31	江铃汽车股份有限公司	驭胜
32	东风裕隆汽车有限公司	纳智捷 MASTER CEO、纳智捷大 7 SUV、纳智捷大 7 MPV
33	华泰汽车集团	华泰 B11、宝利格
34	福建奔驰汽车工业有限公司	凌特、唯雅诺、威霆

3. 发展趋势

虽然牵引力控制系统技术已经获得较为广泛的应用，但是业界对技术提升的研究一直未间断。牵引力控制系统的发展趋势首先表现在控制方法的优化上，传统的牵引力控制系统以逻辑门限值控制为主，这种方法需要大量实验来确定门限值，调试困难，通用性不佳。因此，牵引力控制系统急需具有高精度特性的控制算法，如模糊控制、神经网络控制等，可以提高系统的自适应性和可靠性。

牵引力控制系统的另一发展趋势是与其他汽车电控系统形成控制功能的扩展和集成。比如，和电子制动力分配系统形成 ABS/TCS/EBD 等，可以明显改善并提高防抱死制动系统的功效；与电子稳定性控制系统集成，形成 ABS/TCS/ESC 综合控制系统，可以使车辆在各种状况下均能保持最佳的稳定性。

另外，在车辆轻量化的大趋势下，牵引力控制系统也将会通过优化结构设计、增加集成度等方式来减小体积、降低重量、简化结构。

（四）电子稳定性控制系统

1. 技术发展

电子稳定性控制系统是防抱死制动系统的延伸，其功能是防止车辆在转弯时发生侧滑或者车身旋转，尤其是在由路况导致驾驶员进行急转弯的情况下，保证车辆沿预定方向行驶。

电子稳定性控制系统的概念在 20 世纪 90 年代被提出，1992 年德国宝马汽车公司和德国博世公司合作开发了第一代汽车稳定性系统 DSC1，应用于宝马 850Ci 轿车上；1994 年两个公司进一步合作开发了 DSC2，引入了 CAN 总线与发动机管理系统通信。但是这两代系统仅仅是在 ABS/TCS 的基础上增加了方向盘转角传感器，并未增加测量汽车运行姿态的侧向加速度传感器和横摆角速度传感器，对汽车的横摆角度是估计而来的，因此准确性不高。在 1995 年德国博世公司提出了 ESP 的概念，德国奔驰汽车公司提出了 VDC 的概念，日本丰田汽车公司提出了 VSC 的概念，这些系统均采用了能直接测量汽车运行姿态的侧向加速度传感器和横摆角速度传感器，极大地扩展了电子稳定性控制系统的应用范围。

电子稳定性控制系统由传感器、电子控制单元和执行器三大部分组成。其中，传感器包括轮速传感器、方向盘转向角传感器、侧向加速度传感器、横摆角速度传感器、制动主缸压力传感器等；执行器则包括传统制动系统（真空助力器、管路和制动器）、液压调节器等。电子稳定性控制系统通过各个传感器对车辆的行驶状态进行实时检测，通过电子控制单元计算分析判断出车辆行驶方向是否偏离驾驶员操作意图，从而识别出危险情况，采取可行的干预措施使车辆恢复到稳定行驶状态。这些措施主要通过执行器来实现，包括对车轮独立的施加制动力、对变速器进行干预或者作用于发动机管理系统，减少其扭矩。

2. 市场发展

电子稳定性控制系统可以显著减少交通事故，大大降低事故死亡率。北美已规定将电子稳定性控制系统作为2011年9月以后新车的标配系统；欧盟规定2012年以后的所有新车型装备电子稳定性控制系统，到2014年对所有新车装备电子稳定性控制系统。而中国电子稳定性控制系统的装备率很低，2011年乘用车电子稳定性控制系统的装备率仅为17%，远远低于世界平均水平。

目前，电子稳定性控制系统的技术主要掌握在德国博世公司、美国天合公司、日本电装公司、德国大陆公司、美国德尔福公司等少数零部件巨头手中，中国在电子稳定性控制系统的自主研究方面仍未取得突破性进展。国内整车企业或者直接从国外先进的零部件企业进口电子稳定性控制系统，或者从跨国零部件企业在中国的生产基地采购电子稳定性控制系统。主要的电子稳定性控制系统生产企业及配套如表18所示。

表18　主要电子稳定性控制系统生产企业及配套情况

序号	电子稳定性控制系统生产企业	主要配套企业	主要配套车型
1	爱德克斯(广州)汽车零部件有限公司	广汽丰田汽车有限公司、天津一汽丰田汽车有限公司	逸致、汉兰达、卡罗拉、RAV4
2	博世汽车部件(苏州)有限公司	东风本田汽车有限公司、长城汽车股份有限公司、广州汽车集团乘用车有限公司、一汽-大众汽车有限公司、上海大众汽车有限公司、神龙汽车有限公司、广汽菲亚特汽车有限公司	CR-V、长城C50、哈弗H6、传祺GA5、高尔夫、奥迪A4L、奥迪A6L、明锐、标致508、C5、菲翔
3	大陆泰密克汽车系统(上海)有限公司	东风本田汽车有限公司、浙江吉利控股集团有限公司、长安福特汽车有限公司、长城汽车股份有限公司、一汽-大众汽车有限公司、上海大众汽车有限公司、安徽江淮汽车股份有限公司	思铂睿、帝豪EC7、翼虎、蒙迪欧、福克斯、翼搏、长城C50、速腾、桑塔纳、瑞风S5
4	美国天合汽车集团	一汽-大众汽车有限公司、重庆长安汽车股份有限公司、奇瑞汽车股份有限公司、上海汽车集团股份有限公司	迈腾、CC、逸动、A3、瑞麒G5、荣威550
5	中山日信工业有限公司	东风本田汽车有限公司、广汽本田汽车有限公司	CR-V、艾力绅、雅阁

从国内车市来看，电子稳定性控制系统的装备从中高档车型逐渐下探到一些紧凑型车的中高配置车型上，表明电子稳定性控制系统有普及化的趋势，但是受限于国内零部件企业核心技术的缺失、进口产品价格高等因素，中国自主品牌汽车的电子稳定性控制系统的装备率仍然远低于欧美等发达国家。

从价格上看，电子稳定性控制系统的装备率基本与价格成正比，如 20 万元以上车型的标配率超过 60%，而 30 万元以上车型基本全部装备了电子稳定性控制系统。从系别来看，欧系车电子稳定性控制系统的装备率最高，日系车的丰田和日产的国产车型装备率较低，自主品牌的装备较为滞后，自主品牌搭载电子稳定性控制系统的标配率仅为 13.5%。国内装备电子稳定性控制系统的主要车型如表 19 所示。

表 19　装备电子稳定性控制系统的部分车型

序号	企业名称	车型
1	上海通用汽车有限公司	君威、君越、英朗 XT、英朗 GT、昂科拉、林荫大道、凯迪拉克、迈锐宝、科鲁兹、科帕奇
2	上海大众汽车有限公司	途观、POLO、昊锐、朗逸、桑塔纳、昕锐、朗行、野帝、明锐、帕萨特领驭、途安
3	一汽-大众汽车有限公司	Q3、奥迪 A4L、奥迪 A6L、高尔夫、迈腾、捷达、CC、Q5、速腾、宝来
4	北京现代汽车有限公司	索纳塔、朗动、ix35、胜达、名图
5	东风汽车有限公司东风日产乘用车公司	天籁、奇骏、骐达、逍客、楼兰
6	重庆长安汽车股份有限公司	逸动、睿骋
7	长安福特汽车有限公司	福克斯、嘉年华、翼虎、蒙迪欧、翼搏
8	长城汽车股份有限公司	哈弗 H6、长城 C50
9	神龙汽车有限公司	C5、C4L、爱丽舍、标致 301、标致 308、标致 408、标致 508、标致 3008、凯旋
10	东风悦达起亚汽车有限公司	K3、智跑、K5、福瑞迪
11	浙江吉利控股集团有限公司	帝豪 EC7、帝豪 EC8
12	天津一汽丰田汽车有限公司	RAV4、皇冠、普拉多、普锐斯、锐志
13	比亚迪汽车有限责任公司	比亚迪 G6、速锐、思锐
14	奇瑞汽车股份有限公司	A3、瑞麒 G5、艾瑞泽 7
15	广汽本田汽车有限公司	歌诗图、雅阁、奥德赛、凌派
16	东风本田汽车有限公司	CR-V、杰德、思铂睿、思域、艾力绅
17	广汽丰田汽车有限公司	汉兰达、逸致、凯美瑞

续表

序号	企业名称	车型
18	华晨汽车集团控股有限公司	骏捷、H530、V5
19	一汽轿车股份有限公司	马自达8、睿翼、奔腾B90、奔腾X80、红旗V501、红旗H7
20	华晨宝马汽车有限公司	宝马3系、宝马5系、宝马X1、宝马M12
21	安徽江淮汽车股份有限公司	瑞风S5、瑞风
22	东风柳州汽车有限公司	景逸X5
23	北京奔驰汽车有限公司	奔驰C、奔驰E、奔驰S、奔驰GLK
24	东南(福建)汽车工业有限公司	翼神
25	一汽海马汽车有限公司	骑士、M3
26	广州汽车集团乘用车有限公司	传祺GA3、传祺GA5、传祺GS5
27	上海汽车集团股份有限公司	荣威550、荣威750、荣威950、荣威W5、MG6、MG7
28	长安马自达汽车有限公司	马自达3星骋、CX-5
29	广汽菲亚特汽车有限公司	菲翔
30	广汽三菱汽车有限公司	劲炫、劲畅
31	江铃汽车股份有限公司	驭胜
32	东风裕隆汽车有限公司	纳智捷MASTER CEO、纳智捷大7 SUV、纳智捷大7 MPV
33	华泰汽车集团	华泰B11、宝利格
34	福建奔驰汽车工业有限公司	凌特、唯雅诺、威霆

3. 发展趋势

电子稳定性控制系统在控制算法上存在较大的发展空间，未来将采用更加科学的控制算法，如PID控制、模糊控制、最优控制、自适应滑模控制、神经网络控制等。

另外，电子稳定性控制系统将通过集成实现功能的衍生，如德国大陆公司将底盘制动系统与安全带、安全气囊以及车身门窗等进行综合考虑，集成了更智能、更安全的主动被动集成方案（APIA）。

（五）胎压监测系统

1. 技术发展

胎压监测系统主要用于在汽车行驶时实时对轮胎气压进行自动监测，对轮胎漏气和高低气压进行报警，是驾驶员、乘员生命安全保障的预警系统。

胎压监测系统可以通过记录轮胎转速或安装在轮胎中的电子传感器，对胎压不足等有关轮胎状况进行实时自动监测，防止交通事故的发生，提高了汽车行驶的安全性。胎压监测系统主要分为间接式胎压监测系统和直接式胎压监测系统。

最早出现的是间接式胎压监测系统，其系统主要是由传感发射器、接收器及显示器组成。传感发射器可以将汽车轮胎的变化实时情况转化成无线电波信号向外部发射，接收器在接收到该信号之后通过显示器向驾驶员显示当前的轮胎气压，一旦出现轮胎气压过低的情况就会触发报警灯警示驾驶员。间接式胎压监测系统的工作原理主要是通过汽车防抱死制动系统的轮速传感器比较轮胎之间转速的差别，从而达到监测胎压的目的。它的优点是与防抱死制动系统的传感器和感测信号实现通用，不需要安装额外的硬件设施，只需在车内计算机内安装适用的软件即可实现其功能，因此大大节省了开发时间和成本。它的缺点是使用间接式胎压监测系统的车辆必须安装防抱死制动系统。另外，间接式胎压监测系统是通过比较汽车轮胎的转速差来判断胎压是否过低的，事实上，除了胎压异常外，行驶路况等其他客观因素也会造成轮胎转速出现差别，因此会使系统出现错误警告。此外，当汽车每条轮胎胎压均同时下降或是行车速度超过100km/h，间接式胎压监测系统便会失去作用。

现在普遍采用的是直接式胎压监测系统。直接式胎压监测系统的整套系统主要包括传感器、接收天线、接收器和监视器。传感器用来测量胎压和轮胎温度，通过发射无线信号将实时信息显示到监视器上，驾驶员可以通过监视器随时了解到每条轮胎的胎压和轮胎温度，而且一旦出现胎压和轮胎温度异常系统就会自动报警。直接式胎压监测系统又分为主动式和被动式两种。主动式胎压监测系统中的轮胎模块需要电池提供能量，该系统是在汽车每个轮胎上安装压力传感器来测量胎压，当轮胎气压太低或有漏气时系统便会自动报警。目前，该项技术比较成熟，不过由于受到电池寿命的影响，整体装置只能使用3～5年，从而影响了主动式胎压监测系统的使用效率。被动式胎压监测系统的发射模块不需要电池提供能量，因此也被称为无源胎压监测系统。该系统在胎压传感器内部安装了发电装置，能够为传感器的发射模块进行供电，从而有效地解决了电池寿命问题。但是，被动式胎压监测系统需要将转发器整合到轮胎中，所以对汽车轮胎有统一的要求，轮胎必须建立相同的生产标准才能使得该系统实现大规模实际应用。因此，被动式胎压监测系统短期内还难以普及。

胎压监测系统作为一种重要的主动安全技术产品，主要有以下几种作用。

①主动报警防止爆胎。胎压监测系统可以利用智能传感和无线网络技术将汽车每条轮胎的即时相关信息发送到显示器上，从而保持车辆在适宜的胎压状态下行驶。一旦轮胎出现异常，胎压监测系统可以及时提醒驾驶员采取必要的措施来预防爆胎等事故的发生。

②延长轮胎寿命。在轮胎气压不足的情况下行驶，当轮胎气压较正常值下降10%时，轮胎寿命就会缩短15%。使用胎压监测系统可以让轮胎随时保持在规定的压力、温度范围内工作，从而减少轮胎的非正常磨损，延长使用寿命。

③减少燃油消耗，利于环保。在非正常充气状态下，轮胎气压的下降将会导致燃料消耗增加。通过安装胎压监测系统，驾驶员能及时了解轮胎气压信息，避免在胎压过低的情况下行驶，从而可以降低油耗，减少环境污染。

④可减少悬架系统的磨损。当轮胎内气压过足时，就会导致轮胎本身减震效果降低，从而增加车辆减震系统的负担，长期使用对发动机底盘及悬挂系统都将造成很大的伤害；轮胎气压不均匀也会对悬挂系统造成不正常的磨损，甚至造成汽车制动跑偏。在胎压过低时，会造成轮胎变形，轮胎与地面的接触面积增大，从而导致轮胎强度变低，摩擦增加会使轮胎温度增高，进而加速轮胎钢丝和橡胶等材料的老化，同时，由于轮胎不正常变形，也会使得轮胎磨损增加，造成不规则的磨损。

2. 市场发展

国际上针对胎压监测系统推出了多项法规：美国推出了FMVSS 138法规，要求从2007年起所有乘用车必须安装胎压监测系统，以减少轮胎事故的发生；欧盟也推出了ECE R64法规，规定从2012年11月起所有欧盟认证的乘用车都必须安装胎压监测系统；韩国要求从2013年1月1日起，3.5t以下的乘用车新车型强制安装胎压监测系统，到2014年6月30日所有车型都要强制安装胎压监测系统。

中国于2010年推出了GB/T 26149-2010《基于胎压监测模块的汽车轮胎气压监测系统》推荐性国家标准，对胎压监测系统提出了整车功能和产品可靠性等要求，涉及系统和部件。该标准对于引导行业技术发展方向、促进技术进步具有非常积极的意义。

近年来，中国胎压监测系统产业发展迅速，自主研发的胎压监测系统产品达到了国际先进水平，具有静态和高速可靠接收、即时反应、低功耗、寿命长等特点。2013 年 3 月，国家标准化管理委员会决定对拟立项的《乘用车轮胎气压监测系统（TPMS）的性能要求和试验方法》国家标准项目公开征求意见。可见，制定出技术指标先进、性能要求合理、试验方法严密的胎压监测系统强制性国家标准，将对规范和引导胎压监测系统产业的健康发展起到促进作用。消费者不仅能享受到高性能和高品质的产品，还能杜绝过时的技术和低水平的产品充斥市场。

如今，胎压监测系统已成为欧美新车的标配，并与安全气囊、防抱死制动系统一起被视为汽车三大安全系统。在中国，很多公司都投入对胎压监测系统的研发当中，如苏州驶安特、上海泰好、上海保隆等。起初，这些企业没有真正批量进入 OEM 市场，大多集中在售后市场，而且，由于成本限制，胎压监测系统仅在一些中高级车型上有原厂装配，如奥迪、奔驰、宝马、迈腾、帕萨特等车型上；后来，随着技术的不断进步和生产成本的降低，胎压监测系统逐渐应用在一些中低级车型上。

表 20　装备胎压监测系统的部分车型

序号	企业名称	车型
1	上海通用汽车有限公司	君威、君越、迈锐宝
2	上海大众汽车有限公司	帕萨特、明锐、朗行、朗逸、途观、途安、野帝
3	一汽-大众汽车有限公司	速腾、迈腾、宝来、高尔夫、CC、奥迪 A4L、奥迪 A6L、奥迪 Q3、奥迪 Q5
4	北京现代汽车有限公司	索纳塔、胜达、名图、朗动
5	东风汽车有限公司东风日产乘用车公司	天籁
6	重庆长安汽车股份有限公司	睿骋
7	长安福特汽车有限公司	蒙迪欧、沃尔沃 S80L
8	长城汽车股份有限公司	哈弗 H5、哈弗 H6、哈弗 H8、长城 C50
9	神龙汽车有限公司	雪铁龙 C4L、雪铁龙 C5
10	东风悦达起亚汽车有限公司	起亚 K3、起亚 K5
11	浙江吉利控股集团有限公司	帝豪 EC7、帝豪 EC8、英伦 SC6

续表

序号	企业名称	车型
12	天津一汽丰田汽车有限公司	RAV4
13	比亚迪汽车有限责任公司	比亚迪 G6、思锐、速锐
14	奇瑞汽车股份有限公司	艾瑞泽 7、瑞虎 5、奇瑞 E3
15	广汽本田汽车有限公司	雅阁
16	东风本田汽车有限公司	杰德
17	华晨汽车集团控股有限公司	骏捷、中华 H530
18	一汽轿车股份有限公司	红旗 H7、奔腾 B50、奔腾 B70、奔腾 B90、奔腾 X80
19	华晨宝马汽车有限公司	宝马 3 系、宝马 5 系、宝马 X1
20	安徽江淮汽车股份有限公司	瑞风 S5、和悦、宾悦
21	南京汽车集团有限公司	MG5、荣威 350、荣威 550、荣威 750
22	北京奔驰汽车有限公司	奔驰 C、奔驰 E、奔驰 GLK
23	东南(福建)汽车工业有限公司	V5 菱致、V6 菱仕
24	一汽海马汽车有限公司	海马骑士、福美来
25	广州汽车集团乘用车有限公司	传祺 GA3、传祺 GA5、传祺 GS5

3. 发展趋势

从目前来看，国内胎压监测系统从生产到销售整个环节都没有统一的规定和标准，但是胎压监测系统已经成为中国汽车安全产业的研发热点，各个车企也在加大投入以开发更高质量的产品。综合分析，未来胎压监测系统的发展趋势呈现以下几个特点。

①无源智能化。电池的使用寿命是影响胎压监测系统推广的重要因素之一。在正常使用条件下，电池只能保证 3～5 年的寿命，而当车辆处于潮湿的行车环境下将缩短电池的使用寿命，因此无源式系统是今后胎压监测系统发展的主要趋势。此外，汽车轮胎的正常工作不仅与胎压有关，与温度和载质量也密切相关，因此，今后的胎压监测系统产品不仅要能够准确地测量胎压，而且还应该显示轮胎内温度和载质量等信息，从而为驾驶人提供综合、智能化的信息显示，更好地保证乘车者的行车安全。

②精确化。无论是间接式还是直接式胎压监测系统，进一步提高胎压监测系统的精确度是未来胎压监测系统发展的必然趋势，而且也是决定胎压监测系统产品市场份额的重要因素之一。对于间接式胎压监测系统，只有进一步改进系统算法才能从根本上提高报警精度；对于直接式胎压监测系统，提高传感器

监测准确度，加强无线信号接收的抗干扰能力是促进系统大幅度提升精确度的重要途径。

③集成化。随着电子技术的不断发展，未来胎压监测系统将会更加集成化和综合化。集成化趋势主要是指胎压监测模块的集成化，将监测胎压需要的各种测试设备都集中到一个独立芯片中，从而减轻监测模块的质量，尽可能地减小对轮胎平衡的影响，而且信号接收与报警模块的有效整合与集成也是未来企业研发的重要方向之一。

④平价化。随着人们行车安全意识的不断加强，人们对车辆安全设备的质量要求也越来越高，未来的胎压监测系统只有更加轻便、易于安装且价格低廉才能更好地适应市场需求。因此，企业需要在研发时更加注重控制成本、简化设备部件、提高产品性价比，使该项技术能够在各类车型中普遍使用，有效提升汽车安全性能的整体水平。

（六）自适应巡航控制系统

1. 技术发展

自适应巡航控制系统是汽车自动巡航控制系统和车辆前向撞击报警系统二者的有机结合。因此，自适应巡航控制系统不但具有自动巡航的功能，还可以减少碰撞事故的发生。应用该系统可以在一定程度上减轻驾驶员的驾驶负担，从而大幅提高汽车的主动安全性，并扩展了自动巡航行驶的应用范围。

自适应巡航控制系统主要有信息感知单元、控制单元、执行单元和人机交互界面构成，基本构成如图 3 所示。

信息感知单元主要功能体现在向控制单元提供车辆行驶状况和操作信号。该单元由多种传感器组成，主要有雷达传感器、车速传感器、节气门位置传感器、制动踏板传感器和离合器踏板传感器等。控制单元主要包括时钟电路、复位电路、电源电路、传感器输入接口电路以及与监控主机进行数据交换的通信接口电路，用于实现系统的控制功能。执行单元包括油门控制器和制动控制器，前者用于控制油门，使车辆能够正常加速、减速以及定速行驶；后者用于紧急状况下的安全制动。

在控制车辆行进的时候，自适应巡航控制系统可以将车辆速度保持在不影

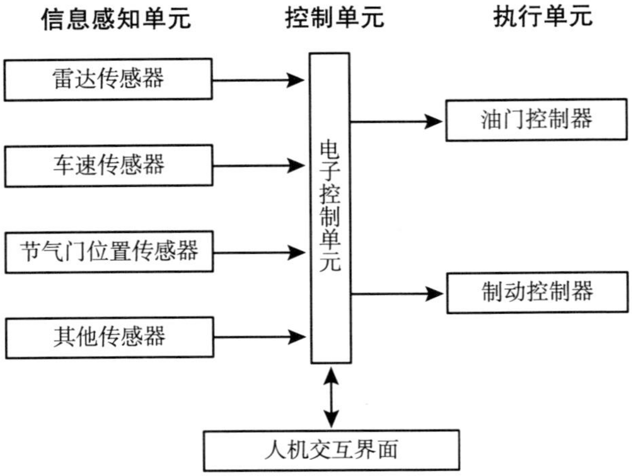

图3　自适应巡航控制系统示意

响乘客舒适度的范围内；在紧急情况下，自适应巡航控制系统发出声光信号以通知驾驶人主动采取制动操作；当被控制车辆与前车之间达到安全距离后，自适应巡航控制系统控制单元会控制车辆按照既定的车速继续行驶。

自适应巡航控制系统主要有以下几个特点。

①自适应巡航控制系统可以精确地决定是否执行巡航控制，最大限度地减轻驾驶人的驾驶负担。通过车距传感器的反馈信号，自适应巡航控制系统控制单元可以根据靠近车辆物体的相对速度判断实时路况，并以此控制车辆的行驶状态，保证车辆可以安全行驶。

②自适应巡航控制系统可以使得车队行驶更加简单、轻松。自适应巡航控制系统控制单元可以设定自动跟踪行驶的目标车辆，当所控车辆跟随前方目标行驶时，自适应巡航控制系统控制单元可以将车速与前车保持相同，并可以始终保持稳定的安全车距，相隔车距一般是通过方向盘上的控制杆所带的设置按钮来进行设定。

③传统的自适应巡航控制系统一般在车速大于25 km/h时才会介入并发挥作用，当车速在25 km/h以下时，驾驶人必须进行人工控制。最近几年，经过不断发展，自适应巡航控制系统实现了停车与起步功能，该功能可以有效地应对在城市交通高峰时段频繁停车与起步的状况。该项扩展功能可以使得汽车在较低的车速时也能实现自适应巡航，与前车保持设置的安全车距。当前车起步

后，自适应巡航控制系统会及时提醒驾驶人，驾驶人可以通过踩油门或是按下控制按钮发出指令，车辆随即可以起步行驶。

2. 市场发展

自适应巡航控制系统的关键技术之一就是车距的测量。目前，先进的雷达、激光等车距测量技术大多被欧美企业掌握，因此装备自适应巡航控制系统的国产车型并不多，主要集中在售价在 30 万元以上的车型，如奥迪、宝马、皇冠等。

表 21　装备自适应巡航控制系统的部分车型

序号	企业名称	车型
1	上海通用汽车有限公司	君威、君越
2	一汽-大众汽车有限公司	奥迪 A4L、CC、迈腾
3	长安福特汽车有限公司	蒙迪欧、翼虎、沃尔沃 S80L
4	天津一汽丰田汽车有限公司	皇冠
5	广汽本田汽车有限公司	雅阁
6	华晨宝马汽车有限公司	宝马 3 系、宝马 X1
7	一汽轿车股份有限公司	红旗 H7

3. 发展趋势

①传感技术。随着电子技术的不断发展，电子产品普遍呈现更加轻便和精简的趋势，自适应巡航控制系统的传感器和其他设备单元的外形尺寸也会逐渐缩小，这有利于降低自适应巡航控制系统的安装空间和成本。但是，目前自适应巡航控制系统主要应用在诸如高速公路等简单路况上，为了扩大自适应巡航控制系统的应用范围，企业在研发系统时需要努力提高传感器的识别范围，因此传感技术也是自适应巡航控制系统今后研发的重要方向。

②提高产品性能和集成化程度。随着自适应巡航控制系统技术的不断进步，未来自适应巡航控制系统将会在性能上更为完善和可靠，不仅在目标选择和现有应用路况中有较好的适应性，在变换车道和转弯时也会有更为可靠的控制性。同时，集成化也是自适应巡航控制系统今后发展的必然趋势之一。集成化的发展不仅会降低自适应巡航控制系统的装配成本，扩大其受众人群，也会增强各系统模块的内在联系，全面显示车辆的行驶信息，提高车辆系统的整体

稳定性和可靠性。

③发展全速范围的自动起步技术。目前，大部分自适应巡航系统在低速或是复杂路况下很难应用，因此扩大自适应巡航控制系统的速度适用范围，发展全速范围的自动起步技术成为今后发展的重要趋势之一。应用此项技术可以使得系统在短距离内迅速识别前方障碍物，从而有效地控制车速，实现无驾驶员操纵的完全自动起步。因此，这就要求未来的自适应巡航控制系统具有更敏锐的探测能力和更为迅速的信号处理及反应能力，使得自适应巡航控制系统即便在复杂路况甚至堵车的情况下也可以有效使用，驾驶人只需控制车辆的方向，极大地减轻了驾驶负担，进一步保证了行车安全。

企业发展篇

Manufacturers' Development Report

B.13

跻身世界级安全阵营的汽车安全技术攻略

摘　要：

浙江吉利控股集团有限公司在汽车安全方面倡导全方位安全管理，通过主动安全和被动安全相结合的方式来发展汽车安全技术，努力实现主被动安全一体化。本文全面梳理了该公司的安全技术研发能力现状，从主、被动安全两方面深入剖析了其安全技术能力和研发体系，最后介绍了其未来安全技术发展规划。

关键词：

主被动一体化　GTSM

一　汽车安全技术研发概况

浙江吉利控股集团有限公司（以下简称“吉利汽车”）的使命是“造最安全、最环保、最节能的好车，让吉利汽车走遍全世界”，因此在汽车安全技术研发方面吉利汽车明确提出“保四争五”的安全技术开发目标，即吉利汽车未来所有新开发的车型包括经济型轿车，至少达到 C-NCAP 碰撞四星级标准，其中 80% 的车型将按照五星级标准设计。为完成这一目标，自 2009 年以来，吉利汽车安全技术研发团队一直专注于这方面的工作，在行业内取得了一些成果，并连续在第三方的 NCAP 测试结果中得到体现。

表 1　历年吉利汽车 NCAP 星级车型情况

测试年份	车型	评价星级	评价类型
2013	英伦 SC6	★★★★★	《C-NCAP 管理规则(2012 年版)》
2012	全球鹰 GX7	★★★★★☆	《C-NCAP 管理规则(2009 年版)》
2011	帝豪 EC8	★★★★★	《C-NCAP 管理规则(2009 年版)》
2011	帝豪 EC7	★★★★	Euro NCAP
2010	帝豪 EC7	★★★★★	《C-NCAP 管理规则(2009 年版)》
2009	熊猫	★★★★★	《C-NCAP 管理规则(2006 年版)》
2008	远景	★★★★	《C-NCAP 管理规则(2006 年版)》
2006	自由舰	★★	《C-NCAP 管理规则(2006 年版)》

吉利汽车在汽车安全方面倡导全方位安全管理——GTSM（Geely Total Safety Management)。该理念从“高标准的车辆研发”到“严格的生产控制”最后到“积极的安全教育与优良的售后”，对吉利汽车进行全方位综合的安全管理，真正实现“造最安全的吉利汽车”的愿景。根据这一愿景，吉利汽车制定了从“交通事故的零死亡”到“交通事故的零伤害”再到“交通事故零发生”，最终实现“无事故交通社会”的目标。

位于杭州市萧山区的浙江省汽车安全技术研究重点实验室是吉利汽车的汽车安全技术研究、发展和应用的技术支持与保障部门，也是汽车安全行业重点实验机构。该实验室将被建成集主、被动安全为一体的全方位安全试验平台以及拥有欧美汽车出口认证资质的实验室。实验室总投资约 2 亿元，分为三期规划进行逐步建设，是目前国内功能齐全、设备一流的实验室之一。该实验室的成立与投入使用在很大程度上提高了吉利汽车在汽车安全和汽车制造等领域的科研创新能力。

依托在汽车行业积累的多年宝贵经验以及大规模的科研投入，吉利汽车在汽车制造与汽车安全技术研发和应用领域取得了丰硕的成果。2009 年至今，吉利汽车在汽车安全技术研发与应用领域获得政府与社会团体颁发的科技奖项近 30 项，其中“吉利轿车安全技术的研发与产业化”获得 2012 年中国汽车工业科技进步一等奖。2008 年至今，吉利汽车在同一领域已取得外观专利 2 项，实用新型专利 599 项，发明专利 81 项，并发表论文 60 余篇。

表 2　2009～2012 年吉利汽车重要科技奖项获奖情况

序号	奖项名称	级别	设奖机构	设奖年度	评奖内容	奖励等级
1	中国汽车工业科学技术奖	省部级	中国汽车工程学会	2012	吉利轿车安全技术的研发与产业化	一等奖
2	中国汽车工业科学技术奖	省部级	中国汽车工程学会	2012	吉利帝豪 EC8 系列中高级轿车研发及产业化	三等奖
3	中国汽车工业科学技术奖	省部级	中国汽车工程学会	2011	吉利帝豪 EC7 系列中级轿车的研发及产业化	二等奖
4	浙江省科学技术奖	省部级	浙江省政府	2012	吉利帝豪 EC8 中高级轿车研发	二等奖
5	浙江省科学技术奖	省部级	浙江省政府	2011	吉利帝豪 EC7 系列轿车研发	一等奖
6	浙江省科学技术奖	省部级	浙江省政府	2009	集成主被动安全技术的 MR7180 轿车研发及产业化	二等奖

资料来源：浙江吉利控股集团有限公司。

吉利汽车以 GTSM 汽车安全评价体系为指导，本着总体掌控、全员参与和严格考核的原则，在深入研究汽车主动安全技术和被动安全技术的基础上，通过主被动安全集成一体化技术，达到辅助驾驶员安全驾驶，并全方位保护交通事故中人员（乘员、行人及儿童）的目的，以完成整车安全性能开发。吉利汽车专门设置汽车安全研发部门——安全技术开发部负责汽车安全技术研发与应用的总体掌控，根据实际研发经费、技术以及车型实际状况，进行汽车安全性能的总体策划、系统集成、开发管理和目标保证等工作。安全研发流程涉及整车研发、平台研发、发动机研发、变速器研发等多领域协同工作，包括竞品安全性能调研、造型安全性能分析、安全性能开发各阶段目标的制定与管控、安全性能试验评估、设计改进、试验验证等多个组成部分，吉利汽车使用严格考核各阶段目标达成质量及进度的方式，确保各职能部门共同完成安全开发目标。

二　汽车安全技术发展状况

（一）主动安全技术研发

在吉利汽车“安全吉利·安全第一”战略的要求下，主动安全研发制定了以下两个目标。

一是通过传感认知技术与车辆动态控制技术，使用提前预警和主动控制的方式使汽车变得更加安全稳定，让乘员与行人远离危险。

二是在主动安全各功能的研发、应用和普及上要保证技术的领先性，争取首发。积极参与产业标准的制定和推广，结合被动安全技术，打造“汽车安全品牌 GTSM”。

1. 现有技术情况

吉利汽车现拥有多项先进的主动安全技术，主要包括以下内容。

（1）电子稳定性控制系统

电子稳定性控制系统通过对四轮的分别制动力控制和主动增压功能实现车辆的稳定驾驶，有效防止冰雪路面的失稳，并防止转向不足和转向过度的发生。

（2）车道偏离预警系统

当车辆行驶速度在 60km/h 以上，且驾驶员未按下转向按键而偏离车道线时，对驾驶员进行车道偏离警示。

（3）变道预警系统

在车速高于 60km/h 以上时，对车辆侧后方 70m 以内车辆进行跟踪，当后车接近汽车缓冲器（TTC）大于 3.5s 时或与自车间距小于 3m 时进行报警。

（4）爆胎监测与安全控制系统

通过胎压传感器实时监测四轮胎压，当判断为爆胎发生时，在 0.5s 内开始紧急制动，在胎压达到 1bar 前完成车辆制动。

(5) 预防后碰功能系统

在预防后碰功能系统工作时，根据后方车辆的实时情况制定可执行最大减速度，降低后车对驾驶车辆的追尾碰撞风险。

(6) 自适应巡航控制系统

可以在 30 ~150km/h 车速范围内，通过控制车辆的发动机、变速器和制动系统来实现驾驶员设置的定速巡航和跟车巡航功能。

(7) 自动紧急制动系统

自动紧急制动系统主要涉及八大功能：潜在距离危险预警功能、预测性制动辅助功能、低速自动紧急制动功能、预充压功能、前碰撞预警功能、紧急前碰撞预警功能、部分紧急制动功能（含扩展型）和紧急制动辅助功能，部分功能示意图如图 1 所示。

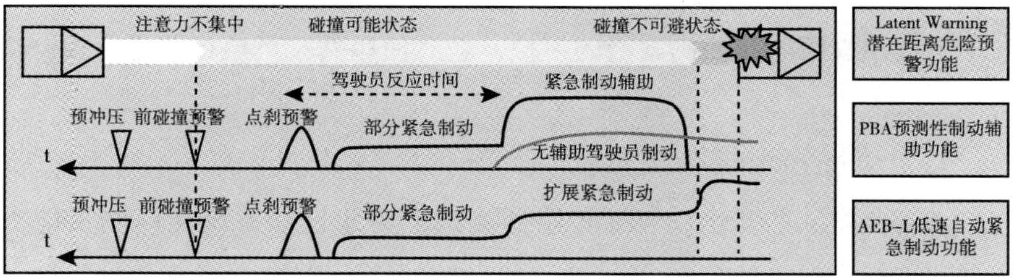

图 1　自动紧急制动系统各功能示意

2. 主动安全技术研发体系

主动安全研发体系建设包括量产车型开发、平台开发、功能开发和测试系统建设四个方面。

(1) 主动安全量产车型开发

吉利汽车安全技术团队已开展多款量产车型的产品化工作，完成包括布置安全设计、人机界面设计、车辆通信设计、验证测试等在内的多项整车集成工作。现阶段正在开展包括自动紧急制动系统、自适应巡航控制系统、车道偏离预警系统等多个主动安全系统的量产车型开发工作。

(2) 主动安全平台化工作开展

吉利汽车的主动安全研发体系与研发流程以 ISO 26262 要求为基础，围绕平台工作与项目工作开展。平台工作主要以平台零部件的开发为主，涉及产品研发初期的产品定义描述，设计要求制定，模拟系统下的要求验证以及产品研发后期的传感器性能测试和环境、电气等性能与系统功能测试工作。项目工作主要涉及整车集成要求、布置安装要求、人机界面要求、车载通信要求、校正方案要求、成本控制等。

其中，产品定义能力建设主要通过国际标准、各国 NCAP 标准的转化，国家标准制定等参与及企业标准制定等多种方式实现；设计要求能力建设主要通过现有项目中的交流和相关文献中的提炼，完善吉利汽车的主动安全控制逻辑库；要求验证能力建设通过控制策略模拟系统的建设来实现。

（3）主动安全功能开发及仿真工作开展

主动安全功能开发通过 PreScan 软件对驾驶环境建模，依据 CarSim 软件完成整车车辆动力学状态建模，利用 Matlab、Simulink、C++ 等软件工具实现主动安全系统预警策略与控制策略的模拟，最后使用驾驶员模拟仪进行控制策略的仿真测试。

（4）主动安全测试系统建设

主动安全测试系统建设包括传感器测试能力建设和系统功能测试能力建设，吉利汽车将完成整车 CAN（控制器局域网络）通信监视设备与使用差分 GPS（全球定位系统）对车辆位置高精度定位设备的导入。吉利汽车主动安全实验室将在 2014 年第三季度完成首期建设目标，届时将具备自动紧急制动系统、车道偏离预警系统、自适应巡航控制系统等主动安全系统的测试能力，满足 2016 年版 Euro NCAP 各主动安全系统测试验证要求。

（二）被动安全技术研发

吉利汽车安全技术研发体系经过多年的技术积累，已经形成系统的被动安全技术研发框架。吉利汽车被动安全研发体系主要包含安全结构开发、行人保护、乘员保护、安全技术集成、战略规划、事故处理与调查以及试验验证等主要模块。

1. 现有技术状况

吉利汽车研发体系具有完善的被动安全技术主要包含以下内容。

（1）行人保护安全技术

开发有效的行人保护技术，降低被撞行人的损伤程度。主要包含对行人的头部、大腿和小腿区域的防护技术。与此同时，开展生物力学假人、碳纤维发动机罩、可弹起式发动机罩、低密度泡沫材料以及非对称发动机罩内板的研究与应用。

（2）车身结构安全技术

开发全方位、高性能的耐撞性车身结构，合理分配碰撞能量，提高对事故中乘员的保护效果。同时开展低速碰撞的可维修性、新能源车型的高压电防护、新材料工艺应用和零部件基础性能研究。

（3）乘员保护安全技术

制定产品安全人机要求，在整车碰撞参数的基础上设计气囊、安全带、座椅、转向管柱、转向盘、内饰等约束系统技术方案及技术参数，降低各类事故中车内乘员的损伤程度。同时，开展新型气囊、安全带、儿童座椅以及鞭打保护装置等前沿技术积累。

（4）交通事故处理分析

开展交通事故分析，进行数据积累，为产品开发提供有效依据。进行宏观事故原因分析与统计，为技术发展提供指导方向。

2. 被动安全研发体系

吉利汽车被动安全研发体系具备较为齐全的组织架构，涵盖性能开发、试验验证、信息调查、开发管控等主要方面。吉利汽车被动安全研发体系立足于产品安全性能研发，同时对行业先进技术也做出了积极的探索。

行人保护安全技术主要进行产品的性能开发，包含造型、布置、关键零部件性能、系统性能等内容。同时也逐步完善能力提升，从事生物力学头模与弹起式发动机罩等方面的前沿技术研究。

车身结构安全性能开发进行项目车型的关键区域布置、车身结构、附件、底盘等安全结构件性能设计与性能验证，同时也针对项目车型的防火、电动及混动车型的高压电防护、碰撞断电、试验防护等方面进行设计支持。与此同时，在兼容性、主动技术介入后结构发展、分析及试验方法研究、车身性能评价规范、新材料等前沿技术方面进行研究。

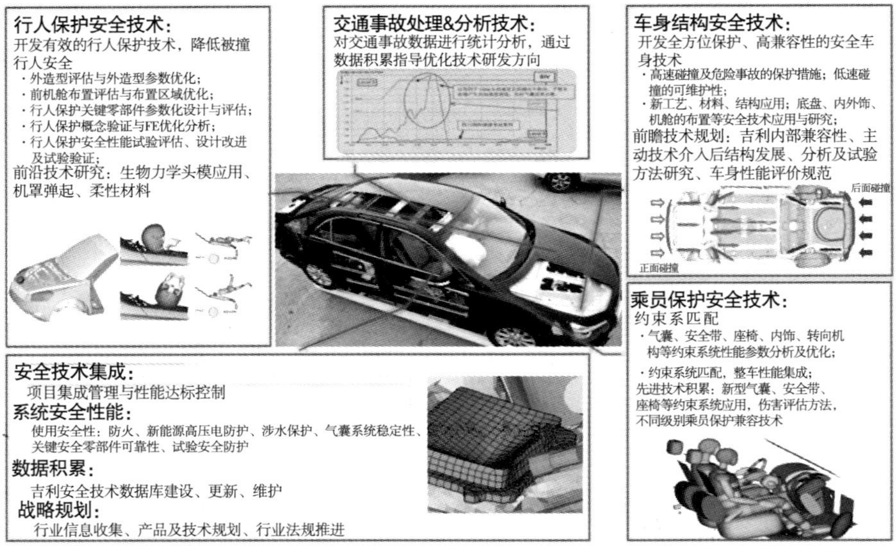

图 2　吉利汽车被动安全研发体系

乘员保护主要进行成人及儿童乘员的伤害损伤控制工作，包含约束系统匹配安全气囊、安全带、座椅、内饰与转向机构等约束系统性能参数分析及优化；同时也在新型安全气囊、安全带、座椅等约束系统应用，伤害评估方法，不同级别乘员保护兼容技术等方面进行技术积累。

被动安全试验验证主要依托先进的被动安全实验室，对整车、总成和零部件性能进行试验验证。该实验室已于 2011 年申请获得浙江省汽车安全技术研究重点实验室称号，正积极申请国家工程技术中心，现已通过中国合格评定国家认可委员会资格认证。实验室包括整车碰撞实验室、模拟碰撞实验室、行人保护实验室、车身结构实验室和零部件实验室，具有国家强制性国家标准、国际标准化组织、联合国欧洲经济委员会汽车法规、美国汽车安全技术法规、新车碰撞测试规定的被动安全碰撞试验能力。

吉利汽车安全技术研发还包含整车技术集成模块，负责对产品开发过程的管理、性能达标控制以及性能验收等方面工作，专项负责产品安全性能开发过程控制，确保产品性能。同时被动研发体系在事故调查、数据库建设和战略规划等方面具有专职人员，为技术研发提供相关支持。

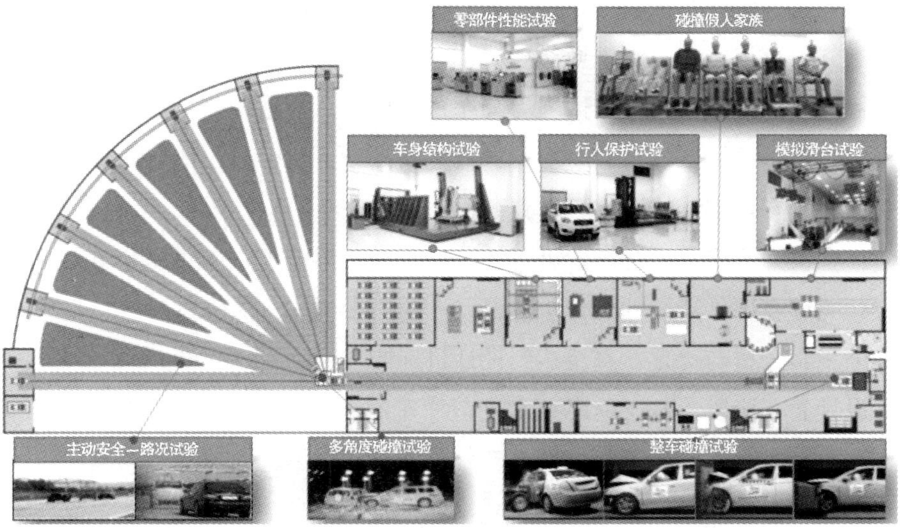

图 3　试验室区域布局示意

3. 主要被动技术模块研发流程

（1）车身结构技术

吉利汽车车身结构研发体系具有完善的开发流程，从车型规划到最终试验验证达标每一步都具有严格的达标控制，整体流程如图 4 所示。

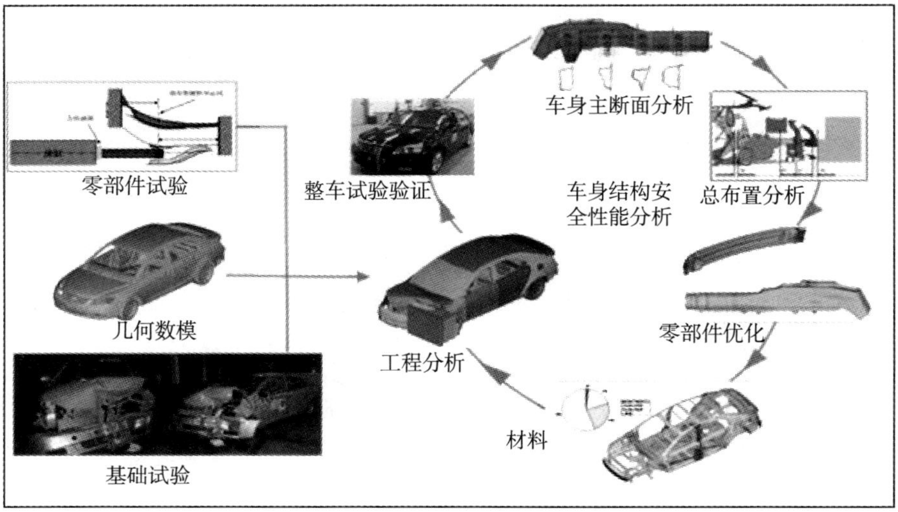

图 4　车身结构模块研发流程

前期策划阶段：依据项目输入调研竞品车型性能，分析基础车型性能，制定详细开发目标。

概念设计阶段：依据车体强度分布目标要求，规划碰撞能量分布和传递路径，制定关键梁类部件承载要求；进行主断面设计与分析；依据分析结果提供明确的关键零部件结构边界、布置要求。

工程设计阶段：进行布置可行性分析，并依据整车各主要部分边界要求重新进行关键零部件断面性能分析与设计。运用参数化方法进行总成、整车计算机辅助工程分析与优化，直至达到设计目标要求。

设计验证阶段：基于前序方案进行样车制作，进行总成及整车试验验证。分析试验结果，并依据试验结果更新分析模型，对不达标项进行局部优化，直至达标。制定车身结构参数文件，固化项目车型车身结构关键设计参数。

（2）行人保护技术

吉利汽车行人保护开发以 GTSM 汽车安全评价体系为指导，通过预研阶段、造型布置阶段、工程设计阶段及试验验证阶段进行行人保护安全性能开发工作，整体流程如图 5 所示。

在预研阶段，根据整车安全开发目标制定行人保护安全开发目标，并对行人保护安全目标分解细化。利用仿真手段对行人保护开发进行概念仿真分析，分析不同造型、布置可能对行人保护安全产生的影响，为行人保护造型设计及布置设计提供理论依据。同时，使用静态分析和动态分析的方式进行竞品车型行人保护性能的详细分析，找出竞品车型的行人保护开发设计优缺点，为行人保护开发提供设计参考。

在造型布置阶段，通过对新车造型进行分析，判定行人保护碰撞区域，优化车辆前端造型，避开行人保护开发中的硬点、难点，定义行人保护风险区域，初步评估风险与得分情况，从而得到最有利于行人保护的碰撞区域和合理的影响行人保护性能关键的布置空间。

在工程设计阶段，根据基础版的整车计算机辅助设计数据建立车辆前端的有限元模型，进行行人保护头部和腿部碰撞仿真分析，对基础版整车数据进行行人保护评估，根据评估结果提出行人保护优化方案，优化内容涉及行人保护关键件结构及材料，如发动机罩、翼子板、通风盖板与前保险杠等。

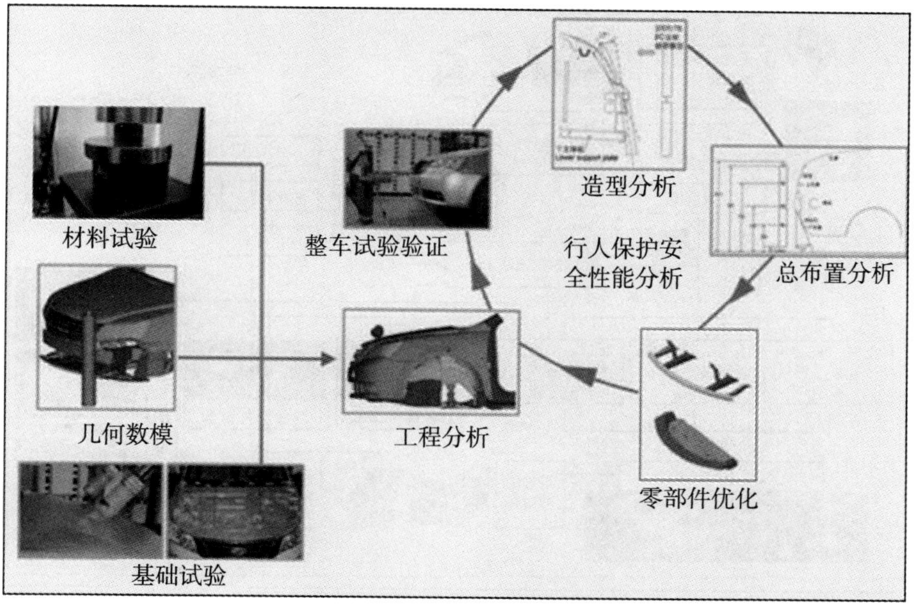

图5　行人保护技术研发流程

在试验验证阶段，完成行人保护试验的策划与跟踪，对行人保护安全性能评估与 CAE 对标，进行行人保护试验及试验数据和性能分析，优化改进方案制定，最终使行人保护达到预定的安全目标。

（3）车内乘员保护技术

吉利汽车安全乘员保护技术经过多年的技术积累已经形成完备的开发流程，整体流程如图 6 所示。吉利汽车安全乘员保护包含成人保护、儿童保护和颈部保护等方面，其内容涉及安全气囊、安全带、座椅、转向管柱、内饰、造型与布置等方面的乘员损伤控制。

乘员保护技术开发过程伴随着车身结构开发开展，依据整车各工况碰撞的基本参数进行相关约束系统的参数优化与设计。

乘员保护开发按照可行性分析、目标制定、设计开发、试验验证等基本流程进行设计研发。项目开发初期阶段进行竞品车安全性能分析，有效利用其利于设计车型乘员保护开发的优势；依据项目车型制定各方面设计目标，如生存空间、造型要求、碰撞参数、配置等；布置造型阶段进行乘员生存空间及内饰造型的校核，合理控制乘员布置空间及内饰造型的关键因素；工程设计阶段进

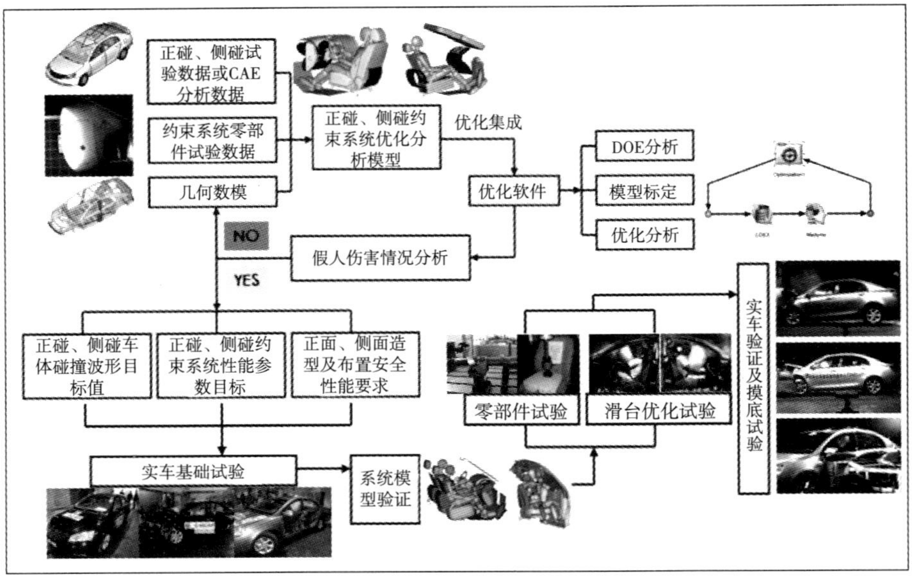

图 6　乘员保护开发基本流程

行约束系统零部件相关技术参数目标定义，全面综合考虑乘员保护安全性能，使各约束系统子系统的性能相互集成匹配，发挥子系统的最大化保护效果；性能验证阶段通过大量的零部件试验、滑台优化试验以及实车验证试验确保乘员保护安全目标的实现。

三　汽车安全技术发展规划

吉利汽车在安全技术发展初期，主要跟随行业的脚步，以降低死亡率为整体目标，开展车身结构开发、约束系统匹配、安全驾驶等方面的技术研发与应用。这一阶段的技术水平在熊猫车型上得以体现，A00 级车型熊猫的安全性能已经得到业界的肯定。2010～2015 年，吉利汽车主要从事降低伤害为目标的技术研究，同时兼顾成本和环保因素。该阶段主要进行高性能车身结构开发、新型约束系统应用、多方位防护与节能减排等方面的研究，现已取得部分阶段性成果，主要体现在 Euro NCAP 和 C-NCAP 评价中。在下一阶段的汽车安全技术研究与开发中，吉利汽车还将从事伤害评价准确性方面的研究，主要涉及多维度伤害评价体系、生物力学假人伤害分析与评价、新技术被动安全性能集成和新型车身结构研究等领域。与此同时，吉利汽车正在进行主动预警技术的研发与集成，主要包括前碰撞预警、盲区预警与车道偏离预警等具体技术；积极开展车辆纵向控制技术研究，包括制动辅助控制、自适应巡航控制与自动紧急制动控制等领域；适时预研和储备横向控制技术，包括防侧翻控制和车道保持辅助等领域。

吉利汽车希望通过传感认知技术与行驶控制技术使汽车变得更安全、更稳定，让乘员与行人远离危险。通过主动安全和被动安全相结合的方式来发展吉利汽车的安全技术，最终实现主、被动安全一体化集成与自动化驾驶。

B.14 全方位安全开发体系的建立及应用

摘 要：

秉承“立足国内，走向国外”的市场战略，安徽江淮汽车股份有限公司始终将安全性作为乘用车开发的主要性能指标，并积极地对世界先进安全技术法规进行预研，将研究成果应用到最新开发的产品中。本文阐述了该公司的整车安全开发体系及其在五大整车安全开发技术领域取得的主要成果，最后分析了公司的汽车安全技术发展规划。

关键词：

整车安全开发体系　车身安全　乘员约束系统

安徽江淮汽车股份有限公司（以下简称“江淮汽车”）在开发乘用车产品之初就设立了“立足国内，走向国外”的市场战略。基于对安全事故的统计和国内外两个市场的需求，江淮汽车始终将车辆安全性作为乘用车开发的主要性能指标。

一　汽车安全技术研发情况

江淮汽车制定了乘用车产品的发展规划，即2007～2010年，第一代乘用车产品在满足国家强制性标准（GB）、欧洲经济委员会（ECE）技术法规的同时，力争在C-NCAP星级评价上取得一定突破；2010～2015年，以国家强制性标准、欧洲经济委员会技术法规作为设计标准，以C-NCAP五星级标准为开发目标，力争在US NCAP及Euro NCAP上有一定突破，通过不断自我提升并适当引入外部资源，逐步开发宾悦（C级）、同悦（B级）、和悦（A级）、悦悦（A0级）、瑞风（MPV）和瑞鹰（SUV）系列乘用车产品。

表 1 江淮汽车一代产品安全领域成果

序号	乘用车产品名称	满足的被动安全法规	C-NCAP 星级标准	其他星级标准
1	宾悦	国家强制性标准	三星级	
2	同悦	国家强制性标准,欧洲经济委员会技术法规,海湾合作委员会法规	四星级(摸底测试)	Latin NCAP 成人一星级,儿童二星级
3	悦悦	国家强制性标准,欧洲经济委员会技术法规	三星级(摸底测试)	
4	和悦	国家强制性标准,欧洲经济委员会技术法规,海湾合作委员会法规	五星级	

在一代产品开发的基础上，通过调研、交流和学习日本丰田汽车公司、韩国汽车设计公司（VENS）及国内多家主机厂的安全开发流程，结合一代产品开发的经验，江淮汽车初步形成了整车 NAM（Now And Me）开发流程，在整车 NAM 开发流程下形成整车安全开发体系。

整车 NAM 开发流程分为 7 个阶段（Phase）、13 个节点门（Gate），依据各阶段主要工作进行产品开发。在完成一个阶段的开发工作后，由评审专家确认该阶段提交的交付结果是否达到过门要求；对于没有达到要求的节点门，项目组需要对设计进行优化和改进，直到满足过门要求，继而进行下一阶段开发。整车开发流程对应的阶段和节点门分别如表 2 和表 3 所示。

表 2 江淮汽车整车开发流程 7 个阶段

阶段	名称	英文	缩写
1	产品规划	Product Program	PP
2	产品策划	Product Development Planning	PDP
3	造型开发	Styling Development	SD
4	设计开发	Design & Development	DD
5	设计验证	Design Verification	DV
6	量产准备	Production Validation	PV
7	量产评价	Production Evaluation	PE

表 3　江淮汽车整车开发流程 13 个节点门

门	名称	门	名称	门	名称
G0	规划启动	G5	造型冻结	G10	P2 下发
G1	批准立项	G6	技术文件下发	G11	P3 下发
G2	开发启动	G7	试制确认	G12	SOP
G3	模型冻结	G8	设计确认	G13	项目总结
G4	方案发布	G9	P1 下发		

依据整车开发流程，结合整车主被动安全各阶段工作内容及评价标准，并在各节点门中严格把关，确保整车安全开发成功，进而形成整车安全开发流程（见图 1）。

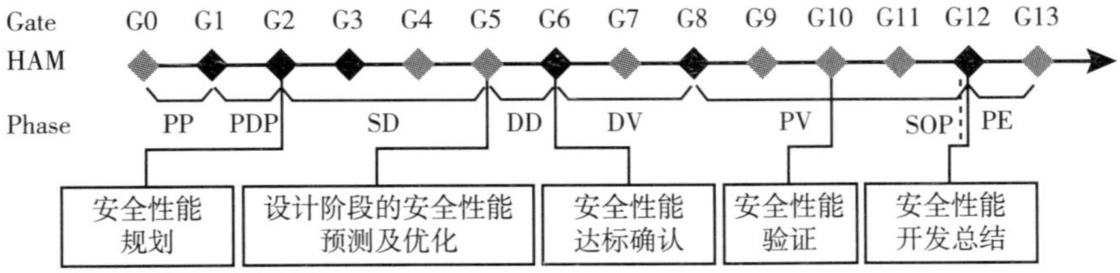

图 1　江淮汽车整车开发流程

依据整车安全开发不同阶段的工作内容，形成各门交付结果，在门评审前将交付结果按照开发要求完成，各节点门交付结果清单如表 4 所示。

表 4　江淮汽车整车开发各个节点门交付结果清单

节点门	序号	交付结果编号	交付结果名称
G2	1	NAM - PDP - CAE - G2 - 1	CAE 分析参数表
	2	NAM - PDP - CAE - G2 - 2	沿用件 CAE 仿真分析报告
	3	NAM - PDP - CAE - G2 - 3	CAE 整车性能规划书
	4	NAM - PDP - CAE - G2 - 4	CAE 工作任务书
G3	5	NAM - SD - CAE - G3 - 1	CAE 领域 CAS 可行性分析报告
	6	NAM - SD - CAE - G3 - 2	断面特性分析报告
	7	NAM - SD - CAE - G3 - 3	底盘系统 CAE 分析报告
	8	NAM - SD - CAE - G3 - 4	标杆车数模 CAE 分析报告
	9	NAM - SD - CAE - G3 - 5	下车体 CAE 分析报告
	10	NAM - SD - CAE - G3 - 6	安全气囊 PDS 表

续表

节点门	序号	交付结果编号	交付结果名称
G4	11	NAM - SD - CAE - G4 - 1	CAE 领域外 B 面可行性分析报告
	12	NAM - SD - CAE - G4 - 2	CAE 领域内 B 面可行性分析报告
G5	13	NAM - SD - CAE - G5 - 1	招标数模 CAE 分析报告
	14	NAM - SD - CAE - G5 - 2	CAE 领域外 A 面可行性分析报告
	15	NAM - SD - CAE - G5 - 3	发动机舱热管理分析报告
	16	NAM - SD - CAE - G5 - 4	安全气囊技术协议
G6	17	NAM - DD - CAE - G6 - 1	SE 数模 CAE 分析报告
	18	NAM - DD - CAE - G6 - 2	CAE 分析目标监控报告
	19	NAM - DD - CAE - G6 - 3	约束系统仿真分析报告
	20	NAM - DD - CAE - G6 - 4	NC 数模 CAE 分析报告
	21	NAM - DD - CAE - G6 - 5	CAE 分析参数确认报告
	22	NAM - DD - CAE - G6 - 6	安全气囊数模
G8	23	NAM - DV - CAE - G8 - 1	K&C 和动力学品质确认报告
	24	NAM - DV - CAE - G8 - 2	安全气囊试行图纸
G9	25	NAM - PV - CAE - G9 - 1	实车试验问题 CAE 分析报告
	26	NAM - PV - CAE - G9 - 2	安全气囊系统基础试验报告
G10	27	NAM - PV - CAE - G10 - 1	CAE 分析验证确认报告
G11	28	NAM - PV - CAE - G11 - 1	安全气囊标定报告
	29	NAM - PV - CAE - G11 - 2	碰撞分析验证报告
G12	30	NAM - PV - CAE - G12 - 1	碰撞安全性能确认报告
G13	31	NAM - PE - CAE - G13 - 1	CAE 分析总结
	32	NAM - PE - CAE - G13 - 2	CAE 分析数据库

完成 NAM 流程开发体系梳理后，江淮汽车于 2010 年发布了二代产品全面开发指令。和悦 A30、和悦 A20、瑞风 S5、瑞风 S30 等多个乘用车二代产品开发项目相继成立，并成立了面向北美市场的“瑞风 S5 美国项目组”和面向欧盟市场的“悦悦欧盟项目组”。依托这两个海外市场项目和全新二代产品平台，整车产品全面匹配 6 个安全气囊、后排三点式安全带、车体高强度钢，大幅提升超高强度钢的使用比例。在主动安全领域，开展了针对安全带提醒装置、电子稳定性控制系统、车道偏离预警系统、速度辅助系统（SAS）及自动紧急制动系统的积极探索，部分研究成果已经在二代车型上得到广泛应用。在行人保护领域，以开发 GTR 第二阶段为主要任务，同时针对欧盟市场开展了 Euro NCAP 柔性腿、大腿和头部 Grid 点的研究开发。在儿童约束系统领域，

开展了动态儿童约束系统伤害评价、静态儿童约束系统装配性和标签标识的识别等工作。以全系列二代乘用车产品平台为依托，在 NAM 流程的保障下，目前二代产品已经全部开发完毕，部分车型已经投入生产销售。

表 5　江淮汽车二代产品安全领域成果

序号	乘用车产品名称	满足法规	C-NCAP 星级标准
1	和悦 A30	国家强制性标准，欧洲经济委员会技术法规	五星级（摸底测试）
2	瑞风 S5	国家强制性标准，欧洲经济委员会技术法规	五星级（摸底测试）
3	和悦 A20	国家强制性标准，欧洲经济委员会技术法规	四星级（摸底测试）
4	和悦 S30	国家强制性标准，欧洲经济委员会技术法规	五星级（摸底测试）
5	瑞风二代	国家强制性标准，欧洲经济委员会技术法规	五星级（设计开发）

表 6　海外市场安全领域成果

序号	乘用车产品	满足法规	其他星级标准
1	SII_US	欧洲经济委员会技术法规，国家强制性标准，美国汽车技术法规	US NCAP 五星级标准，IHSS NCAP Good 标准
2	A0_EURO	欧洲经济委员会技术法规，国家强制性标准	Euro NCAP 三星级标准

江淮汽车在新能源汽车领域开发的安全产品经历了以下三个阶段。

第一阶段，按照国家相关标准开发了爱意第一代到第三代纯电动轿车，产品顺利通过《车辆生产企业及产品公告》审查并已经投放市场。

第二阶段，依托中国汽车技术研究中心、韩国汽车设计公司等合作机构，开发满足 C-NCAP 五星级标准的第五代全新平台新能源轿车，预计于 2014 年开始进行相关试制和试验工作。

第三阶段，开发以满足海外尤其是欧盟及美国市场要求的新能源车型，目前爱意已经开始批量销往美国。

目前，江淮汽车与国内外研究机构合作完成的和悦、和悦 A30、和悦 S30、瑞风 S5 五星级标准开发、悦悦 Euro NCAP 三星级标准开发等技术创新项目已经取得阶段性成果，预计“十二五”规划末期将转化为技术成果，相关流程标准将在三代车型、新能源汽车和海外项目上应用。

依托开发的全系列整车项目，在被动安全领域形成如表7所示的科研项目。

表7 科研项目列表

序号	科研项目	合作单位	主要成果
1	和悦分析试验对标项目	中国汽车技术研究中心	对标开发流程建立
2	材料动态曲线开发项目	中国汽车技术研究中心	碰撞动态材料获取
3	和悦五星级标准开发项目	中国汽车技术研究中心	C-NCAP测试五星级评价
4	和悦A30、瑞风S5、和悦S30五星级标准开发项目	中国汽车技术研究中心	摸底试验已经达到C-NCAP五星级标准要求
5	悦悦Euro NCAP三星级标准开发技术创新项目	英国MIRA	摸底测试达到Euro NCAP三星级标准要求
6	SII_US五星级标准技术创新项目	美国PHC	摸底测试达到US NCAP四星级标准要求，IIHS NCAP Good评价
7	新能源第五代轿车C-NCAP五星级标准开发	中国汽车技术研究中心	正在进行，已经完成设计冻结，确立了新能源开发流程及规范

二 汽车安全技术应用情况

江淮汽车对世界先进安全技术法规进行预研，将研究成果用于正在开发或将要开发的产品中。江淮汽车的整车安全开发技术共分为五个领域，主要内容、开发依据和手段如表8所示。

表8 江淮汽车整车安全开发技术情况

序号	安全开发领域	主要工作内容	主要开发依据和手段
1	车身安全领域	优化车体结构，确保碰撞中车体入侵量和入侵加速度满足要求	入侵量和入侵加速度根据车辆不同等级来确认，在设计结构中给予保障
2	乘员约束系统及鞭打领域	优化约束系统各项参数，最终达到开发目标	在车体设计结构的基础上，同步开发安全气囊、安全带、管柱、座椅等，以满足安全开发目标，主要通过约束系统仿真、台车、整车试验达到最终目标
3	行人保护领域	以满足GTR为基础要求，适当考虑Euro NCAP的要求	从概念设计校核到三个阶段数模验证改进，到最后试验调整

续表

序号	安全开发领域	主要工作内容	主要开发依据和手段
4	儿童约束系统领域	通过整车碰撞中对儿童约束系统的开发，保护儿童乘车安全	采用静态和动态的方法评价儿童约束系统，确保儿童约束系统在碰撞事故中避免儿童受到伤害
5	主动安全技术领域	整合主动安全供应商，系统集成	依据法规和交通事故，整合全球主动安全供应商，协同开发，确保整车主动安全达标，减少被动安全事故发生

（一）车身安全领域

车身安全技术主要是在设计中优化断面结构，通过断面对比分析，确保吸能区域空间，减少乘员空间入侵，从而有效保障生存空间，降低整车碰撞加速度。目前，江淮汽车产品的车身高强度钢使用比率超过 42%，尤其在整车 A 柱、B 柱、防撞杆、前保险杠骨架、门槛和前地板纵梁处基本采用屈服强度为 1200MPa 的热成型钢技术，在吸能区域采用了高效的结构吸能以降低碰撞中的加速度。通过车体的有效设计，在确保车体入侵量和整车加速度的同时，为约束系统开发提供保障，从而为整车安全奠定了良好的基础。图 2 为车身开发中热成型材料分布示意图。

（二）乘员约束系统及鞭打领域

目前，江淮汽车已经在全系列车型上开展了乘员约束系统的匹配工作，在全系列乘用车上标配驾驶员、副驾驶员安全气囊，在全系列二代产品豪华款上标配侧面安全气囊和侧面安全气帘，在多功能车、新能源车上匹配了驾驶员安全气囊和副驾驶员安全气囊。同时，江淮汽车在全系列二代乘用车产品上标配高性价比的防鞭打座椅。通过乘员约束系统匹配集成和高性能防鞭打座椅的开发，能够达到整车在不同工况下对乘员的最大保护（见图 3 和图 4）。

（三）行人保护领域

在行人保护领域，江淮汽车第一代产品主要参考 GTR 第一阶段进行开发，但没有进行试验验证；第二代全系列车型按照 GTR 第二阶段进行开发，并进

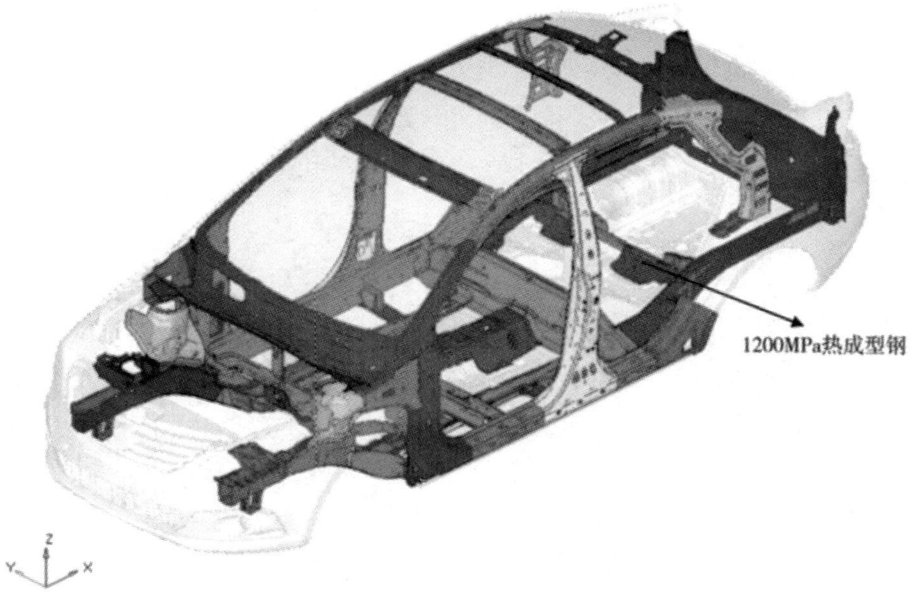

图 2　车身结构与热成型材料分布示意

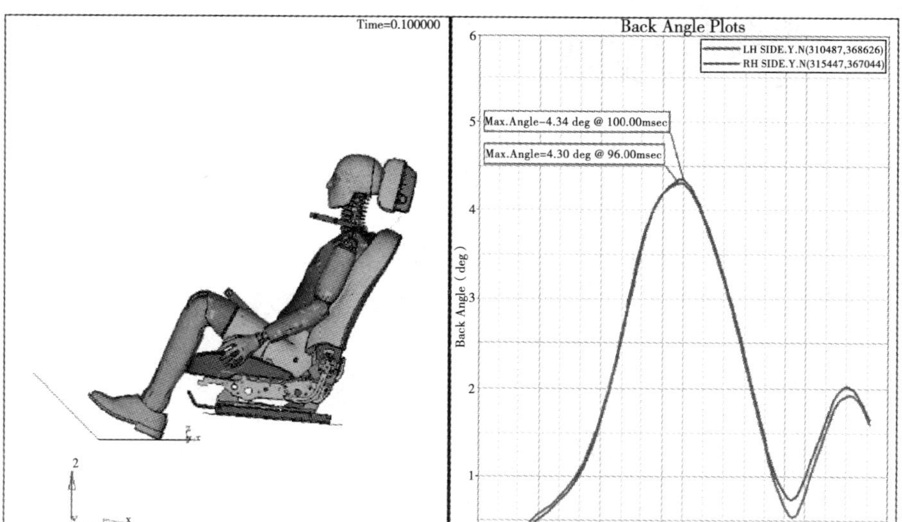

图 3　乘用车鞭打仿真分析

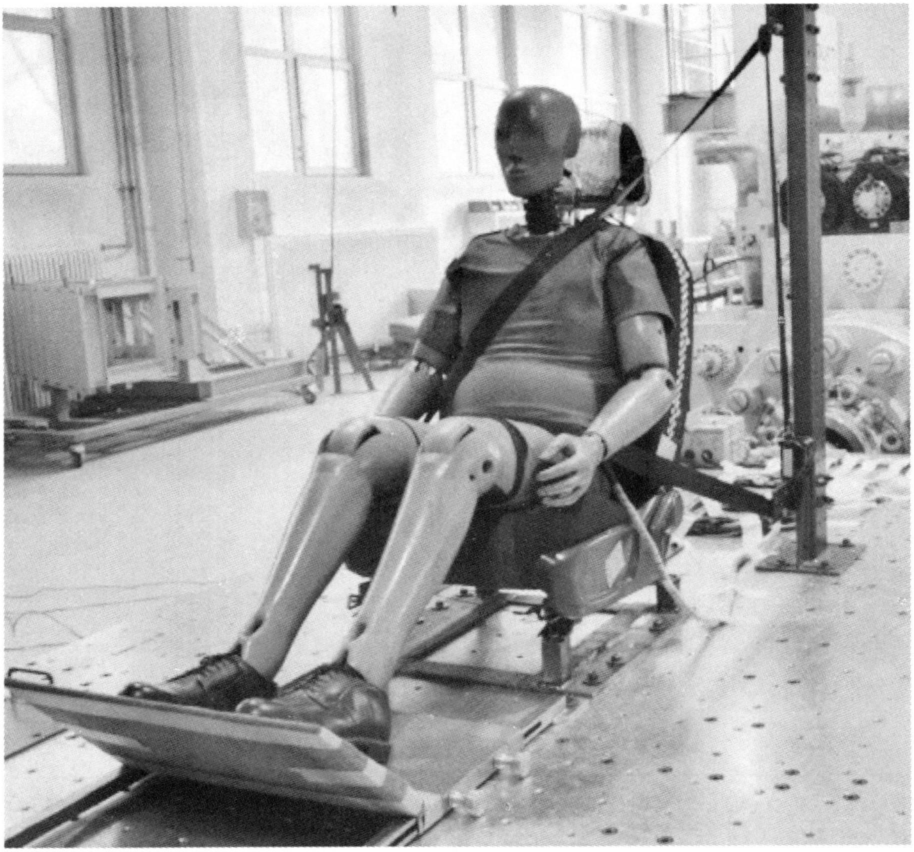

图 4 乘用车鞭打试验验证

行试验验证，试验结果可以满足 GTR 第二阶段的相关要求。A0_EURO 项目开展的针对 Euro NCAP 的行人保护试验如图 5 和图 6 所示。

（四）儿童约束系统领域

儿童约束系统主要从动态和静态两方面进行评价。动态测试主要评价车体设计，匹配 ISOFIX 及官方指定的儿童座椅。江淮汽车依据 Euro NCAP 车体开发要求设计儿童约束系统，基本解决了设计开发要素和匹配问题，目前二代产品尤其是出口产品已经标配相关配置。A0_EURO 项目开展的针对 Euro NCAP 的儿童约束系统试验及其标识如图 7 和图 8 所示。

图 5　A0_ EURO 项目行人保护头部试验

（五）主动安全技术领域

目前，江淮汽车已经开发的主动安全产品主要有安全带提醒装置及乘员分类传感器（OC）、电子稳定性控制系统、车道偏离预警系统，正在预研的产品有自动紧急制动系统、自动泊车辅助系统、自适应巡航控制系统、车道保持辅助系统、速度辅助系统等。

安全带提醒装置监控前后排乘员是否系安全带，若乘员未系安全带，在车辆行驶到一定工况时通过声光对驾驶员和乘员进行提醒。增加 OC 后，可以区分出乘员类群，确定安全气囊是否点爆。江淮汽车新一代车型在乘员侧座椅、后排座椅上均安装了安全带提醒装置及相关提醒装置，可以全方位提醒乘员在行车时系上安全带，从而得到更好的保护。由于 OC 成本较高，江淮汽车将该项技术在美国项目上进行预研，目前已经开始小批量应用。

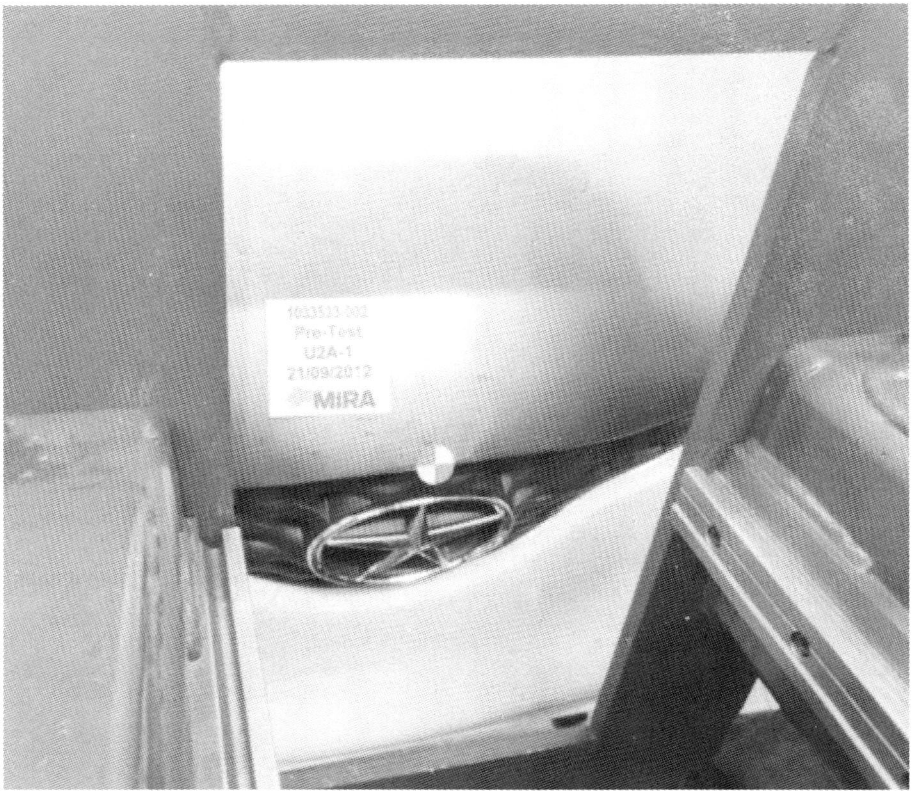

图 6　A0_ EURO 项目行人保护腿部试验

图 7　A0_ EURO 项目儿童约束系统动态试验

江淮汽车二代产品豪华款上已经标配电子稳定性控制系统，尤其对于SUV 和 MPV 车型，增加电子稳定性控制系统可以有效遏制车辆侧翻等恶性事故的发生。

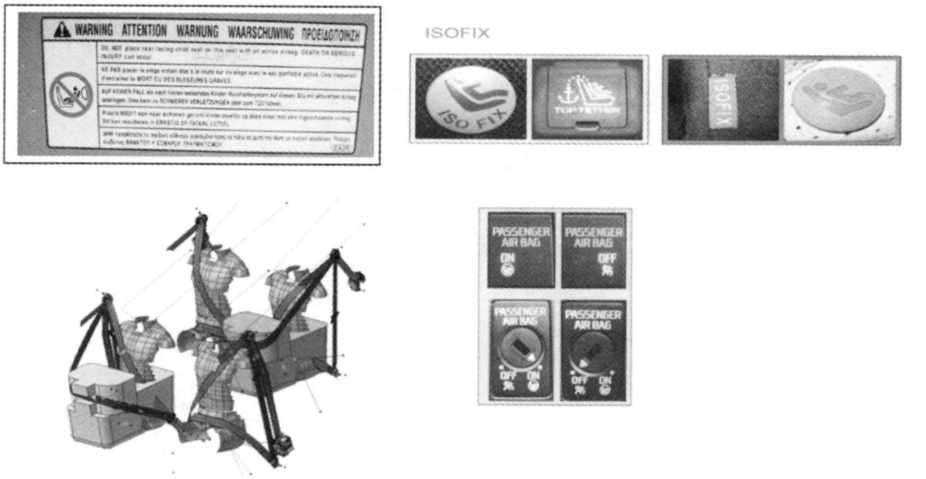

图 8　A0_ EURO 项目儿童约束系统标识

目前，江淮汽车已经完成车道偏离预警系统和车道保持辅助系统的预研工作，预计将在第三代或二代升级产品上应用。

自动紧急制动系统、自动泊车辅助系统、自适应巡航控制系统、车道保持辅助系统、速度辅助系统等都是针对欧盟市场开发的主动安全技术。其中，自动紧急制动系统是 Euro NCAP 新推出的主动安全配置，目前已在江淮的一些高端车上装配。江淮汽车正在与德国博世公司合作，加大对自动紧急制动系统的预研工作。

三　汽车安全技术发展规划

2013 ~2016 年，江淮汽车乘用车产品的安全技术发展规划共分为以下三个阶段。

第一阶段（2013 年）是重点法规和技术热点的跟踪培养年。

2012 年，Euro NCAP 修改后对主动安全技术的研发和应用提出了新的要求，这对主机厂及零部件供应商的研发能力是严峻的考验，如果不及时进行相关技术的跟踪和预研工作，核心竞争力尤其是出口业务会受到一定冲击。

未来汽车主动安全技术发展水平将迅速提升，也将逐步在普通家庭用车上

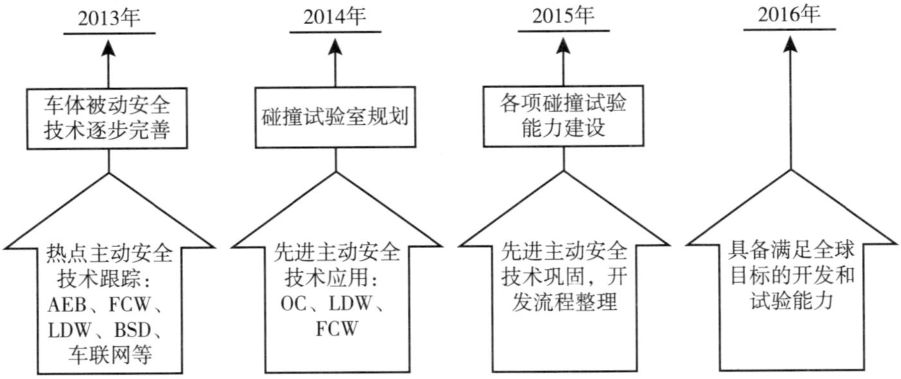

图9　江淮汽车主动安全技术发展规划

得到普及。在此阶段，江淮汽车将对自动紧急制动系统、前碰撞预警系统、车道偏离预警系统、盲点信息系统、车联网等热点主动安全技术进行跟踪研究，同时也要及时掌握国外最新的测试手段，如翻滚测试等。

第二阶段（2014～2015年）是先进安全技术和产品的运用年。

2014～2015年，江淮汽车将主动安全技术应用在新车型中，开发符合中国国情并满足用户使用习惯的汽车产品。依托欧洲和美国的项目开发经验，以C-NCAP五星级标准作为开发目标，协调平衡安全性和成本等各项指标，形成具有江淮汽车特色的安全技术开发体系，同时具备满足全球汽车安全法规的整车试验能力，预留进行主动安全和翻滚试验的场地。

第三阶段（2016年）是安全技术的巩固和提高年。

2016年，江淮汽车将根据前期的市场反馈，不断完善自身安全技术开发体系，建立产品数据库、性能数据库、模型数据库以满足开发需求，形成从概念、设计到验证的安全技术开发流程。

B.15

完善的整车安全开发流程与体系建设

摘　要：

经过多年的发展，一汽-大众汽车有限公司在整车安全开发领域已经取得了较大的技术进步，建立了一整套包括主动安全和被动安全在内的全方位整车安全开发体系。旗下大众和奥迪品牌的新车型开发均已经纳入中国整车安全法规要求，达到了C-NCAP五星级评价标准。本文阐述了该公司的整车安全开发流程和整车安全开发技术应用情况，并简要介绍公司未来安全技术发展规划。

关键词：

整车安全开发　模拟计算　约束系统

通过22年的发展，一汽-大众汽车有限公司（以下简称“一汽-大众”）已经建立了完整的整车安全开发流程与体系，打造出包括主动安全和被动安全在内的全方位整车安全开发体系，并且建立了国际领先的整车车辆安全中心。

一　汽车安全技术研发情况

一汽-大众于1991年成立，是由中国第一汽车集团公司和德国大众汽车股份公司、奥迪汽车股份公司及大众汽车（中国）投资有限公司合资经营的大型乘用车生产企业，是中国第一个按经济规模起步建设的现代化乘用车工业基地。经过多年的不断发展，一汽-大众在长春、成都和佛山共建立了三大生产基地。目前主要生产大众和奥迪两个品牌的相关车型，在产车型有新捷达、新宝来、高尔夫A6、新速腾、新迈腾、CC、奥迪A6L、奥迪A4L、奥迪Q5和奥迪Q3等。

2012 年 5 月，一汽-大众车辆安全中心正式于长春落成，使用面积近 4500 平方米。车辆安全中心分为整车碰撞及滑车试验区域、零部件试验区域及试验准备区域，能够完成各种类型的正面碰撞、侧面碰撞、尾部碰撞及柱碰等整车碰撞试验。集成到整车碰撞试验设备的减速滑车设备可以完成正面碰撞模拟、正面偏置碰撞模拟及 Whiplash 等试验，用于约束系统匹配、座椅系统等零部件的认可、改进和开发。零部件试验区域可以进行冲击模拟类试验，如行人保护试验、自由头型冲击试验和自由飞行体块试验等；还可以进行车身结构强度试验，如车门顶盖静态压力试验、安全带固定点试验和气囊点爆试验。试验准备区域可以进行各种整车及零部件试验的准备工作以及试验后的拆解分析工作。车辆安全中心的技术水平和试验能力已经达到国际领先水平。

图 1　一汽-大众车辆安全中心

目前一汽-大众车辆安全中心已经掌握德国大众和奥迪关于整车安全的试验方法、试验流程、试验结果评价的相关要求，所有在一汽-大众生产的大众和奥迪车型的整车安全试验，均在一汽-大众车辆安全中心开展，德国大众和奥迪认可一汽-大众车辆安全中心开展相关整车安全试验的相关结果。

在车辆安全开发方面，无论是引进车型还是针对中国市场开发的新车型，一汽-大众所有车型的车辆安全性均纳入了大众集团的整车安全开发体系，其整车安全开发流程如下。

（一）制定整车安全开发目标

在车型项目启动之初，一汽-大众就开始制定整车安全开发目标，既满足 C-NCAP 五星级标准，同时满足大众内部安全开发标准。除了要求整车安全评价达到五星级标准外，大众内部安全开发标准涵盖了全球主要汽车市场的安全法规，如 ECE 和 FMVSS 相关安全标准。同时，车身强度试验也有着非常严格的要求，如：车顶静压试验采用全球最高的美国标准，加载的载荷大小为车辆整备质量的三倍，远远高于中国法规的要求；在满足 ECE R14 标准下，安全带拉力试验需要额外加载 20% 的载荷通过试验才能得到认可。

（二）整车安全开发目标分解

整车安全开发目标需要进一步分解和细化，对于每项安全相关法规要求，除了满足相关标准外，还需要有具体的得分要求。各个部门在进行车身结构、车身刚度、总布置、内部空间及约束系统匹配的开发过程中，必须综合考虑设定的安全开发目标，整个项目团队同步跟踪、协调以及推动开发目标的实现。

（三）整车安全模拟计算

从项目启动到项目确认阶段，需要开展多轮的整车安全模拟计算，包括：强度、刚度和模态模拟计算，碰撞模拟计算，约束系统模拟计算，空气动力学、除霜除雾、热管理模拟计算，疲劳和耐久性计算。

一汽-大众通过大量应用计算机虚拟仿真技术，大大缩短了开发周期，为企业降低了开发成本。碰撞模拟计算主要包括：结构抗撞性、乘员保护和行人保护。每轮模拟计算结果完成后，对照设定的整车安全开发目标，进行优化和改进。通过多轮模拟计算和修正，达到模拟计算阶段的整车安全开发目标。

（四）认可各子安全系统及约束系统

经过多轮模拟计算之后，需要对之前各子安全系统以及约束系统的开发进行认可，包括：驾驶员气囊、方向盘和转向柱系统，膝部气囊系统，副驾驶员气囊与仪表板系统，座椅侧面安全气囊与座椅、门护板及柱护板系统，头部气囊与顶棚、顶棚拉手及柱护板系统，约束系统匹配等。

（五）实车碰撞、气囊 Misuse、车身强度试验

从批量许可到批量投产阶段，需要开展大量的实车碰撞试验，实车气囊

Misuse 试验和车身强度试验等。具体阶段可以细分为：批量许可到先期批量阶段、先期批量到试批量阶段、试批量到零批量阶段和零批量到批量投产阶段。通过这些试验的开展，可以对前期模拟计算结果、约束系统开发结果、生产工艺、车身结构、车身强度和燃油系统密封性等进行检验，同时对碰撞参数进行标定。

（六）评价整车安全性

通过多轮试验，对照整车安全开发目标，对包含乘员伤害、车身结构、生存空间等在内的整车安全性进行评价，对试验中发现的问题进行反馈，相关部门或零部件供货厂家在设计及制造过程中进行优化和改进，最终达到整车安全开发目标。

（七）确保整车质量和安全的一致性

为了保证整车的质量及整车安全的一致性，从批量投产阶段到停产阶段，一汽-大众开展一系列的批量监控工作，包括零部件的批量监控、安全系统的批量监控和整车安全的批量监控。一汽-大众每年对各个车型按照批量监控标准进行抽查，开展整车碰撞的安全评价。

二　汽车安全技术应用情况及发展规划

一汽-大众整车安全开发技术主要表现在以下几个方面。

（一）车身强度

车身使用了大量的高强度钢，同时大范围地采用激光焊接技术，造就了高稳定车身，具有理想的碰撞安全性。

（二）车身材料

轻量化材料的应用降低了整车重量和油耗，同时也提高了整车安全性。奥迪的一些车型采用了铝材质的前后保险杠骨架、发动机罩盖、车门、翼子板及副车架等。

（三）行人保护措施

虽然现阶段中国的行人保护标准仅仅是一个推荐性标准，但是一汽-大众全系列车型在开发阶段均考虑了行人保护措施。

（四）成人约束系统领域

奥迪相关车型前排采用了双级气囊及智能安全系统，在碰撞事故发生时，根据乘客的重量、坐姿及碰撞发生的程度智能地选择两级气囊的起爆时间，更好地为乘客提供保护。

一汽-大众所生产的部分车型，尤其是奥迪车型大量装备后排座椅侧面安全气囊，在碰撞事故发生时，能够更全面地为后排乘客提供安全保护。

2014 年即将上市的奥迪 A3 车型，后排采用电子预紧及限力式安全带，大大提高了后排乘客的安全性。

2013 年 12 月 10 日上市的高尔夫 A7 以及将于 2014 年上市的奥迪 A3 两厢及三厢车型，将有部分车型装备膝部气囊，提高了乘客在碰撞事故中对小腿的保护能力。

（五）儿童约束系统领域

一汽-大众非常重视儿童约束系统安全的研究，并投入了大量的人力和物力开展相关工作，其中儿童座椅的认可与应用是非常重要的一个方面。目前中国对于儿童座椅安全的研究还是一个十分薄弱的领域，由于相关法规缺失，国内儿童座椅的安全性很难得到保证。一汽-大众根据 ECE 儿童座椅安全的相关标准，通过大量的碰撞试验，认可了国内 Baby Planet（9 个月至 4 岁）品牌的儿童座椅，为国内消费者选购安全的儿童座椅提供了参考。

（六）主动安全领域

主动安全技术的大量采用，将会极大地降低交通事故发生的概率。就电子稳定性控制系统而言，新捷达与新宝来在豪华型上装备电子稳定性控制系统，除此之外，一汽-大众其他所有车型全系均装备电子稳定性控制系统；就自适应巡航控制系统而言，一汽-大众的相关车型已经装备了自适应巡航控制系统，通过该系统的主动干预，有效地降低了行驶中车辆发生碰撞事故的可能性。

（七）预防式整体安全系统

一汽-大众未来的一些车型将采用预防式整体安全系统，将具备以下功能：追随行驶中，在某些情况下车距比较危险时，向驾驶员发出信息；在可能与正在行驶或停下的前方车辆发生碰撞危险时，自动进行制动或对由驾驶员引发的制动提供助力，从而对驾驶员发出警告并提供辅助，以获得反应时间，降低车速；以低于 30 km/h 的车速驶向正在行驶、停下或静止的前方车辆时，对本车进行全力制动；预防式整车安全系统的应用将会极大地降低交通事故的发生，从而为消费者提供最佳的安全保护。

此外，一汽-大众正在为未来的车型开发主动行人保护系统，同时还研发包括自动紧急制动系统、前碰撞预警系统、车道偏离预警系统等在内的主动安全技术。

经过 22 年的发展，一汽-大众通过与大众及奥迪的合作，在整车安全开发领域已经取得了较大的发展。无论大众还是奥迪品牌，新车型开发已经纳入中国整车安全法规要求，尤其是达到 C-NCAP 五星级标准。一汽-大众掌握了大众及奥迪的整车安全开发流程、试验规划与组织、试验评价体系，并很好地应用到了一汽-大众的新车型开发项目上。自 C-NCAP 实施以来，一汽-大众共有 7 款车型 8 次参加了 C-NCAP 试验，均获得了五星级评价。

随着一汽-大众在整车安全开发领域能力的不断增强，针对一汽-大众的引进车型或者针对中国市场开发的新车型，关于整车安全开发的前期模拟计算及后期的实车试验的工作越来越多地会转移到一汽-大众进行。随着整车安全技术的发展，主动安全领域越来越受到市场的关注，一汽-大众将会在未来的车型上采用更多的主动安全技术。

B.16

打造高性价比安全汽车促进自主品牌发展

摘　要：

在“思路之‘集’、发展之‘积’、目标之‘极’”理念的指导下，重庆长安汽车股份有限公司以CAE仿真分析技术为核心，形成了碰撞安全性能的高效开发模式，目前正在全面实现汽车产品主被动安全技术一体化，并建立相适应的研发系统。本文阐述了该公司的汽车安全技术研发情况以及主要安全技术的应用情况，最后分析了其汽车安全技术发展规划。

关键词：

碰撞安全　高精度仿真　择优分析策略

一　汽车安全技术研发情况

重庆长安汽车股份有限公司（以下简称“长安汽车”）从1997年开始，以CAE仿真分析技术为核心，建立碰撞安全性能高效开发模式，形成具备四位一体（CAE仿真分析设计、产品设计及制造、试验验证及评价、系统集成性能控制）功能的开发体系。该体系与国际先进汽车企业的开发体系功能相同，并且适应了我国汽车开发环境的特点。以CAE仿真分析技术为核心的开发体系不仅能够提高开发成功率，缩短开发周期，更能够使碰撞安全性能开发的各技术领域互为协同条件，提升碰撞安全性能整体开发的效果。

目前，长安汽车碰撞安全部门已经建立三大CAE仿真分析设计团队，分别在车体耐撞性能、约束系统性能、行人保护性能等方面进行预估、优化、指导设计，全面提升产品开发团队、试验验证团队、质量控制团队的工作有效性和高性能产品的实现率。具体体现为：使开发控制及设计优化工作时间提前，把设计中最难的问题用计算机来解决，指导样车制作，为提高试验成功率、缩短开发周期提供保证；CAE 仿真分析技术结合长安汽车 CAPDS 碰撞开发流程，发挥了其指导产品设计、优选方案的作用，在开发全阶段、多环节、跨领域实现了技术控制成本的实际效益；掌握核心技术，形成可持续提升的技术发展模式。

二　汽车安全技术应用情况

长安汽车在“思路之‘集’、发展之‘积’、目标之‘极’”理念的指导下，安全技术水平不断提升。

（一）“集”——思路指导下的特有组织形式

碰撞安全部门集产品性能开发管控、CAE 仿真分析优化、试验验证评价为一体，为产品碰撞安全性能开发提供集中且完整的实现方式。

碰撞安全部门的三大 CAE 仿真分析设计团队、三级试验验证团队以及性能工程化协同管理团队，共同为新产品提供碰撞安全性能保证。CAE 仿真分析设计团队引领开发工作；试验验证团队通过整车级碰撞试验、系统级台车试验、零部件级性能试验完整地做好每项性能的把关；性能工程化协同管理团队从碰撞安全性能目标的分解到整车目标的实现，跟踪并推进每一个性能要求在产品设计数据中得到体现，确保每一步工作目标的实现。

（二）“积”——发展驱动下的资源引力效应

1996 年，长安汽车已经开始碰撞安全性能开发的研究工作，并将研究成果应用在第一款自主开发的产品 CM8 上。经过十余年的发展，长安汽车在碰撞安全领域形成了良好的技术发展环境，组建了一支由两名国家“千人计划”专家、多名归国专家、十余名碰撞安全领域工程师领军的开发团队。目前，长安汽车重庆研究总院从事碰撞安全性能开发工作的人员已经达到 70 余人，其中博士及硕士学历的人员超过总人数的 50% 。涉及碰撞安全部门工作的其他研发部门、工程团队（包括北京研究院、上海研究院等），协同进行碰撞安全性能开发工作的人员超过200人。

近几年，长安汽车在碰撞安全领域投入了较大的人力、财力，2010年碰撞安全领域建设资金超过1亿元。在这样的发展条件下，长安汽车积累了开发经验，逐步形成了核心技术能力。这些成果体现在CAPDS碰撞开发流程，数个碰撞安全性能数据库，数十个性能控制、分析、试验等规范中。

（三）“极”——目标引领下的追求

长安汽车碰撞安全经历了从无到有、从低到高的过程。20世纪90年代，长安汽车的碰撞试验展示出微型客车的较好安全性能。2009年，志翔在低成本高性价比的情况下获得C-NCAP四星级评价。2010年，长安汽车实现微车碰撞安全性能的突破。2011年，长安汽车制定了所有中高档轿车达到C-NCAP五星级标准的目标。

长安汽车安全开发团队已经拥有全面的技术开发手段以及与之匹配的管理流程，并整合了碰撞安全性能开发所有资源，形成碰撞安全性能开发组织机构。通过多种培养渠道创立一支技术全面的团队，同时在持续的技术研究和知识沉淀基础之上，逐步建立了汽车核心技术标准和规范。

在完善常规技术的同时，长安汽车在多个技术领域发明并应用原创技术，有效地解决了多个技术难题。长安汽车技术框架包括有限元约束系统优化、高精度仿真等分析技术，安全气囊压力测试技术，行人保护定位测试技术，零部件动态冲击试验技术，偏置碰撞台车试验技术等测试技术，后排前安全气囊、腰带式安全气囊等新技术产品。

长安汽车正在发展具备超高精度的计算机仿真力量，有限元模型的分析工况从100%正面碰撞到25%偏置碰撞，开发状态越来越广泛，并实现同一结构满足多种工况要求，这也是世界上在有限元车体结构仿真领域中最前沿的研究内容之一。

在建立安全车体设计能力的同时，长安汽车还开发智能化约束系统产品。近年来，在约束系统分析及验证方面积累的经验支撑了具有长安汽车特色的“择优分析策略”的形成及应用。该策略整合了国际上多种仿真分析方法，利用其各自的优点，将其应用在不同的优化环节中，使分析优化效率最大化。

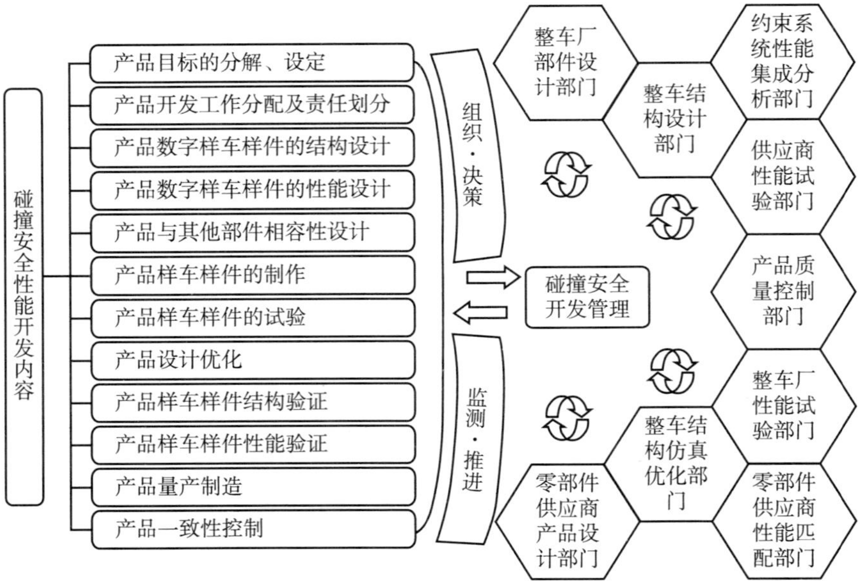

图 1　长安汽车碰撞安全性能开发及管理流程

长安汽车具备了碰撞安全性能完备的开发能力，新一代车型产品项目突破了数个开发难点，主要体现在以下几个方面。

公司突破了碰撞安全技术领域结构兼容性的技术难点，解决了正面碰撞和偏置碰撞两种工况碰撞安全保护性能矛盾的问题，提出了结构设计时从能量分布、主断面设计、子模型优化设计再到结构详细设计的流程。

公司形成了高安全性能开发所必须具备的核心仿真技术及三级试验核心能力；通过安全气囊压力测试和 Gasflow 分析，研发出安全气囊压力测试技术，具有测量准确、气密性好、可重复性高的技术优势，解决了安全气囊碰撞过程中刚度测试难题；通过限位装置的设计，研制出高扩展性水平线性冲击器，该冲击器可以精确控制模块冲击速度、冲击距离、冲击停止位置，应用于安全气囊、方向盘、吸能泡沫等多个零部件性能开发中，掌握了水平线性冲击技术。零部件动态冲击试验技术平台填补了安全气囊压力测试技术、汽车内饰件吸能性评估技术和水平线性冲击器技术的空白。

约束系统仿真优化通过大量试验设计分析，获得约束系统最优化的参数。将 C-NCAP 五星级标准的目标分解到各个约束系统零部件，明确各个零部件需要达到的碰撞安全性能，并将其性能要求进行量化。使各个零部件供应商有明确的产品性能目标，并在此基础上建立零部件性能控制标准。约束系统以MADYMO模型为基础模型，进行了整车64km/h偏置碰撞试验。该模型经过偏置碰撞试验对标分析，对假人响应具有一定的预测性，仿真与试验假人响应对标显示出90%以上的精准度。应用了可旋转偏置碰撞台车试验技术，不仅满足偏置碰撞台车约束系统匹配要求，还可以用于其他多种台车工况下的约束系统匹配试验。台架由两块“H”压板以及一块底板组成，通过调整“H”压板纵向中轴线与底板纵向中轴线的夹角，解决了调整偏置碰撞台车试验台架的旋转角度问题，且旋转角度精度可达到1度。将偏置碰撞台车试验假人响应曲线与整车偏置碰撞试验的结果进行对比，曲线的拟合度能达到80%以上。

10次车体结构CAE仿真分析及优化、200余次MADYMO匹配优化、60余次动态台车匹配优化试验、50余次整车碰撞试验，确保了长安汽车的新一代车型产品能够拥有高安全保护性能。

三　汽车安全技术发展规划

汽车安全技术逐步将主动安全与被动安全相融合，同时使用新材料、新工艺持续提升产品的安全保护性能。长安汽车正全面实现产品主被动安全一体化，建立相适应的研发系统。

长安汽车分四个阶段，分别在技术上和产品上逐步达到全球标准。

表1　长安汽车安全技术发展规划

年份	2014	2016	2018	2020
达到标准	Euro NCAP 五星级标准	Euro NCAP 五星级标准	US NCAP、IIHS NCAP	IIHS NCAP、ANCAP、Euro NCAP、C-NCAP 五星级标准
实现方式	技术实现	产品实现	技术实现	产品实现

长安汽车在安全技术领域将从零部件试验、台车试验、整车试验、新技术研究、整车结构开发、约束系统分析、行人保护开发、系统集成、供应商质量

管控九个方面的能力与福特汽车进行对标。预计 2020 年达到总体水平国内领先，持续保持先进安全技术的目标。

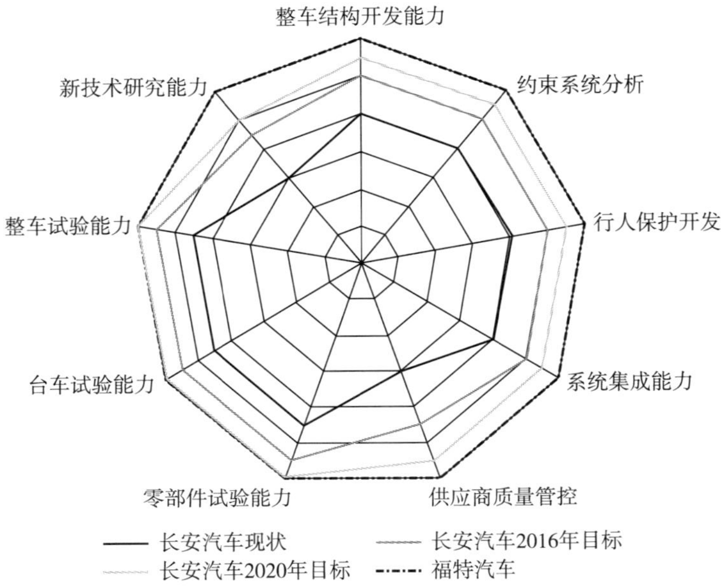

图 2　长安汽车与福特汽车安全技术能力指标对标

B.17

从研发到生产全方位打造安全小型车

摘　要：

随着国内外汽车安全标准的日益严格，重庆力帆乘用车有限公司从各方面加大对安全技术的研发力度，并积极地与国内外有实力的研究机构开展合作，从研发到生产全方位打造安全小型车。本文阐述了该公司的汽车安全技术研发情况及其在安全技术领域取得的主要成果，最后分析了公司短期和中长期安全技术发展规划。

关键词：

碰撞安全　仿真分析　行人保护

一　汽车安全技术研发情况

小型车的安全首先必须突破空间狭小的问题。小型车的安全性受到成本和技术的双重制约。为顺利实现小型车产品安全的目标，重庆力帆乘用车有限公司（以下简称“力帆汽车”）从结构设计、材料选用、动力系统引进、机舱布置、约束系统搭配、转向管柱溃缩设计等环节进行分析和评估，同时在整车正向和逆向开发设计的过程中还应用了CAD和CAE仿真分析技术。力帆汽车的CAE团队在设计初期预测整车的抗撞性，预估碰撞安全行为，以减少修模和重新开模的时间消耗，降低项目的开发成本，从而有效缩短开发周期。

力帆汽车充分利用对标的结果来不断修正CAE仿真分析模型，直到模型达到预期的指标，才能应用该模型进行整车的优化和改进。力帆汽车某车型CAE仿真分析模型是根据《C-NCAP管理规则（2012年版）》中的完全正面碰撞、正面40%偏置碰撞和侧面碰撞三项指标进行分析模拟的（见图1）。

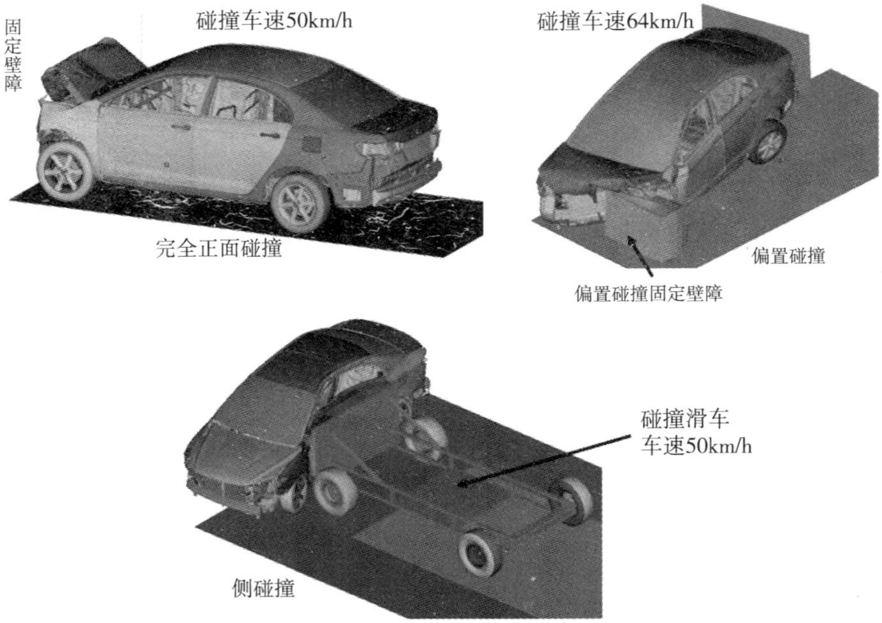

图 1　力帆汽车某车型 CAE 仿真分析模型

随着 C-NCAP 和国外汽车安全标准的日益严格，除了在人力、物力和财力上加大研发投入之外，力帆汽车在设计方面也通过与国内外有经验的设计公司的合作，进一步提升整车开发设计品质。在 CAE 方面，除了力帆汽车成立的专业部门进行例行性的分析工作之外，还与国内外学术机构（如清华大学、美国麻省理工学院等）以及研发团队或顾问公司（如中国汽车技术研究中心、美国 Altair 公司等）合作，共同制造出安全性能高的汽车产品。

Euro NCAP 已经实施了行人保护评价标准，中国在未来也有望导入该测试规范。力帆汽车在新开发的车型中，充分考虑行人（包括成人和儿童）头部的伤害指标、大腿和小腿的受力情况，对行人保护效果进行了预先评估，以应对未来新标准的实施。

力帆汽车很早就已经进入国际市场，能够很好地应对一些国家或地区的标准法规。例如，一些国家出台了针对侧面柱碰撞的法规，在发生汽车撞击树干、电线杆或柱子时，保障车内乘员的安全。力帆汽车对侧面柱碰撞的情况也进行了仿真分析（见图 3）。

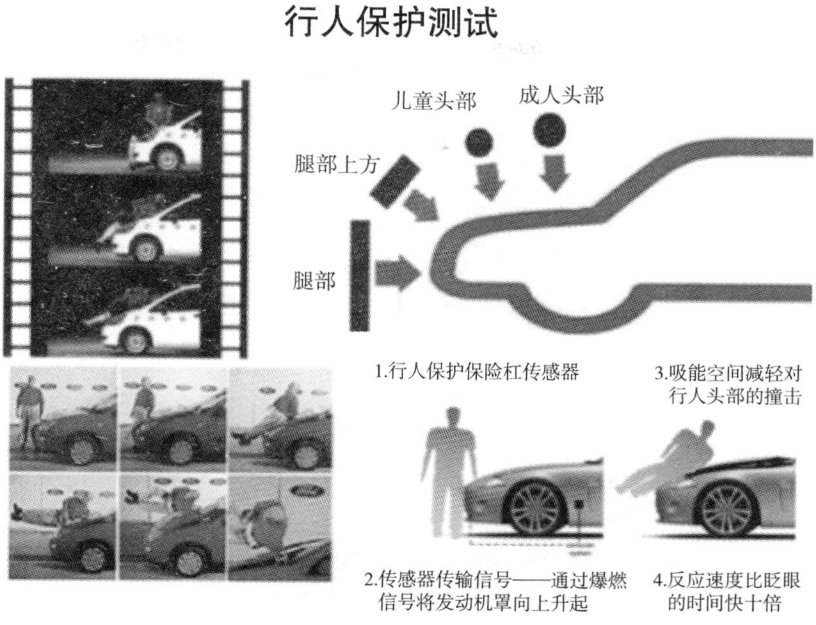

图 2　Euro NCAP 行人保护评价标准

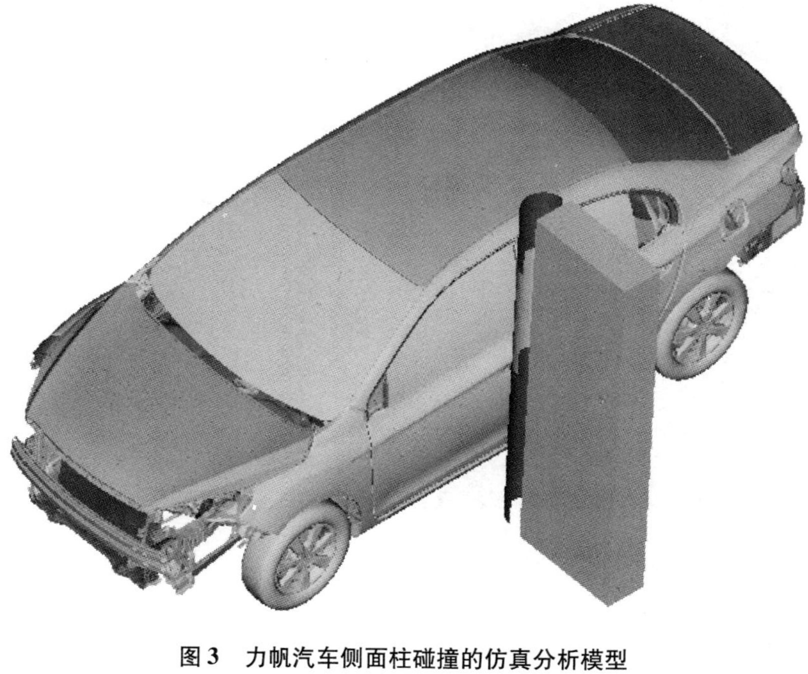

图 3　力帆汽车侧面柱碰撞的仿真分析模型

二　汽车安全技术应用情况

力帆汽车成立之初，首款轿车520车型的C-NCAP抽测试验结果不佳。2009年，力帆汽车提出320车型必须达到C-NCAP三星级标准的目标，受限于当时人力和能力的严重不足，采取了与清华大学汽车工程系合作的方式，制订出详细的工作计划，但是由于320车型的工艺水平欠佳、发动机体积和质量比较大、材料选用不当等问题，整改工作进度缓慢。2010年，力帆汽车聘请专家驻厂，配合清华大学的团队，在2010年下半年完成了整改工作，使320车

满分　1/2满分≤得分<满分　0<得分<1/2满分　0分

减分原因：驾驶员安全带开启力超标

正面100%碰撞试验得分：10.74分（67.13%）

	头部	颈部	胸部	大腿	小腿	单项试验减分
满分	5	2	5	2	2	–
试验得分	5	2	2.24	1.28	1.22	1

正面40%偏置碰撞试验得分：13.32分（83.25%）

	头颈部	胸部	大腿	小腿	单项试验减分
满分	4	4	4	4	–
试验得分	4	1.44	4	3.88	无减分

■ 侧面碰撞试验得分：9.35分（58.44%）

	头部	胸部	腹部	骨盆	单项试验减分
满分	4	4	4	4	-
试验得分	4	0	1.37	3.98	无减分

图4　力帆汽车620车型C-NCAP评价结果

图5　力帆汽车X60车型C－NACP评价结果

型达到了C-NCAP三星级标准，实现了力帆汽车在安全方面的突破。2010年，力帆汽车620车型获得了C-NCAP三星级评价。

随着中国消费者对汽车碰撞安全认识的提高，力帆汽车制定了轿车和SUV车型必须达到C-NCAP五星级标准的目标。但是在2012年5月，由于不能保持产品质量一致性及配套厂商管理缺失等原因，SUV车型X60只获得了C-NCAP四星级评价。

经过归纳和总结，力帆汽车碰撞安全团队提出了“汽车被动安全系统开发流程”的整改方针，并与重庆理工大学合作，针对力帆汽车现存的隐忧进行全面整改。除了制定出安全工作流程之外，力帆汽车也在碰撞安全团队中培训了一批执行力较强的工程人员。

借鉴以往的研发经验，力帆汽车首款中型车820车型的开发完全依照企业制定的“汽车被动安全系统开发流程”进行，并且达到了C-NCAP五星级标准。

三　汽车安全技术发展规划

（一）短期（五年以内）规划

从短期来看，力帆汽车将继续保持与学术机构及研发团体的合作，借助社会资源，提高汽车安全的开发水平。同时，在CAE仿真模拟及分析、实车碰撞实验室的应用、配套商约束系统的标定、焊接和组装工艺的提升、配套商的管理、产品质量的管控、碰撞安全团队的强化、被动安全系统开发流程的执行等方面继续加强能力建设。其中在碰撞安全团队的强化方面，重点培养有能力评估合作单位工作成果的成员，这些成员必须熟悉国内外现有的碰撞法规和标准，并能搜集和掌握未来的安全法规和标准动向。短期规划是每一款新车型都必须达到C-NCAP五星级标准。

这个阶段将主要针对被动安全技术，加强与外界的交流与学习。同时，在企业内部培养一批骨干人才，具备内部审查及把关的能力，拥有与外部接轨的水平，在短期内迅速提升力帆汽车的被动安全技术开发能力。

（二）中长期（五年以上）规划

从中长期来看，在5~10年内力帆汽车将组建CAE仿真分析团队，并开

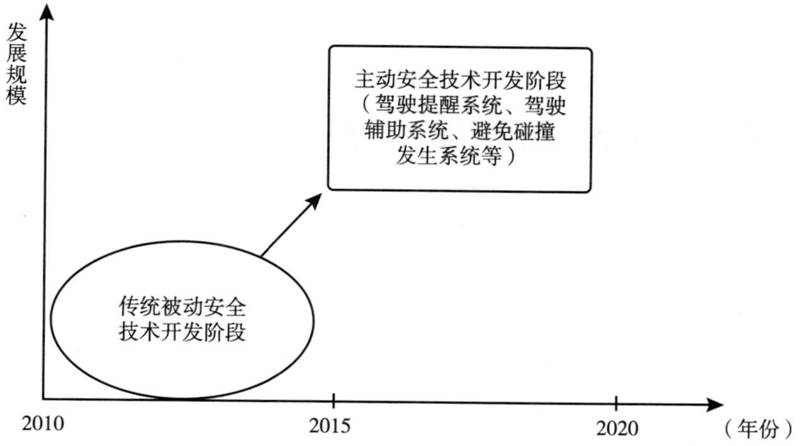

图 6　力帆汽车安全技术发展规划

展主动安全技术的开发。力帆汽车将加强主动安全技术中的驾驶提醒系统（如前碰撞预警系统、车道偏离预警系统、盲点信息系统等）与驾驶辅助系统（如环景监视系统、夜视系统、自适应巡航控制系统、自动泊车辅助系统等）的基础研究工作，重点加大对避免碰撞发生系统（自动驻车系统和预紧限力式安全带等）的攻关力度。

B.18

儿童安全座椅为中国儿童安全出行保驾护航

摘　要：

儿童乘车安全问题已经引起人们的广泛关注，然而由于国内缺乏相应强制性法规和要求，中国的儿童安全座椅使用率普遍较低。目前，中国是世界最大的儿童安全座椅生产基地之一，很多国内制造商的技术水平、质检体系和研发能力与国际先进水平接轨。本文首先引出行车配置儿童安全座椅的必要性，然后分析儿童安全座椅行业发展现状，最后以路途乐品牌儿童安全座椅为代表，阐述选购儿童安全座椅的必备考虑因素以及路途乐未来发展规划。

关键词：

儿童安全座椅　ISOFIX　LATCH

由于国内缺乏相应强制性法规和要求，中国的儿童安全座椅使用率普遍较低，该市场蕴藏着较大发展潜力。近年来，随着国外企业的相继进入，国内儿童安全座椅行业也涌现出一些知名品牌，其中路途乐品牌始终以产品为依托、以客户体验为基础，按照 ECE 标准进行儿童安全座椅及其相关产品的设计研发，同时积极推进儿童安全座椅的技术进步和相关法律法规的实施。

一　行车配置儿童安全座椅的必要性分析

近年来，儿童乘车安全问题日渐引起人们的关注，然而许多车主对儿童乘车安全缺少相关的教育和培训，普遍存在一些错误做法。

1. 错误做法一：家长抱着儿童乘车

中国的家长普遍认为，将儿童抱在怀里乘车很安全。然而，这是一种错误的观念。研究表明：即使家长抱着儿童坐在汽车后排，在车速 30km/h 的情况下，正面碰撞将会使儿童产生相当于自身体重 20 倍的前冲力而从家长怀中飞出去。

2. 错误做法二：儿童自由坐在后排座椅上

儿童自由坐在汽车后排座椅上，在车速 16km/h 的情况下，发生正面碰撞的瞬间将会使儿童的头部和胸部与前排座椅发生强力碰撞；在车速 40km/h 的情况下，正面碰撞将会使儿童从后排座椅直接撞到仪表盘上，并被激烈反弹，造成严重伤害。

3. 错误做法三：儿童使用成人安全带

儿童使用成人安全带坐在车上，在车速 50km/h 的情况下，正面碰撞将会导致儿童颈部受到伤害。

除了以上三种典型的错误做法之外，现实生活中很多家长还任由儿童在车里自由活动，这是非常危险的。事实上，当行驶车辆发生碰撞或者紧急制动时，这些错误做法很可能会给儿童带来极大的伤害，甚至有致命的危险。

在国外，尤其是一些发达国家，关于儿童安全座椅的使用有着很严格的法律法规要求，而中国使用儿童安全座椅的比例不到 1%，这就造成了中国的儿童交通事故率远远大于国外的现状。

二　儿童安全座椅行业现状分析

目前，欧洲、美国、加拿大以及日本等国家或地区都相继颁布了儿童乘车安全的相关法规和儿童安全座椅标准，要求儿童乘车时必须使用儿童安全座椅。2012 年 7 月 1 日，中国首次实施儿童安全座椅强制性标准 GB 27887-2011《机动车儿童乘员用约束系统》，该标准是参照欧盟 ECE R44/04 标准制定的，对儿童安全座椅产品的安全可靠性做出了界定。儿童约束系统能够在车辆碰撞事故或突然减速情况下，减轻对儿童造成的伤害，因此该标准的出台引起了业界对儿童乘车安全的普遍关注。

在欧洲，没有通过 ECE R44 标准的儿童安全座椅禁止在市场上销售。没有经过安全测试的座椅是非常危险的，低劣的质量不仅起不到保护作用，反而会增加对儿童伤害的可能。目前，由于中国没有像欧美发达国家一样的强制性行业标准、法律和法规，中国的汽车儿童安全座椅行业处于无序的管理状态，市面上的产品质量参差不齐，有的售价低至 300 元，而有的高达上万元，生产和销售市场比较混乱。正是因为缺乏相应的标准，国内有规模、有技术研发实力的儿童安全座椅生产企业难以发展壮大，与此同时，一些小的加工厂乘机而入，生产的劣质产品充斥市场。调查显示，国内消费者对儿童安全座椅价格接受程度并不低，约有 66% 的消费者的心理价位在 800 元以上，选择 300 元以下低价座椅的不足 5% 。

目前，中国是世界最大的儿童安全座椅生产基地之一。一些德国、美国及日本的儿童安全座椅品牌纷纷在香港、台湾、上海等地设立了贸易型全资子公司，还有些公司在东莞、宁波等地建立了生产基地。中国制造的中高档儿童安全座椅销往世界各地，很多国内制造商的技术水平、质检体系和研发能力与国际先进水平接轨。

在研发能力方面，中国拥有近千名专业人员从事儿童安全座椅的设计研发工作，该领域的专利申请量呈现快速增长态势。部分国内儿童安全座椅企业已经具备了模具开发和产品检测设备的研发能力。因此，近年来国内涌现出一些知名品牌，其儿童安全座椅产品品质能够与国际大品牌相媲美，并且通过了欧洲、美国的相关安全认证。

在市场需求方面，近几年我国儿童安全座椅市场需求迅速增长，尤其自《机动车儿童乘员用约束系统》标准实施以来，儿童安全座椅的销售额持续增长。不过，目前中国儿童安全座椅的使用率不到 1% ，因此该市场仍蕴藏着较大潜力。中国一旦强制要求使用儿童安全座椅，每年这一市场的国内需求量将增至 1200 万 ~1500 万台，加上国外约 1000 万台的需求量，未来中国儿童安全座椅行业的市场需求量为 2500 万台左右。目前国内儿童安全座椅生产企业有 100 多家，年产能从几千台到 100 多万台规模不等。面对可能出现的需求激增，从产能上来看，国内儿童安全座椅生产能力能够满足未来强制要求安装后的市场需求。

三　儿童安全座椅产品技术发展分析

目前，中国生产的儿童安全座椅产品大多是代工国外的产品，结合中国消费者的车辆特点和不同地域儿童的发展特点研发和设计的产品并不多。通过充分研究国内外相关标准和产品，结合国内汽车消费现状和儿童发展特点，路途乐认为在选购儿童安全座椅时应当重点考虑以下几个因素。

1. 儿童的体重和年龄

通常儿童安全座椅产品的设计研发以及碰撞测试都是按照体重来分类的。基本上可以分为：0组适用于小于10kg，0+组适用于小于13kg，Ⅰ组适用于9~18kg，Ⅱ组适用于15~25kg，Ⅲ组适用于22~36kg。儿童体重是选购安全座椅最可靠的标准。此外，年龄也是一个重要参考数据。中国儿童的身高、体重等发展特点与国外不同，这些差异直接决定了选择产品的适合度和安全性。

表1　儿童安全座椅选购指南

<table>
<tr><td>项目</td><td colspan="9">体重/年龄/产品对应款式</td></tr>
<tr><td rowspan="2">体重
（年龄供参考）</td><td>0kg</td><td>9kg</td><td>10kg</td><td>13kg</td><td>15kg</td><td>18kg</td><td>22kg</td><td>25kg</td><td>36kg</td></tr>
<tr><td>0个月</td><td>9个月</td><td>13个月</td><td>15个月</td><td>3岁</td><td>4岁</td><td>6岁</td><td>6岁</td><td>12岁</td></tr>
<tr><td>安装方向</td><td>必须反向</td><td colspan="2">反向、正向均可</td><td colspan="6">正向</td></tr>
<tr><td rowspan="9">路途乐产品分布图</td><td colspan="4">躺躺鹅</td><td colspan="5"></td></tr>
<tr><td colspan="6">胖胖豚</td><td colspan="3"></td></tr>
<tr><td colspan="6">哈哈象（带ISOFIX）</td><td colspan="3"></td></tr>
<tr><td colspan="8">乐乐猴</td><td></td></tr>
<tr><td></td><td colspan="5">途途龟（带ISOFIX）</td><td colspan="3"></td></tr>
<tr><td></td><td colspan="7">途途龟</td><td></td></tr>
<tr><td></td><td colspan="8">路路熊</td></tr>
<tr><td colspan="4"></td><td colspan="5">坐坐羊</td></tr>
<tr><td rowspan="5">组别示意图</td><td colspan="3">0组</td><td colspan="6"></td></tr>
<tr><td colspan="4">0+组</td><td colspan="5"></td></tr>
<tr><td></td><td colspan="5">Ⅰ组</td><td colspan="3"></td></tr>
<tr><td colspan="4"></td><td colspan="4">Ⅱ组</td><td></td></tr>
<tr><td colspan="6"></td><td colspan="3">Ⅲ组</td></tr>
</table>

注：若产品带反向安装功能，则推荐13kg以内的儿童都采用反向安装功能。

2. 车型

安全座椅需要通过一定方式与车辆连接。国际上的连接方法主要有三种：车载成人安全带（三点式）固定、ISOFIX 接口固定（欧洲标准）、LATCH 接口固定（美国标准）。目前，中国用的是车载成人安全带（三点式）固定和 ISOFIX 接口。使用车载安全带绑定方法比较复杂，许多家长的安装并不规范，误装后的座椅是不安全的；ISOFIX 接口则能够确保儿童安全座椅被快速精准地安装。

然而，目前很多国产车是没有 ISOFIX 接口的，路途乐的路路熊系列产品设计研发了简单准确的车载安全带安装方法，对于不带 ISOFIX 接口的车主而言尤其适合；而途途龟系列、哈哈象系列则分别设置了安全带安装和 ISOFIX 安装两种接口，以满足不同车辆的需求。

3. 产品质量和认证

消费者可以通过观察产品的外观和结构来初步判别儿童安全座椅的质量，如五点式卡扣或安全带连接片是否牢固、乘坐是否舒适等。目前，中国市场上销售的儿童安全座椅产品通常要通过 ECE 认证，消费者可以通过识别产品上是否有 ECE 认证标签来判断产品是否通过 ECE 认证。

（1）外观和结构：安全座椅主要由座垫和椅垫经塑料卡扣连接而成，前方有可拆卸靠垫、安全带、五点式卡扣等装置。从座椅连接处的做工来看，成人可以非常轻松地掰开。从加工工艺来看，儿童座椅塑料模具有注塑和吹塑两种工艺，注塑成型的模具产品稳定性更好。

（2）舒适性：家长在挑选座椅产品时，应仔细观察面料的气孔细密程度和透气性，通过按压拉扯测试其是否有足够的弹性和韧度等。对于婴幼儿来说，座椅上的活动空间主要在可拆卸靠垫里，尤其需要注重靠垫的透气性和柔软性。

（3）五点式卡扣设计：座椅上的安全卡扣是约束儿童、保证安全最核心的部件之一。国内市面上常见的卡扣为对称式卡扣，这种卡扣的缺点是容易单个脱出和断裂。家长在挑选儿童座椅时，可以反复抽拉卡扣，判断是否容易松动脱落。

（4）安全带连接片设计：家长在挑选儿童座椅时，可以用手测试安全带与座椅之间连接片的坚韧程度，也可以对样品进行现场安装和模拟测试。

未来三年，路途乐计划投入1500万元用于儿童安全座椅的技术研发，结合自身多年的经验以及与国外研发的融合，主要做好以下几点。

（1）应用更加先进的安全技术。根据儿童的不同体重和身高，在有关行驶机构特性、保护性乘客舱和撞击吸能区等每一个细节采取更先进的技术。

（2）根据不同车型进行最严格的碰撞测试。儿童安全防护系统必须能够确保在极端情况下充分发挥其功能，尤其是进行360度颠覆和侧面保护等碰撞测试时。

（3）开发系列更为广泛的座椅产品。通过研发适合不同体重范围的儿童安全座椅，延长产品使用寿命。同时，进行耐久性测试以确保儿童安全座椅在整个使用周期中抗磨损，品质持久可靠。

（4）应用健康环保面料。儿童安全座椅的面料应采用儿童肌肤可安全接触的高品质纤维面料，绝不含有害物质，同时便于拆下清洗。

（5）提升产品舒适性。儿童安全座椅应当符合人体工程学原理，并在驶过弯道时为头部和身体提供充分的侧向支持，同时还要根据儿童心理学，适当配备一些附加功能。

附　　录

Appendix

B.19

附录1　中国汽车安全大事记

1993年7月1日，中国小型客车（包括轿车、吉普车、面包车、微型车）开始强制装备安全带。

1995年5月26日，中国首次汽车正面碰撞试验在清华大学完成。

2002年5月1日，中国宣布开始实施强制性产品认证制度，9座以下的轿车和小面包车都包括在《强制性产品认证的产品目录》内，从法律角度上强调了汽车被动安全性的重要性。

2002年5月30日，中国首次汽车侧面碰撞试验在中国汽车技术研究中心完成。

2002年9月23日，国家轿车质量监督检验中心对日本大发汽车公司提供的汽车进行了碰撞试验，这是我国实施强制性产品认证制度以来第一次对进口汽车进行的碰撞试验。

2003年10月28日，全国人民代表大会常务委员会颁布《中华人民共和国道路交通安全法》，本法的制定是为了维护道路交通秩序，预防和减少交通事故，保护人身安全，保护公民、法人和其他组织的财产安全及其他合法权益，提高通行效率，自2004年5月1日起实施。

2004年3月12日，国家质量监督检验检疫总局、国家发展和改革委员会、商务部和海关总署公布《缺陷汽车产品召回管理规定》，明确要加强对缺陷汽车产品召回事项的管理，消除缺陷汽车产品对使用者及公众人身、财产安全造成的危险，维护公共安全、公众利益和社会经济秩序。

2004年4月30日，公安部公布《道路交通安全违法行为处理程序规定》，自2004年5月1日起实施。

2004年4月30日，国务院公布《中华人民共和国道路交通安全法实施条例》，自2004年5月1日起施行。

2004年7月12日，国家质量监督检验检疫总局与国家标准化管理委员会公布《机动车运行安全技术条件》（GB 7258-2004），自2004年10月1日起实施。

2005年6月1日，国务院办公厅公布《关于加强车辆超限超载治理工作的通知》，要求落实治理工作责任，坚决遏制车辆超限超载运输，加强治理超限超载长效机制建设，规范执法行为，确保道路运输畅通。

2005年6月24日，交通运输部公布《机动车维修管理规定》，提出要规范机动车维修经营活动，维护机动车维修市场秩序，保护机动车维修各方当事人的合法权益，保障机动车运行安全，保护环境，节约能源，促进机动车维修业的健康发展，自2005年8月1日起施行。

2005年7月12日，交通运输部公布《道路危险货物运输管理规定》，提出要规范道路危险货物运输市场秩序，保障人民生命财产安全，保护环境，维护道路危险货物运输各方当事人的合法权益。

2006年3月1日，国务院颁布《机动车交通事故责任强制保险条例》。

2006年8月29日，中国新车评价规程在中国汽车技术研究中心正式实施碰撞。

2008年1月14号，浙江吉利控股集团有限公司在底特律车展上面向全球发布爆胎监测与安全控制系统。

2008年4月8日，长城汽车股份有限公司完成国内首次正面对碰试验。

2008年8月17日，公安部发布《道路交通事故处理程序规定》，自2009

年1月1日起施行。

2009年8月23日，中国首例行人保护碰撞试验在中国汽车技术研究中心成功完成。

2009年9月27日，交通运输部发布《关于进一步加强和规范治理车辆非法超限运输工作的通知》，提出要进一步规范和加强治超工作，健全和巩固治超工作机制。

2009年11月26日，商务部、公安部、环境保护部、交通运输部和国家工商行政管理总局发布《关于加强报废汽车监督管理有关工作的通知》，提出要加强报废汽车管理，防止报废汽车、拼装车流向社会，保证人民安全，确保汽车以旧换新政策的顺利实施。

2010年4月23日，交通运输部、公安部和国家安全生产监督管理总局发布《关于进一步加强和改进道路客运安全工作的通知》，要进一步加强和改进道路客运安全工作，坚决遏制和防范群死群伤恶性事故的发生，保障人民生命财产安全。

2010年7月26日，国家工商行政管理总局、交通运输部和国家质量监督检验检疫总局发布《关于进一步加强汽车销售行为以及汽车配件质量监管工作的通知》，提出要进一步加强汽车销售行为以及汽车配件质量监管，维护汽车市场秩序，保障消费者合法权益，保证汽车质量安全，促进汽车产业和经济平稳较快发展。

2010年11月9日，交通运输部公布《关于修改〈道路危险货物运输管理规定〉的决定》，自2011年1月1日起施行。

2011年3月7日，国务院公布《公路安全保护条例》，对公路线路、公路通行和公路养护等关于公路交通安全的多方面事宜进行了明确的规定和要求，自2011年7月1日起施行。

2011年10月12日，交通运输部、公安部、工业和信息化部等六部门联合发布《关于进一步加强车辆违法超限超载治理工作的通知》，提出要进一步加强车辆违法超限超载治理工作，强化信息共享和监管处罚，完善治超工作长效机制，保证交通安全。

2011年11月9月，交通运输部发布《关于做好交通运输行业标准〈机动车维修服务规范〉宣传贯彻工作的通知》，提出要深入贯彻已发布的交通运输行业标准《机动车维修服务规范》，切实做好宣传贯彻工作，推动机动车维修行业健康发展，保证汽车维修质量与行车安全。

2011 年 12 月 31 日，工业和信息化部和公安部发布《关于进一步提高大中型客货车安全技术性能的通知》，明确要求提高大中型客货车安全技术，加强车辆生产质量监督以及对商品车运输车管理。

2012 年 1 月 20 日，公安部与交通运输部发布《关于进一步加强客货运驾驶人安全管理工作的意见》，提出要深入排查治理安全隐患，进一步加强客货运驾驶人安全管理，有效防范和遏制重特大道路交通事故。

2012 年 4 月 5 日，国务院办公厅公布《校车安全管理条例》，提出要加强校车安全管理，保障乘坐校车学生的人身安全，该条例自公布之日起施行。

2012 年 7 月 1 日，中国首个《机动车儿童乘员用约束系统》国家标准正式实施，对中国汽车及座椅生产起到督促监督作用，并对儿童安全乘车起到极大的保障作用。

2012 年 7 月 22 日，国务院发布《关于加强道路交通安全工作的意见》，对车辆安全监管以及加强交通安全执法等涉及汽车交通安全的众多领域提出明确要求。

2012 年 8 月 6 日，教育部等 20 部门发布《关于贯彻落实〈校车安全管理条例〉进一步加强校车安全管理工作的通知》，要求切实做好校车安全管理工作，进一步强化校车安全管理机制，确保学生上下学乘车安全。

2012 年 10 月 22 日，国务院公布《缺陷汽车产品召回管理条例》，规范了缺陷汽车产品召回管理，保障人身、财产安全，自 2013 年 1 月 1 日起施行。

2012 年 10 月 26 日，工业和信息化部发布并实施《罐式危险品运输车及半挂车补充安全技术要求》，进一步完善《车辆生产企业及产品公告》管理，提高罐式危险品运输车及半挂车的安全技术性能，保障人民群众生命财产安全。

2013 年 2 月 2 日，商务部办公厅发布《关于进一步做好报废汽车回收拆解专项整治行动的通知》，进一步加强报废汽车回收拆解行业监督管理，深化专项整治工作，提高汽车产品安全监督，净化市场环境。

2013 年 9 月 29 日，汽车三包专业技术委员会公布《家用汽车产品严重安全性能故障判断指南》，有效地配合汽车三包规定的贯彻实施，并为严重安全性能故障的判断提供参考依据。

2013 年 10 月 18 日，公安部等六部门发布《关于开展机动车安全隐患大检查工作的通知》，决定自即日起至 2014 年 2 月底在全国组织开展机动车安全隐患大检查，彻查管理漏洞，落实整改责任，健全监管机制，切实提高机动车安全性能，保障道路交通安全。

B.20

附录2　汽车整车及零部件企业安全技术状况统计

序号	企业名称	基本情况	2012年研发现状	2015年研发规划
1	上海大众汽车有限公司	拥有五个生产基地和一家安全研发机构。生产基地分别是位于上海市的上海大众汽车有限公司、江苏省南京市的上海大众汽车有限公司南京分公司、新疆维吾尔自治区的上海大众汽车(新疆)有限公司、江苏省仪征市的上海大众汽车有限公司仪征分公司、浙江省宁波市的上海大众汽车有限公司宁波分公司。安全研发机构是位于上海市的上海大众汽车有限公司技术中心	安全产品研发人员100人	规划安全产品研发人员120人。在投产的新车型上装备电子稳定性控制系统、制动辅助系统、自适应巡航控制系统、车道偏离预警系统、盲点信息系统(BLIS)、自动泊车辅助系统(APS)等安全产品
2	东风汽车有限公司东风日产乘用车公司	拥有三个生产基地和一家安全研发机构。生产基地分别是位于广东省广州市的广州风神汽车有限公司、湖北省襄阳市的风神汽车(襄阳)有限公司、河南省郑州市的广州风神汽车有限公司郑州分公司。安全研发机构是位于广东省广州市的东风汽车有限公司东风日产乘用车技术中心	—	—
3	长安福特汽车有限公司	拥有三个生产基地和一家安全研发机构。两个生产基地位于重庆市,一个生产基地位于浙江省杭州市。安全研发机构是位于重庆市的长安福特汽车有限公司技术开发中心	安全产品研发人员16人,安全产品研发经费支出1200万元	规划安全产品研发人员25人,安全产品研发经费支出3000万元。在投产的新车型上装备电子稳定性控制系统、牵引力控制系统、侧倾稳定性控制系统(RSC)、制动辅助系统、自适应巡航控制系统等安全产品

续表

序号	企业名称	基本情况	2012 年研发现状	2015 年研发规划
4	长城汽车股份有限公司	拥有四个生产基地和一家安全研发机构。生产基地分别是位于河北省保定市的整车事业部(第一制造部、第二制造部)和长城汽车股份有限公司徐水哈弗分公司、位于河北省高碑店市的保定长城华北汽车有限责任公司、位于天津市的长城汽车股份有限公司天津分公司。安全研发机构是位于河北省保定市的长城汽车股份有限公司技术中心	安全产品研发人员 90 人	规划安全产品研发人员 300 人。在投产的新车型上装备自适应巡航控制系统、自动紧急制动系统、车道偏离预警系统、盲点信息系统、夜视系统等安全产品
5	浙江吉利控股集团有限公司	拥有三个生产基地和一家安全研发机构。生产基地分别是位于浙江省临海市的浙江豪情汽车制造有限公司、位于山东省济南市的济南吉利汽车有限公司、位于浙江省台州市的浙江金刚汽车有限公司。安全研发机构是位于浙江省杭州市的浙江吉利汽车研究院有限公司	安全产品研发人员 105 人,安全产品研发经费支出 1 亿元	规划安全产品研发人员 150 人。在投产的新车型上装备自适应巡航控制系统、自动紧急制动系统、车道偏离预警系统等
6	天津一汽丰田汽车有限公司	拥有两个生产基地和一家安全研发机构,均位于天津市。生产基地分别是天津一汽丰田汽车有限公司西青工厂、天津一汽丰田汽车有限公司泰达工厂。安全研发机构是一汽丰田技术开发有限公司	安全产品研发人员 10 人,安全产品研发经费支出 206 万元	规划安全产品研发人员 16 人,安全产品研发经费支出 1030 万元
7	广汽本田汽车有限公司	拥有两个生产基地和一家安全研发机构。生产基地分别是位于广东省广州市的广汽本田汽车有限公司黄埔工厂、位于广东省增城市的广汽本田汽车有限公司增城工厂。安全研发机构是位于广东省增城市的广汽本田汽车研究开发有限公司	—	—
8	东风本田汽车有限公司	拥有两个生产基地和一家安全研发机构,均位于湖北省武汉市。安全研发机构是东风本田研究开发中心	—	—

续表

序号	企业名称	基本情况	2012 年研发现状	2015 年研发规划
9	广汽丰田汽车有限公司	拥有一个生产基地和一家安全研发机构，均位于广东省广州市。安全研发机构是广汽丰田汽车有限公司研究开发中心	—	—
10	一汽轿车股份有限公司	拥有一个生产基地和一家安全研发机构，均位于吉林省长春市。安全研发机构是一汽轿车股份有限公司产品部	安全产品研发人员 17 人，安全产品研发经费支出 3500 万元	规划安全产品研发人员 38 人，安全产品研发经费支出 8800 万元。在投产的新车型上装备防抱死制动系统、电子稳定性控制系统、牵引力控制系统、制动辅助系统、自适应巡航控制系统、车道偏离预警系统、碰撞缓解制动系统（CMBS）、坡道辅助控制系统、碰撞自动解锁、安全带、安全气囊、乘员头颈保护系统等安全产品
11	安徽江淮汽车股份有限公司	拥有一个生产基地和一家安全研发机构，均位于安徽省合肥市。安全研发机构是安徽江淮汽车股份有限公司技术中心	安全产品研发人员 20 人，安全产品研发经费支出 1000 万元	规划安全产品研发人员 40 人，安全产品研发经费支出 3000 万元。在投产的新车型上装备电子稳定性控制系统、自适应巡航控制系统、车道偏离预警系统、胎压监测系统、制动辅助系统等安全产品
12	重庆力帆乘用车有限公司	拥有一个生产基地和一家安全研发机构，均位于重庆市。安全研发机构是力帆技术研究院汽车分院。在海外建立了 7 个工厂	安全产品研发人员 10 人，安全产品研发经费支出 1000 万元	规划安全产品研发人员 30 人，安全产品研发经费支出 3000 万元。在投产的新车型上装备侧面安全气囊、安全气帘、车道偏离预警系统、车速限制系统等安全产品
13	东风裕隆汽车有限公司	拥有一个生产基地和三家安全研发机构。生产基地位于浙江省杭州市。安全研发机构分别是位于浙江省杭州市的东风裕隆汽车有限公司研发总部、位于湖北省武汉市的东风汽车公司技术中心、位于台湾的华创车电技术中心股份有限公司	—	—

续表

序号	企业名称	基本情况	2012 年研发现状	2015 年研发规划
14	博世汽车部件（苏州）有限公司	在江苏省苏州市拥有一个生产基地并负责安全研发	安全产品研发人员 50 人	规划研发盲点信息系统和自动泊车辅助系统，分别实现产能 20 万套和 10 万套
15	上海天合汽车安全系统有限公司	在上海市拥有一个生产基地并负责安全研发	安全产品研发人员 79 人，安全产品研发经费支出 4646 万元	规划安全产品研发人员 103 人，安全产品研发经费支出 5600 万元。安全带和安全气囊分别实现产能 1100 万套和 550 万套
16	奥托立夫（上海）汽车安全系统研发有限公司	拥有五个生产基地并负责安全研发。生产基地分别是位于上海市的奥托立夫汽车安全系统有限公司、奥托立夫气体发生器工厂、奥托立夫电子工厂、奥托立夫方向盘工厂，以及江苏省南京市的奥托立夫安全带工厂	安全产品研发人员 200 人	规划安全产品研发人员 200～300 人。研发夜视雷达、安全气囊、集成防抱死制动系统功能的安全气囊电子控制单元等安全产品
17	高田（上海）汽配制造有限公司	拥有两个生产基地和一家安全研发机构。生产基地分别是位于上海市的高田（上海）汽配制造有限公司、天津市的高田（天津）汽配制造有限公司。安全研发机构是位于上海市的高田（上海）汽车安全系统研发有限公司	安全产品研发人员 156 人，安全产品研发经费支出 8336 万元	规划安全产品研发人员 200 人
18	浙江亚太机电股份有限公司	拥有四个生产基地和一家安全研发机构。生产基地分别是位于浙江省杭州市的浙江亚太机电股份有限公司和安吉亚太汽车部件有限公司、广西壮族自治区柳州市的柳州浙亚汽车部件有限公司、安徽省芜湖市的芜湖亚太汽车部件有限公司。安全研发机构是位于浙江省杭州市的浙江亚太机电股份有限公司技术中心	安全产品研发人员 28 人，安全产品研发经费支出 1500 万元	规划安全产品研发人员 40 人，安全产品研发经费支出 3500 万元。研发电子稳定性控制系统、电子驻车制动系统（EPB），分别实现产能 20 万套和 30 万套

续表

序号	企业名称	基本情况	2012 年研发现状	2015 年研发规划
19	上海车当家投资管理有限公司	拥有两个生产基地和两家安全研发机构。生产基地分别是位于浙江省宁波市的宁波惠尔顿汽车配件制造有限公司、浙江省台州市的台州市感恩汽车用品有限公司。安全研发机构分别是位于上海市的上海车当家投资管理有限公司、台州市感恩汽车用品有限公司	安全产品研发人员 15 人,安全产品研发经费支出 220 万元	规划安全产品研发人员 35 人,安全产品研发经费支出 1500 万元。研发便携式儿童安全座椅、嵌入式智能型儿童安全座椅和吸能型儿童安全座椅安全带,便携式儿童安全座椅和吸能型儿童安全座椅安全带分别实现产能 30 万台和 100 万套
20	基德儿童用品贸易(上海)有限公司	拥有一个生产基地和一家安全研发机构,均位于上海市。生产基地是上海大道包装材料隔热有限公司。安全研发机构是基德儿童用品贸易(上海)有限公司研发部	—	规划安全产品研发人员 15 人,安全产品研发经费支出 4000 万元。儿童安全座椅实现产能 500 万台
21	宁波贝安宝儿童用品有限公司	在浙江省余姚市拥有一个生产基地	安全产品研发人员 5 人,安全产品研发经费支出 200 万元	规划安全产品研发人员 10 人,安全产品研发经费支出 500 万元。研发儿童安全座椅接口产品,儿童安全座椅实现产能 35 万台

B.21

附录3　C-NCAP测试评价统计

表1　《C-NCAP管理规则（2012年版）》测试评价统计

序号	生产企业	测试年度	测试车型号	正面100%重叠刚性壁碰撞试验	正面40%重叠可变形壁碰撞试验	可变形移动壁障侧面碰撞试验	鞭打试验	加分项	总分	星级
小型乘用车										
1	北京汽车股份有限公司	2012年第三批	BJ7150B3D E150 1.5L 乐尚手动版	9.99	6.22	16.42	1.08	2③	35.7	★★
2	海马轿车有限公司	2012年第三批	HMA7101AB2F 爱尚 1.0L 手动豪华型	10.58	6.75	9.76	0.75	0.5①	28.3	★★
3	北京汽车股份有限公司	2012年第三批	BJ7150B3D1 E150 1.5L 乐享自动版	12.25	6.47	17.85	1.52	3⑫	41.1	★★★
4	浙江豪情汽车制造有限公司	2013年第一批	JL7150E4 英伦 SC515 豪华型	15.85	14.56	18.00	4.00	3	55.4	★★★★★
A类乘用车										
1	重庆长安汽车股份有限公司	2012年第三批	SC7169BH 逸动 1.6L 手动尊贵型	14.84	13.04	17.00	4.00	4⑦	52.9	★★★★★
2	上汽通用五菱汽车股份有限公司	2012年第三批	LZW7150ADF 宝骏 630 1.5L 手动标准型	15.32	10.73	12.22	4.00	2③	44.3	★★★★

续表 1

序号	生产企业	测试年度	测试车型号	正面100%重叠刚性壁碰撞试验	正面40%重叠可变形壁碰撞试验	可变形移动壁障侧面碰撞试验	鞭打试验	加分项	总分	星级
3	东风日产乘用车公司	2012年第四批	DFL7166MAK1 启辰 D50 舒适版	13.60	15.16	14.15	4.00	1.5③	48.4	★★★★
4	一汽-大众汽车有限公司	2012年第四批	FV7147TFATG 迈腾 1.4TSI 舒适型	14.68	13.11	18.00	4.00	3	52.8	★★★★★
5	长城汽车股份有限公司	2012年第四批	CC7150QE09 C50 1.5T 精英型	14.86	14.54	17.37	2.73	3⑫	52.5	★★★★★
6	广汽菲亚特汽车有限公司	2012年第四批	GFA7140AEAB 菲翔 1.4T DDCT 尊享版	15.77	14.28	18.00	0.67	4⑦	52.7	★★★★★
7	天津一汽夏利汽车股份有限公司	2013年第一批	CA7150BUE4 威志 V5 进取型	11.46	4.72	12.17	1.64	0.5	30.5	★★
8	北京现代汽车有限公司	2013年第一批	BH7161HMY 朗动 1.6GLX 手动领先型	15.59	16.02	17.90	4.00	2	55.5	★★★★★
9	东风悦达起亚汽车有限公司	2013年第一批	YQZ7169M K3 1.6GLS 手动	14.88	15.28	18.00	4.00	2	54.2	★★★★★
10	上海汽车集团股份有限公司	2013年第一批	CSA7151MC MG5 1.5L 手动精英版	14.12	13.41	14.05	3.81	2	47.4	★★★★
11	现代汽车公司	2013年第一批	FSTG16E42WM6－4P 飞思 1.6T 舒适版	14.74	13.67	18.00	3.85	1.5	51.8	★★★★
12	神龙汽车有限公司	2013年第一批	1.6L 手动劲智型 C4L 1.6L 手动劲智型	15.30	14.20	16.25	4.00	4	53.8	★★★★★
13	上海汽车集团股份有限公司	2013年第一批	CSA7151AC MG5 领航版	13.96	13.71	17.45	3.11	4	52.2	★★★★★
14	上海大众汽车有限公司	2013年第二批	SVW7167BMD 朗逸 1.6L 自动豪华版	14.38	15.57	17.16	3.68	4	54.8	★★★★★
15	大众汽车公司	2013年第二批	Beetle 1.2 甲壳虫 1.2TSI 时尚型	13.38	15.61	18.00	4.00	3	54.0	★★★★★

续表 1

序号	生产企业	测试年度	测试车型号	正面 100% 重叠刚性壁碰撞试验	正面 40% 重叠可变形壁碰撞试验	可变形移动壁障侧面碰撞试验	鞭打试验	加分项	总分	星级
16	华晨汽车集团控股有限公司	2013 年第二批	SY7150E1SBAE 中华 H230 2012 款 1. 5L 手动酷悦型	13. 93	13. 84	17. 94	4. 00	3	52. 7	★★★★★
17	东南（福建）汽车工业有限公司	2013 年第三批	DN7156L4S V5 菱致手动豪华型	15. 05	12. 74	17. 38	3. 80	2	51. 0	★★★★
18	上海大众汽车有限公司	2013 年第三批	SVW71612BS 全新桑塔纳 1. 6L 手动豪华版	13. 86	14. 06	16. 90	4. 00	4	52. 8	★★★★★
19	比亚迪汽车有限公司	2013 年第三批	QCJ7150W 速锐尊贵型	15. 59	15. 10	17. 84	4. 00	4	56. 5	★★★★★
B 类乘用车										
1	东风本田汽车有限公司	2012 年第四批	DHW7181C1MSD 思铭 1. 8 手动版	15. 42	13. 10	16. 12	2. 85	1. 5⑨	49. 0	★★★★
2	上海通用汽车有限公司	2013 年第二批	SGM7209ATA 迈锐宝 2. 0AT 豪华版	15. 46	14. 67	18. 00	4. 00	3	55. 1	★★★★★
3	奇瑞汽车股份有限公司	2013 年第二批	SQR7203B217 G5 2. 0DVVT 手动豪华型	12. 22	10. 23	16. 84	3. 12	2	44. 4	★★★★
4	东风日产乘用车公司	2013 年第二批	DFL7251VAK1 天籁 2. 5XL 领先版	15. 26	15. 76	18. 00	4. 00	4	57. 0	★★★★★
5	华晨宝马汽车有限公司	2013 年第二批	BMW7200AL BMW320Li 型轿车（时尚型）	15. 32	15. 83	18. 00	3. 32	4	56. 5	★★★★★
6	北京汽车股份有限公司	2013 年第二批	BJ7230C7G 绅宝 2. 3T 豪华版	15. 80	14. 26	18. 00	4. 00	4	56. 1	★★★★★
7	重庆长安汽车股份有限公司	2013 年第二批	SC7186AB5 睿骋 1. 8T 6AT 尊贵型	14. 49	15. 73	18. 00	4. 00	4	56. 2	★★★★★

续表 1

序号	生产企业	测试年度	测试车型号	正面 100%重叠刚性壁碰撞试验	正面 40%重叠可变形壁碰撞试验	可变形移动壁障侧面碰撞试验	鞭打试验	加分项	总分	星级
8	雷诺汽车公司	2013 年第三批	LZL4T 风朗标准版	12.96	14.28	13.85	2.88	1	45.0	★★★★
多功能乘用车										
1	东风本田汽车有限公司	2013 年第三批	DHW6494R7ARD 艾力绅 VTI-S 尊贵版	15.55	15.27	18.00	4.00	4	56.8	★★★★★
运动型乘用车										
1	东风本田汽车有限公司	2012 年第三批	DHW6454R4ASD CR-V 2.4L VTIS 自动档	16.24	15.02	17.73	4.00	4⑦	57.0	★★★★★
2	上海通用东岳汽车有限公司	2012 年第四批	SGM7144TATB 昂科拉 1.4T GL AT	16.62	15.41	18.00	3.36	3	56.4	★★★★★
3	东风柳州汽车有限公司	2013 年第一批	LZ6431BQEE 景逸 SUV 豪华型	11.16	9.81	17.16	1.69	2.5	42.3	★★★
4	广汽三菱汽车有限公司	2013 年第三批	GMC6431A ASX 劲炫 2.0L 手动舒适版	14.93	12.96	17.54	3.99	3	52.4	★★★★★
5	长安福特汽车有限公司	2013 年第三批	CAF6450A43 翼虎 2.0L GTDi 精英型	14.37	15.56	18.00	4.00	4	55.9	★★★★★

注：①驾驶员侧安全带提醒装置；②驾驶员侧安全带提醒装置，ISOFIX 装置；③驾驶员侧、前排乘员侧安全带提醒装置以及 ISOFIX 装置；④驾驶员侧安全带提醒装置，侧面安全气囊及气帘以及 ISOFIX 装置；⑤驾驶员侧安全带提醒装置，侧面安全气囊及气帘、ISOFIX 装置以及 ESC；⑥驾驶员侧、前排乘员侧安全带提醒装置，侧面安全气囊及气帘，ISOFIX 装置，ESC，其中乘员侧无座椅使用状态监测功能；⑦驾驶员侧、前排乘员侧安全带提醒装置，侧面安全气囊及气帘，ISOFIX 装置，ESC；⑧乘员侧安全带提醒装置，其中乘员侧无座椅使用状态监测功能；⑨驾驶员侧、前排乘员侧安全带提醒装置；⑩侧面安全气囊及气帘；⑪驾驶员侧、前排乘员侧安全带提醒装置，侧面安全气囊及气帘；⑫驾驶员侧、前排乘员侧安全带提醒装置，侧面安全气囊及气帘、ISOFIX 装置。

表 2 《C-NCAP 管理规则（2009 年版）》测试评价统计

序号	生产企业	测试年度	测试车型号	正面 100% 重叠刚性壁碰撞试验	正面 40% 重叠可变形壁碰撞试验	可变形移动壁障侧面碰撞试验	加分项	总分	星级
			小型乘用车						
1	长城汽车股份有限公司	2010 年第一批	CC7150AM01(酷熊)	12.09	15.85	14.00	2③	43.9	★★★★
2	重庆长安铃木汽车有限公司	2010 年第一批	SC7103(新奥拓)	11.60	14.57	7.80	0.5①	34.5	★★★
3	一汽海马汽车有限公司	2010 年第三批	HMC7132A4H0(丘比特)	11.79	13.52	10.10	0.5①	35.9	★★★
4	长安福特马自达汽车有限公司	2010 年第四批	CAF7152N1(嘉年华)	12.32	14.77	15.38	3⑥	45.5	★★★★★
5	上海大众汽车有限公司	2011 年第三批	SVW71411AR(新 POLO)	13.15	14.89	15.32	2③	45.4	★★★★★
6	天津一汽夏利汽车股份有限公司	2011 年第四批	CA7137E4S(威志 V2)	7.80	13.77	9.17	0.5①	31.2	★★★
7	重庆长安汽车股份有限公司	2011 年第四批	SC7139A4B(CX20)	9.46	13.64	12.24	0.5①	35.8	★★★
8	重庆长安汽车股份有限公司	2012 年第二批	SC7106CY(奔奔 MINI)	9.79	12.28	10.87	0	32.9	★★★
			A 类乘用车						
1	贵航青年莲花汽车有限公司	2010 年第一批	GHK7160B(莲花 L3)	10.00	12.95	9.94	0	32.9	★★★
2	长安福特马自达汽车有限公司	2010 年第一批	CAF7204A(沃尔沃 S40)	14.60	16.00	15.34	2④	47.9	★★★★★
3	奇瑞汽车股份有限公司	2010 年第一批	SQR7150A137(风云 2)	12.36	13.08	15.67	2③	43.1	★★★★
4	一汽轿车股份有限公司	2010 年第二批	CA7165MT3(奔腾 B50)	14.09	15.79	10.95	1②	41.8	★★★★
5	东风悦达起亚汽车有限公司	2010 年第二批	YQZ7165(福瑞迪)	14.94	15.71	13.59	1②	45.2	★★★★★
6	上海汽车集团股份有限公司	2010 年第二批	CSA7150AC(荣威 350)	12.72	14.93	15.88	3⑥	46.5	★★★★★
7	北京现代汽车有限公司	2010 年第二批	BH7165MX(i30)	14.45	15.22	12.23	0.5①	42.4	★★★
8	一汽-大众汽车有限公司	2010 年第二批	FV7164FG(第六代高尔夫)	12.84	15.06	16.00	2③	45.9	★★★★★

续表

序号	生产企业	测试年度	测试车型号	正面100%重叠刚性壁碰撞试验	正面40%重叠可变形壁碰撞试验	可变形移动壁障侧面碰撞试验	加分项	总分	星级
9	天津一汽夏利汽车股份有限公司	2010年第三批	TJ7133UE3(夏利N5)	8.06	11.36	10.82	0.5⑦	30.7	★★★
10	重庆长安汽车股份有限公司	2010年第三批	SC7151A(悦翔)	11.38	13.14	11.09	0.5①	36.1	★★★
11	重庆力帆汽车有限公司	2010年第三批	LF7152(力帆620)	10.74	13.32	9.35	0	33.4	★★★
12	东风汽车公司	2010年第四批	DFM7160B1B(风神S30)	11.54	6.75	11.59	0.5①	30.4	★★★
13	神龙汽车有限公司	2010年第四批	DC7164DTB(408)	12.79	15.35	15.98	3⑥	47.1	★★★★★
14	东风悦达起亚汽车有限公司	2011年第一批	YQZ7166E(SOUL)	13.91	15.99	13.41	0.5①	43.8	★★★★
15	北京现代汽车有限公司	2011年第一批	BH7142AY(瑞纳)	15.58	14.46	14.93	2③	47.0	★★★★★
16	长城汽车股份有限公司	2011年第一批	CC7150CE05(腾翼C30)	13.19	15.16	16.00	2③	46.4	★★★★★
17	上海通用汽车有限公司	2011年第一批	SGM7161MTB(英朗GT)	14.38	16.00	16.00	1②	47.4	★★★★★
18	一汽海马汽车有限公司	2011年第二批	HMC7166B4MO(新一代普力马)	9.67	13.55	12.26	0.5①	36.0	★★★
19	东风日产乘用车公司	2011年第二批	DFL7151VAK2(阳光)	13.29	14.81	14.24	0.5①	42.8	★★★★
20	上海汽车集团股份有限公司	2011年第三批	CSA7153AC(MG3)	13.67	14.93	16.00	2.5⑩	47.1	★★★★★
21	广汽本田汽车有限公司	2011年第三批	HG7130FAM(理念S1)	13.96	14.93	11.02	0.5①	40.4	★★★★
22	一汽海马汽车有限公司	2011年第四批	HMC7165D4S1(福美来三代)	12.91	13.24	13.54	2③	41.7	★★★★
23	安徽江淮汽车股份有限公司	2011年第四批	HFC7150B(和悦)	13.34	14.66	16.00	2③	46.0	★★★★★
24	上海通用汽车有限公司	2012年第一批	SGM7143MTB(爱唯欧三厢)	13.70	16.00	16.00	2③	47.7	★★★★★
25	华晨汽车集团控股有限公司	2012年第一批	SY7160XZBAC(H530)	12.70	14.48	15.00	3⑥	45.2	★★★★★
26	东风悦达起亚汽车有限公司	2012年第一批	YQZ7167AM(K2)	14.12	12.62	15.35	3⑥	45.1	★★★★★
27	东风日产乘用车公司	2012年第二批	DFL7165VAK2(新骐达)	13.60	14.66	15.76	3⑥	47.0	★★★★★
28	奇瑞汽车股份有限公司	2012年第二批	SQR7160J180(瑞麒G3)	14.65	13.58	15.75	3⑥	47.0	★★★★★

续表

序号	生产企业	测试年度	测试车型号	正面100%重叠刚性壁碰撞试验	正面40%重叠可变形壁碰撞试验	可变形移动壁障侧面碰撞试验	加分项	总分	星级
29	上海通用汽车有限公司	2012年第二批	SGM7120MT(赛欧)	13.02	13.89	13.06	1②	41.0	★★★★
30	广汽丰田汽车有限公司	2012年第二批	GTM7180C(逸致)	14.21	15.11	16.00	3⑥	48.3	★★★★★
31	长安福特马自达汽车有限公司	2012年第二批	CAF7163A4(新福克斯)	13.22	15.50	15.82	2③	46.5	★★★★★
32	神龙汽车有限公司	2012年第二批	DC7164DTDM(标致308)	14.00	15.73	14.09	3⑥	46.8	★★★★★
33	中国第一汽车集团公司	2012年第二批	CA7158(欧朗)	11.99	11.57	15.70	1.5③	40.8	★★★★
34	湖南江南汽车制造有限公司	2012年第二批	JNJ7153(众泰Z300)	14.08	14.63	16.00	3⑥	47.7	★★★★★
B类乘用车									
1	上海通用汽车有限公司	2010年第一批	SGM7205ATA(新君威)	15.03	15.65	16.00	3⑥	49.7	★★★★★
2	东南(福建)汽车工业有限公司	2010年第一批	DN7181(三菱蓝瑟翼神)	14.67	15.44	15.00	3⑥	48.1	★★★★★
3	上海大众汽车有限公司	2010年第一批	SVW7189BJD(昊锐)	11.65	15.55	16.00	3⑥	46.2	★★★★★
4	东风日产乘用车公司	2010年第二批	DFL7200VCC(新轩逸)	12.48	14.41	13.38	0	40.3	★★★★
5	神龙汽车有限公司	2010年第二批	DC7237DT(雪铁龙C5)	14.60	15.08	16.00	2.5⑤	48.2	★★★★★
6	浙江豪情汽车制造有限公司	2010年第四批	MR7181(帝豪EC718)	13.61	14.41	15.80	3⑥	46.8	★★★★★
7	一汽-大众汽车有限公司	2011年第一批	FV7207TRATG(CC)	13.43	15.34	16.00	3⑥	47.8	★★★★★
8	广州汽车集团乘用车有限公司	2011年第一批	GAC7200B8R4(传祺)	15.31	16.00	14.51	3⑥	48.8	★★★★★
9	东南(福建)汽车工业有限公司	2011年第二批	DN7201H(戈蓝)	12.87	12.07	16.00	1②	41.9	★★★★
10	荣成华泰汽车有限公司	2011年第三批	SDH7180AFM4(华泰B11)	13.41	13.51	11.31	2③	40.2	★★★★
11	东风悦达起亚汽车有限公司	2011年第三批	YQZ7203A(K5)	15.67	16.00	16.00	3⑥	50.7	★★★★★☆

续表

序号	生产企业	测试年度	测试车型号	正面100%重叠刚性壁碰撞试验	正面40%重叠可变形壁碰撞试验	可变形移动壁障侧面碰撞试验	加分项	总分	星级
12	北京现代汽车有限公司	2011年第四批	BH7201DAY(第八代索纳塔)	15.79	15.86	16.00	3⑥	50.7	★★★★★☆
13	天津一汽丰田汽车有限公司	2011年第四批	TV7252V5(新锐志)	14.40	15.66	15.92	3⑥	49.0	★★★★★
14	浙江豪情汽车制造有限公司	2011年第四批	JL7200M4(帝豪EC8)	15.10	15.53	16.00	3⑥	49.6	★★★★★
15	东风本田汽车有限公司	2011年第四批	DHW7182FBASD(思域)	14.96	15.60	15.72	2③	48.3	★★★★★
16	神龙汽车有限公司	2011年第四批	DC7232DTAA(508)	14.85	15.51	16.00	2.5⑤	48.9	★★★★★
17	上海大众汽车有限公司	2012年第一批	SVW71810DJ(新帕萨特)	12.38	16.00	16.00	3⑥	47.4	★★★★★
18	广汽丰田汽车有限公司	2012年第一批	GTM7251GB(第七代凯美瑞)	15.61	15.73	16.00	3⑥	50.3	★★★★★☆
19	比亚迪汽车有限公司	2012年第一批	QCJ7201E(G6)	14.40	13.67	12.87	3⑥	43.9	★★★★
20	长安福特马自达汽车有限公司	2012年第二批	CAF7209A(马自达3星骋)	15.76	15.44	16.00	3⑥	50.2	★★★★★☆
21	东风汽车公司	2012年第二批	DFM7200G1A(风神A60)	12.31	13.97	16.00	3⑥	45.3	★★★★★
			多功能乘用车						
1	广汽丰田汽车有限公司	2010年第一批	GTM6480ADL(汉兰达)	14.49	13.09	16.00	3⑥	46.6	★★★★★
2	郑州日产汽车有限公司	2010年第三批	ZN6440V1B4(帅客)	10.54	9.40	13.95	0.5①	34.4	★★★
3	郑州日产汽车有限公司	2011年第二批	ZN6441V1A4(NV200)	14.08	14.74	14.06	0	42.9	★★★★
4	上海通用汽车有限公司	2011年第四批	SGM6521ATA(2011款别克新GL8)	13.12	15.53	16.00	3⑥	47.7	★★★★★
			运动型乘用车						
1	浙江飞碟汽车制造有限公司	2010年第三批	FD6432(永源A380)	6.90	11.94	11.87	1⑧	31.7	★★★
2	黄海汽车有限责任公司	2010年第四批	DD6470(新旗胜)	6.73	8.32	16.00	0	31.1	★★★
3	富士重工业株式会社	2010年第四批	SH5SW1T(森林人)	14.02	15.89	16.00	2④	47.9	★★★★★

续表

序号	生产企业	测试年度	测试车型号	正面100%重叠刚性壁碰撞试验	正面40%重叠可变形壁碰撞试验	可变形移动壁障侧面碰撞试验	加分项	总分	星级
4	现代汽车公司	2010年第四批	SANTA FE 2.4AT 4WD-4(新胜达)	14.40	15.92	16.00	1⑨	47.3	★★★★★
5	上海大众汽车有限公司	2010年第四批	SVW6451CED(途观)	13.43	15.74	16.00	3⑥	48.2	★★★★★
6	天津一汽丰田汽车有限公司	2011年第二批	TV6460GLX-i(RAV4)	12.66	15.10	16.00	2.5⑩	46.3	★★★★★
7	奇瑞汽车股份有限公司	2011年第二批	SQR6471P11A7(威麟X5)	13.16	10.85	16.00	0.5①	40.5	★★★★
8	比亚迪汽车有限公司	2011年第四批	QCJ6480S(S6)	12.48	14.99	16.00	2.5⑩	46.0	★★★★★
9	东风悦达起亚汽车有限公司	2011年第四批	YQZ6442A(智跑)	15.18	15.42	16.00	2③	48.6	★★★★★
10	长城汽车股份有限公司	2012年第一批	CC6460RM40(哈弗H6)	13.73	14.78	15.33	2③	45.8	★★★★★
11	上海汽车集团股份有限公司	2012年第一批	CSA6471AC(荣威W5)	14.13	13.65	16.00	1.5⑧	45.3	★★★★★
12	北京现代汽车有限公司	2012年第一批	BH6440AY(ix35)	14.23	15.33	16.00	2③	47.6	★★★★★
13	东风裕隆汽车有限公司	2012年第一批	DYM6481ACA(纳智捷大7)	12.50	14.95	16.00	3⑥	46.5	★★★★★
14	成都新大地汽车有限责任公司	2012年第二批	RX6453K01(全球鹰GX7)	15.53	15.77	16.00	3⑥	50.3	★★★★★☆
15	重庆力帆汽车有限公司	2012年第二批	LF6430(力帆X60)	13.59	15.96	14.07	1②	44.6	★★★★
16	广州汽车集团乘用车有限公司	2012年第二批	GAC6470D2A4(传祺GS5)	15.11	16.00	16.00	2③	49.1	★★★★★
17	广汽长丰汽车股份有限公司	2012年第二批	CFA6501BA(新猎豹CS6)	13.59	13.34	11.81	2③	40.7	★★★★

注：①驾驶员侧安全带提醒装置；②驾驶员侧安全带提醒装置，ISOFIX装置；③驾驶员侧、前排乘员侧安全带提醒装置以及ISOFIX装置；④驾驶员侧安全带提醒装置，侧面安全气囊及气帘以及ISOFIX装置；⑤驾驶员侧、前排乘员侧安全带提醒装置，侧面安全气囊及气帘，ISOFIX装置，其中，乘员侧无座椅使用状态监测功能；⑥驾驶员侧、前排乘员侧安全带提醒装置，侧面安全气囊及气帘，ISOFIX装置；⑦乘员侧安全带提醒装置，其中乘员侧无座椅使用状态监测功能；⑧驾驶员侧、前排乘员侧安全带提醒装置；⑨侧面安全气囊及气帘；⑩驾驶员侧、前排乘员侧安全带提醒装置，侧面安全气囊及气帘。

表3 《C-NCAP管理规则（2006年版）》测试评价统计

序号	生产企业	测试年度	测试车型号	正面100%重叠刚性壁碰撞试验	正面40%重叠可变形壁碰撞试验	可变形移动壁障侧面碰撞试验	加分项	总分	星级
小型乘用车									
1	重庆长安铃木汽车有限公司	2006年第一批	SC7132(雨燕)	11.98	14.19	15.09	0	41.3	★★★★
2	天津一汽夏利汽车股份有限公司	2007年第一批	CA7130(威志)	8.94	14.64	8.72	0	32.3	★★★
3	上汽通用五菱汽车股份有限公司	2007年第二批	LZW7080(乐驰)	7.03	11.95	8.21	0	27.2	★★
4	奇瑞汽车股份有限公司	2007年第三批	SQR7110S21(QQ6)	7.18	8.67	10.27	0	26.1	★★
5	重庆长安汽车股份有限公司	2007年第四批	SC7133(奔奔)	2.37	11.38	4.81	0	18.6	★★
6	哈飞汽车股份有限公司	2007年第四批	HFJ7133(路宝)	3.55	8.88	10.51	0	22.9	★★
7	河北红星汽车制造有限公司	2008年第三批	HX6300A(双环小贵族)	0.87	7.61	10.97	0	19.5	★★
8	广汽丰田汽车有限公司	2008年第三批	GTM7160G(雅力士)	12.99	15.62	15.44	3②	47.1	★★★★★
9	长城汽车股份有限公司	2009年第一批	CC7130MM02(精灵)	11.54	13.47	9.35	1④	35.4	★★★
10	广汽本田汽车有限公司	2009年第一批	HG7154DAA(新飞度)	13.29	16.00	15.11	2①	46.4	★★★★★
11	上海大众汽车有限公司	2009年第一批	SVW7148ARD(晶锐)	13.12	15.60	14.90	2①	45.6	★★★★★
12	比亚迪汽车有限公司	2009年第三批	QCJ7100L(F0)	13.12	14.45	9.33	2①	38.9	★★★
13	浙江豪情汽车制造有限公司	2009年第四批	HQ7131(熊猫)	14.29	15.36	12.61	3②	45.3	★★★★★
14	奇瑞汽车股份有限公司	2009年第四批	SQR7130S187(瑞麒M1)	12.54	12.88	14.79	2①	42.2	★★★★
A类乘用车									
1	东风日产乘用车公司	2006年第一批	DFL7161AB(骐达)	13.45	13.89	13.50	0	40.8	★★★★
2	神龙汽车有限公司	2006年第一批	DC7164C(标致307)	14.40	16.00	12.61	1④	44.0	★★★★
3	北京现代汽车有限公司	2006年第一批	BH7140MW(雅绅特)	11.06	11.72	10.08	0	32.9	★★★

续表

序号	生产企业	测试年度	测试车型号	正面100%重叠刚性壁碰撞试验	正面40%重叠可变形壁碰撞试验	可变形移动壁障侧面碰撞试验	加分项	总分	星级
4	广汽本田汽车有限公司	2006年第二批	HG7151A(思迪)	13.77	14.92	12.36	0	41.1	★★★★
5	浙江吉利汽车有限公司	2006年第二批	MR7131A(自由舰)	9.51	11.64	7.49	0	28.6	★★
6	一汽-大众汽车有限公司	2006年第二批	FV7166MT(速腾)	12.59	15.03	16.00	1④	44.6	★★★★
7	比亚迪汽车有限公司	2006年第二批	QCJ7160A(F3)	10.02	13.44	10.52	0	34.0	★★★
8	东风悦达起亚汽车有限公司	2007年第二批	YQZ7162(赛拉图)	11.26	13.27	8.55	0	33.1	★★★
9	一汽海马汽车有限公司	2007年第二批	HMC7162A(福美来)	12.00	12.14	8.18	0	32.3	★★★
10	长安福特马自达汽车有限公司	2007年第二批	CAF7201A(福克斯)	14.28	15.83	14.27	1④	45.4	★★★★★
11	东风本田汽车有限公司	2007年第二批	DHW7181(思域)	14.57	15.32	12.65	2①	44.5	★★★★
12	跃进汽车集团	2007年第三批	NJ7173A(派朗)	8.06	12.02	10.96	0	31.0	★★★
13	江西昌河铃木汽车有限公司	2007年第四批	CH7161(两厢利亚纳)	13.29	15.33	11.52	0	40.1	★★★★
14	东南(福建)汽车工业有限公司	2007年第四批	DN7160H3(三菱蓝瑟)	12.41	14.54	8.08	1④	36.0	★★★
15	长安福特马自达汽车有限公司	2008年第一批	CAF7161M(马自达3)	14.55	16.00	11.01	1④	42.6	★★★★
16	一汽吉林汽车有限公司	2008年第一批	CA7150(大发森雅)	9.88	12.81	11.44	0	34.1	★★★
17	重庆长安铃木汽车有限公司	2008年第一批	SC7162(天语SX4)	11.48	15.11	15.58	1③	43.2	★★★★
18	东风日产乘用车公司	2008年第二批	DFL7163AA(骊威)	13.44	15.02	12.05	0	40.5	★★★★
19	重庆力帆汽车有限公司	2008年第二批	LF7130A(力帆520)	0.28	12.25	3.47	0	16.0	★★
20	东风悦达起亚汽车有限公司	2008年第二批	YQZ7140(RIO锐欧)	9.41	12.44	10.56	0	32.4	★★★
21	北京现代汽车有限公司	2008年第三批	BH7164MW(伊兰特悦动)	13.86	13.87	12.41	1④	41.1	★★★★
22	上海大众汽车有限公司	2008年第三批	SVW7167ASD(朗逸)	13.67	16.00	15.74	2①	47.4	★★★★★

续表

序号	生产企业	测试年度	测试车型号	正面100%重叠刚性壁碰撞试验	正面40%重叠可变形壁碰撞试验	可变形移动壁障侧面碰撞试验	加分项	总分	星级
23	奇瑞汽车股份有限公司	2008年第四批	SQR7180M117(A3)	11.22	15.03	16.00	3②	45.3	★★★★★
24	一汽-大众汽车有限公司	2008年第四批	FV7162XG(新宝来)	13.65	15.91	15.67	2①	47.2	★★★★★
25	一汽海马汽车有限公司	2009年第一批	HMC7185A3(海马3)	14.56	14.68	10.87	0	40.1	★★★★
26	神龙汽车有限公司	2009年第一批	DC7205DB(雪铁龙世嘉)	13.37	15.61	14.83	1④	44.8	★★★★
27	东风柳州汽车有限公司	2009年第二批	LZ6430BQ4E(景逸)	7.43	12.06	12.17	1④	32.7	★★★
28	重庆长安汽车股份有限公司	2009年第二批	SC7163A(志翔)	13.21	15.33	12.02	1④	41.6	★★★★
29	天津一汽丰田汽车有限公司	2009年第二批	TV7162GL-iD(新威驰)	12.74	15.29	16.00	3②	47.0	★★★★★
30	上海通用(沈阳)北盛汽车有限公司	2009年第二批	SGM7169MTA(科鲁兹)	14.44	15.73	16.00	1④	47.2	★★★★★
31	神龙汽车有限公司	2009年第三批	DC7164DTA307(标致新307)	13.81	14.91	14.75	2⑥	45.5	★★★★★
32	一汽-大众汽车有限公司	2009年第四批	FV7166G(速腾)	12.23	15.43	15.70	2①	45.4	★★★★★
			B类乘用车						
1	上海通用汽车有限公司	2006年第一批	SGM7240GL(君越)	13.55	14.92	10.72	1④	40.2	★★★★
2	上海大众汽车有限公司	2006年第一批	SVW7183MJi(领驭)	12.32	14.12	12.82	1④	40.3	★★★★
3	天津一汽丰田汽车有限公司	2006年第二批	TV7300RoyalSln3(皇冠)	14.11	14.56	16.00	3②	47.7	★★★★★
4	奇瑞汽车股份有限公司	2006年第二批	SQR7201A2F(A5)	13.05	12.84	10.67	1④	37.6	★★★
5	一汽轿车股份有限公司	2007年第二批	CA7204AT2(奔腾B70)	12.71	14.50	11.02	2⑥	40.2	★★★★
6	东风日产乘用车公司	2007年第二批	EQ7230BA(天籁)	13.54	15.47	15.08	3②	47.1	★★★★★
7	一汽-大众汽车有限公司	2007年第三批	FV7201T(奥迪A6L)	14.28	14.80	16.00	3②	48.1	★★★★★
8	广汽丰田汽车有限公司	2007年第三批	GTM7240G(凯美瑞)	14.53	15.71	15.51	3②	48.8	★★★★★
9	上海大众汽车有限公司	2007年第三批	SVW7186AJi(明锐)	12.92	15.36	16.00	1④	45.3	★★★★★
10	神龙汽车有限公司	2007年第三批	DC7205D(雪铁龙凯旋)	14.14	15.22	16.00	2⑥	47.4	★★★★★

续表

序号	生产企业	测试年度	测试车型号	正面100%重叠刚性壁碰撞试验	正面40%重叠可变形壁碰撞试验	可变形移动壁障侧面碰撞试验	加分项	总分	星级
11	上海通用汽车有限公司	2007年第三批	SGM7281AT(林荫大道)	14.08	15.53	16.00	2⑥	47.6	★★★★★
12	华晨汽车集团控股有限公司	2007年第四批	SY7182HS(骏捷)	10.96	9.70	9.55	0.5⑤	30.7	★★★
13	天津一汽丰田汽车有限公司	2008年第一批	TV7181GLX-iM(卡罗拉)	13.69	15.91	16.00	3②	48.6	★★★★★
14	一汽-大众汽车有限公司	2008年第一批	FV7187T(迈腾)	13.21	15.42	16.00	2①	46.6	★★★★★
15	广汽本田汽车有限公司	2008年第一批	HG7241A(第八代雅阁)	15.69	15.91	15.69	3②	50.3	★★★★★☆
16	上海通用东岳汽车有限公司	2008年第二批	SGM7203MTA(新景程)	13.70	15.53	15.38	2①	46.6	★★★★★
17	华晨宝马汽车有限公司	2008年第二批	BMW7200BD(BMW320i)	13.92	15.36	15.95	3②	48.2	★★★★★
18	浙江吉利汽车有限公司	2008年第二批	MR7180(远景)	14.37	14.79	11.07	2①	42.2	★★★★
19	一汽轿车股份有限公司	2008年第三批	CA7300N4(红旗HQ3)	13.60	15.30	16.00	3②	47.9	★★★★★
20	长安福特马自达汽车有限公司	2008年第三批	CAF7230A(蒙迪欧-致胜)	14.56	16.00	14.91	2①	47.5	★★★★★
21	比亚迪汽车有限公司	2008年第四批	QCJ7200E2(F6)	13.98	13.55	13.20	2①	42.7	★★★★
22	北京奔驰-戴姆勒·克莱斯勒汽车有限公司	2008年第四批	BJ7181A(奔驰C 200 K)	13.37	15.44	16.00	3②	47.8	★★★★★
23	安徽江淮汽车股份有限公司	2008年第四批	HFC7200C1G3(宾悦)	11.64	10.54	9.98	0	32.2	★★★
24	上海汽车集团股份有限公司	2008年第四批	CSA7181AB(荣威550)	12.67	15.02	14.80	3②	45.5	★★★★★
25	北京现代汽车有限公司	2009年第三批	BH7241AY(领翔)	12.99	13.07	13.87	3②	42.9	★★★★
26	一汽轿车股份有限公司	2009年第三批	CA7256AT(睿翼)	15.55	16.00	13.40	3②	48.0	★★★★★
27	东风本田汽车有限公司	2009年第四批	DHW7244CUASB(思铂睿)	14.70	15.63	15.54	3②	48.9	★★★★★
			多功能乘用车						
1	广汽本田汽车有限公司	2007年第一批	HG6480B(奥德赛)	14.36	15.89	16.00	1④	47.3	★★★★★

续表

序号	生产企业	测试年度	测试车型号	正面 100% 重叠刚性壁碰撞试验	正面 40% 重叠可变形壁碰撞试验	可变形移动壁障侧面碰撞试验	加分项	总分	星级
2	江西江铃控股有限公司	2007 年第三批	JX6441LB(陆风风尚)	10.99	11.97	11.38	0	34.3	★★★
3	北汽福田汽车股份有限公司	2008 年第二批	BJ6476BIDXA-SI(蒙派克)	6.67	8.91	15.00	0	30.6	★★★
4	北汽福田汽车股份有限公司	2009 年第三批	BJ6438MC6VA-1(迷迪宜家)	2.55	7.80	10.85	1④	22.2	★★
5	广汽本田汽车有限公司	2009 年第四批	HG6481BAA(奥德赛)	14.74	15.03	16.00	3②	48.8	★★★★★
			运动型乘用车						
1	长城汽车股份有限公司	2007 年第一批	CC6460KM05(哈弗 CUV)	10.07	12.29	14.77	0	37.1	★★★
2	湖南长丰汽车制造股份有限公司	2007 年第一批	CFA6470M3(猎豹)	8.35	7.96	14.86	0	31.2	★★★
3	东风本田汽车有限公司	2007 年第四批	DHW6454(CR-V)	15.55	16.00	16.00	3②	50.6	★★★★★☆
4	荣成华泰汽车有限公司	2008 年第一批	SDH6450F(华泰圣达菲)	7.87	15.58	13.64	0	37.1	★★★
5	郑州日产汽车有限公司	2008 年第一批	ZN6460W1F(奥丁)	4.62	12.35	15.46	0	32.4	★★★
6	成都新大地汽车有限责任公司永康众泰分公司	2008 年第四批	RX6405(众泰 2008)	5.91	10.61	14.00	0	30.5	★★★
7	东风日产乘用车公司	2009 年第一批	DFL7201AC(逍客)	12.38	16.00	15.85	3②	47.2	★★★★★
8	东风悦达起亚汽车有限公司	2009 年第二批	YQZ6430(狮跑)	11.59	12.56	15.29	1③	40.4	★★★★
9	湖南长丰汽车制造股份有限公司	2009 年第三批	CFA6501AA(猎豹 CS6)	13.61	11.42	15.92	0	41.0	★★★★
10	东风日产乘用车公司	2009 年第四批	DFL6460VECF(奇骏)	13.22	14.59	16.00	3②	46.8	★★★★★

注：①驾驶员侧及前排乘员侧安全带提醒装置符合 C-NCAP 规定的要求；②驾驶员侧、前排乘员侧安全带提醒装置以及侧面安全气囊及气帘符合 C-NCAP规定的要求；③侧面安全气囊及气帘符合 C-NCAP 规定的要求；④驾驶员侧安全带提醒装置符合 C-NCAP 规定的要求；⑤乘员侧安全带提醒装置符合 C-NCAP 规定的要求；⑥驾驶侧安全带提醒装置及侧面安全气囊及气帘符合 C-NCAP 规定的要求。

Abstract

Automobile Safety Blue Book, which is the first report on the development of automobile safety in China, is edited and written by experts from China Automotive Technology & Research Center and related manufacturers.

This annual report includes Current Situation of Road Traffic Safety in China and Development Trend, Analysis on Development Characteristics of Road Traffic Safety in China and Suggestions, Study on the Improvement of Auto Safety Performance based on Statistics of Road Accidents, Analysis on the Influence of Auto Safety on Consumers, New Concepts and Technologies of Auto Safety in Foreign Countries, Current Situation and Development of Chinese Standard System on Auto Safety Technology, Current Situation of the Development of Safety Standard for Electric Powered Vehicles and the Development Trend, Study on Standard and Regulation on Child Restraint System and Development Trend, Role of C-NCAP in Promoting the Advancement of Auto Safety Technology, Recall of Defective Automotive Products made in China and Effect Analysis, Current Situation and Future Trend of the Development of Automotive Safety Technologies in Foreign Countries, Investigation Report on the Development of Passive Safety Products in China, Investigation Report on the Development of Active Safety Products in China, and Current Application and Development Program of the Automotive Safety Technologies of some manufactures.

With the rapid development of China's national economy and the increases in the consumption level of the citizens, China's automobile production and sales both rank the first in the world. Automobile ownership is also increasing rapidly in China. Chinese automotive industry has entered a rapid development stage. Many factors, including the rapid increase of highways and transportation volume and bad weather etc., have brought both challenges and opportunities to the players in the Chinese automotive industry. Auto safety has become a spotlight in a society on wheels. After years of hard work, China has built the framework of a system of standard for auto safety. But there is still a great gap between Chinese auto standard system and those of developed countries. Auto safety technology has become one of the key technologies to be developed further in the world. Chinese auto manufacturers have established complete and efficient R & D system for auto safety technologies. The further development of common technology, smart transport technology, and integration of active and passive safety technologies will be strengthened.

Automobile Safety Blue Book offer comprehensive and systemic analysis from the perspective of the social sciences on the development status of auto safety in China. This book includes a large amount of experience and research results of the authoritative industry experts and leading manufacturers in this area. It offers a valuable reference to industry administrators, research organizations, manufacturers for fully-built vehicles and parts and components, and other players in the automobile industry.

Contents

B I General Report

Abstract: China now faces an urgent situation in automobile safety. This paper introduced the current situation of auto safety in China, the analysis of the characteristics of road accidents in China, and the history and characteristics of the development of auto safety in China. With the comparison between the auto safety standards in China and foreign countries, the suggestions promoting the development of Chinese auto safety were also put forward.

Keywords: Road Safety; Automobile Safety

B II Macro Environment Report

Abstract: With the increase of automobile population, the road accidents in China also occurred frequently. This paper introduced the current situation of road accidents in China and illustrated the main reasons and characteristics of these accidents based on road accident data. The related countermeasures for reducing road accidents and suggestions on improving the auto safety performance were also put forward.

Keywords: Road Accident; Reason; Auto Safety; Performance Improvement

Abstract: This paper introduced the survey on the satisfactory of auto buyers (quantitative and qualitative). The survey was conducted for small cars, compact cars, medium cars and SUV etc., totally 32 models in 12 Tier-1 and Tier-2 cities, such as Beijing City, Shanghai City, Guangzhou City, Wuhan City, and Changsha City etc.. The items included model class, series, gender of buyer, consumer region, age, and occupation etc.. The analysis on the relationship between the consumer characteristics and auto safety was conducted, with the aim of improving the quality of auto products and the service level so as to boost the healthy development of Chinese automotive industry.

Keywords: Auto Safety Performance; Consumer; Satisfactory

Abstract: With the introduction of more advanced technologies in auto manufacturing, auto safety performance has been improved greatly. This paper introduced the latest development and trend of auto safety technologies in European countries, USA, and Japan etc.. All these provided valuable reference for the improvement of Chinese auto safety technologies.

Keywords: Auto Safety; Intelligent Transportation; Intelligent Technology

Ⅲ Standard And Regulation Report

Abstract: Auto safety standards played important roles in accelerating the researches on auto safety technologies, boosting the application of auto safety technologies, and securing the public securities etc.. This paper introduced the development of auto standard system, the mandatory auto standard, and safety standard system in China. It also introduced the auto standard systems in foreign countries and the analysis on the current situation of the development China's auto safety standard.

Keywords: Standard System; Safety Standard; Auto Standardization

Abstract: China has established completed standard systems for electric powered vehicles and related parts and infrastructure facilities, including fully - electric powered vehicles, hybrid powered vehicles, fuel cell vehicles, parts and components, and charging facilities etc.. They have played important roles in boosting the development of electric powered vehicles in China. And these standards would be improved gradually.

Keywords: Safety Standard for Electric Vehicle; Fully Electric Powered Vehicle; Hybrid Powered Vehicle; Fuel Cell Vehicle

Abstract: The promulgation of Restraining Devices for Child Occupants of

Power-driven Vehicles would definitely boost the development of Child safety seats in China. This paper introduced the comparative analysis on the Children safety protection regulations both in home and abroad and disserts the current development of Children safety protection regulations in China. The future development was also forecasted.

Keywords: Child Safety Protection; Child Safety Seat; Standard and Regulation

Abstract: The introduction of C-NCAP was a milestone in the development of Chinese automotive industry. It was a standard for the assessment of automobile' s safety performance. This paper introduced the development and assessment system of C-NCAP and analyzed the role played by C-NCAP in improving the safety performance of automobiles made in China. Some valuable suggestions were also made in this article.

Keywords: C-NCAP; Auto Safety; Assessment System

Abstract: The recall management on defective automobiles has been strengthened in China since 2004. This paper explained the Regulation on the Administration of Recall of Defective Auto Products, which was issued in October, 2012, and the recall of defective automobiles in the past years. The auto recall systems in USA, European countries, and Japan etc. were analyzed and the suggestions for the improvement of auto recall system in China were also made in this article.

Keywords: Defective Automobile; Recall Management; Recall System

Ⅳ Technology Survey Report

B. 10 Current Situation and Future Trend of the Development of Automotive Safety Technologies both in Home and Foreign Countries / 118

Abstract: The application of passive safety technologies, such as occupant restraint system, pedestrian protection technology, simulation technology for body safety, integrated passive safety technologies, collision technologies, application of new dummy, and protection technologies for special groups, could effectively reduce the road accidents. The research and application of active safety technologies, such as chassis active control system, ADAS, automatic driving technology etc.. and the research and application of basic common technologies, ITS, integrated active and passive safety technologies, common safety technologies, and functional safety technologies etc., should be strengthened in future to realize the zero injuries and automatic driving.

Keywords: Passive Safety Technology; Active Safety Technology; Integration; Automatic Driving

B. 11 Investigation Report on the Development of Passive Safety Products in China / 133

Abstract: Different models of 11 automobile companies were equipped with passive safety products such as seat belts, airbags, ISOFIX, WHIPS and collision automatic unlock. Seat belt was the first universal passive safety products, but most of them were foreign-based, local companies needed to enhance technology research and market development, seat belts would have a significant development in comfort wearing and meeting the special groups' demand in the future. In recent years, the localization of the airbag has been greatly improved, but still lack of core technology, therefore, intelligent and multi airbags would become the inevitable developing trend. Meanwhile, the popularizing rate of child safety seat was not high, only 5% in first-tier cities. The lack of market demand and policies restricted the development of the child safety seat. We believed that child safety seats would be more convenient and safer in the Future.

Keywords: Seat Belt; Airbag; Child Safety Seat

Abstract: Many models of 12 automobile companies were equipped with ABS, ESC, TPMS, ACC and LDWS. This paper made a detailed introduction to the current situation and developing trend to ABS, BAS, TCS, ESC, TPMS and ACC. ABS was the most universal active safety products, but a small number of models have not equipped due to the cost. Based on ABS, BAS, TCS and ESC got a fast development. The formulation of the national standard of TPMS has already started, which would regulate and guide the healthy development of TPMS industry. Most high-end models were equipped with ACC, which could reduce the incidence of collisions. Other than ABS, the popularizing rate of other active safety products was on the low side, however, the increasing consumer attention would promote the growth of market demand.

Keywords: ABS; BAS; TCS; ESC; TPMS; ACC

B V Manufacturers' Development Report

Abstract: Geely Holding Group advocated comprehensive security management and strived to achieve the integration of active safety and passive safety.

This paper reviewed the overall status of the safety technology research and development capabilities of Geely, analyzed the R & D capabilities and safety technology systems of Geely from both active safety and passive safety, finally proposed the safety technology development plan of Geely.

Keywords: Integration of Active Safety and Passive Safety; GTSM

Abstract: Anhui Jianghuai Automobile Co. , Ltd. has always expected safety as key performance indicators of passenger cars development, and actively did pre-research on the world's most advanced safety technical regulations, so as to apply these research results to newly developed products. This paper described the development of JAC's vehicle safety development system and major achievements in five areas of vehicle safety technology development, finally analyzed its automotive safety technology development plan.

Keywords: Vehicle Safety Development System; Automobile Body Safety; Occupant Restraint System

Abstract: After years of development, FAW-Volkswagen Automotive Co. , Ltd. has made great progress in the field of vehicle safety development, established a full range of vehicle safety systems including active safety and passive safety. Its brands including Volkswagen and Audi have been reached C-NCAP five-star rating criteria. This paper described the vehicle safety development process and technology application of FAW-Volkswagen, and outlined future safety technology development plan.

Keywords: Vehicle Safety Development; Analog Computation; Restraint System

Abstract: Chongqing Changan Automobile Co. , Ltd. took CAE simulation technology as the core, formed efficient development model for collision safety performance. At present, Changan were realizing the integration of active safety technology and passive safety technology, and establishing the R & D systems to adapt. This paper described vehicle safety technology development and technology application of Changan, finally analyzed its automotive safety technology development plan.

Keywords: Collision Safety; High Precision Simulation; Merit Analysis Strategy

Abstract: As auto safety standards became increasingly stringent, Chongqing Lifan Passenger Vehicle Co. , Ltd. strengthened research and development efforts of safety technology, and actively cooperated with domestic and overseas powerful institutions from R & D to production of safer cars. This paper described vehicle safety technology development and major achievements of Lifan in such years, and finally analyzed its short-term and long-term safety technology development plan.

Keywords: Collision Safety; Simulation Analysis; Pedestrian Protection

Abstract: Child occupant safety has caused widespread concern; however, due to the lack of appropriate domestic legislation and mandatory requirements, the usage of Chinese child safety seats was low. Currently, China was one of the world's largest production bases for child safety seats, many domestic manufacturers' technical level, quality systems and R & D capabilities became much closer to international advanced level. This paper firstly led to the necessity of child safety seats, and then analyzed the current development status of child safety seats, finally explained the essential considerations when buying a child safety seat, which took Lutule brand child safety seats as a representative.

Keywords: Child Safety Seat; ISOFIX; LATCH

权威报告 热点资讯 海量资源

当代中国与世界发展的高端智库平台

皮书数据库 www.pishu.com.cn

皮书数据库是专业的人文社会科学综合学术资源总库，以大型连续性图书——皮书系列为基础，整合国内外相关资讯构建而成。该数据库包含七大子库，涵盖两百多个主题，囊括了近十几年间中国与世界经济社会发展报告，覆盖经济、社会、政治、文化、教育、国际问题等多个领域。

皮书数据库以篇章为基本单位，方便用户对皮书内容的阅读需求。用户可进行全文检索，也可对文献题目、内容提要、作者名称、作者单位、关键字等基本信息进行检索，还可对检索到的篇章再作二次筛选，进行在线阅读或下载阅读。智能多维度导航，可使用户根据自己熟知的分类标准进行分类导航筛选，使查找和检索更高效、便捷。

权威的研究报告、独特的调研数据、前沿的热点资讯，皮书数据库已发展成为国内最具影响力的关于中国与世界现实问题研究的成果库和资讯库。

皮书俱乐部会员服务指南

1. 谁能成为皮书俱乐部成员？

- 皮书作者自动成为俱乐部会员
- 购买了皮书产品（纸质皮书、电子书）的个人用户

2. 会员可以享受的增值服务

- 加入皮书俱乐部，免费获赠该纸质图书的电子书
- 免费获赠皮书数据库100元充值卡
- 免费定期获赠皮书电子期刊
- 优先参与各类皮书学术活动
- 优先享受皮书产品的最新优惠

3. 如何享受增值服务？

（1）加入皮书俱乐部，获赠该书的电子书

第1步 登录我社官网（www.ssap.com.cn），注册账号；

第2步 登录并进入“会员中心”—“皮书俱乐部”，提交加入皮书俱乐部申请；

第3步 审核通过后，自动进入俱乐部服务环节，填写相关购书信息即可自动兑换相应电子书。

（2）免费获赠皮书数据库100元充值卡

100元充值卡只能在皮书数据库中充值和使用

第1步 刮开附赠充值的涂层（左下）；

第2步 登录皮书数据库网站（www.pishu.com.cn），注册账号；

第3步 登录并进入“会员中心”—“在线充值”—“充值卡充值”，充值成功后即可使用。

4. 声明

解释权归社会科学文献出版社所有

皮书俱乐部会员可享受社会科学文献出版社其他相关免费增值服务，有任何疑问，均可与我们联系

联系电话：010-59367227 企业QQ：800045692 邮箱：pishuclub@ssap.cn

欢迎登录社会科学文献出版社官网（www.ssap.com.cn）和中国皮书网（www.pishu.cn）了解更多信息